지역사회복지론

홍현미라 · 민소영 · 강병덕 · 김혜연 공저

COMMUNITY WELFARE

학지사

머리말

오늘날 한국 사회는 인구 구조의 급격한 변화, 도시화의 진전, 지역 간 격차 심화, 디지털 기술 발전 등 복합적인 사회 변동 속에서 새로운 도전에 직면해 있다. 특히, 저출산 · 고령화로 인한 지방 소멸 위기, 1인 가구의 증가, 주거 · 노동 시장의 불평등, 커뮤니티의 해체와 같은 문제들은 지역사회복지의 역할과 방향을 근본적으로 재고할 필요성을 제기하고 있다. 이러한 변화 속에서 지역사회는 단순한 행정구역이 아니라, 주민들이 상호작용하며 공동체적 삶을 형성하고, 지속 가능한 복지체계를 구축해 나가는 실천적 공간으로 그 중요성이 더욱 부각되고 있다.

이 책은 지역사회복지의 개념과 이론적 배경을 고찰하는 한편, 한국 사회의 지역사회 변화를 반영하여 실천적 접근과 정책적 함의를 탐색하는 데 중점을 두고 있다. 지역사회복지는 단순한 서비스 전달을 넘어, 주민 주도의 사회자본 형성과 지역 내 복지 자원의 조정 · 협력을 통한 포괄적이고 지속 가능한 복지체계를 구축하는 과정이다.

이에 이 책은 세 부분으로 구성하였다. 제1부는 지역사회복지의 기초로 지역사회복지의 주요 개념과 이론을 정리하였다. 특히, 이론적 논의를 바탕으로 실제 사례를 풍부하게 담아, 지역사회복지의 실천적 이해를 돕는 데 중점을 두었다. 제2부는 지역사회복지 실천 모델과 실천 과정으로 지역사회복지실천의 전통적 모델과 현대 사회에서 조망 받는 모델을 다루어서 다양한 조건과 각도에서 실천 모델의 적용을 돕고자 하였다. 그리고 지역사회복지 실천 과정을 상세하게 다룸으로써 지역사회복지 실천을 용이하게 할 수 있도록 구성하였다. 제3부는 지역사회 조직화 기법이나 임파워먼트 기법과 같은 전통적인 지역사회복지 실천 기법부터 지역사회 구축 기법까지 다양한 지역사회복지 실천 기법으로 구성하였다. 실천 기법에 관한 이론적 검토와 실천적 관점을 제시하였다. 더 나아가 이 책의 각 장은 다양한 국내외 사례를 분석하여 실천적 함의를 도출하고자 하였다. 이를 통해 독자들이 변화하는 사회적 환경 속에서 지역사회복지를 효과적으로 실천할 수 있도록 방향성을 제시하고자 한다.

이 책은 사회복지학을 전공하는 학생들뿐만 아니라, 지역사회복지 실천가, 정책입안자, 연구자들에게 이론적 토대를 제공하고 실천적 통찰을 제공하는 것을 목표로 한다. 한국 사회의 지역사회복지가 직면한 도전과 기회를 균형 있게 조망하며, 이론과 실천을 유기적으로 연결하여 지속 가능한 지역사회 발전을 위한 논의가 활발히 이루어지기를 기대한다.

저자 일동

차례

제2부 지역사회복지 실천과 과정

제4장 지역사회복지 실천 모델 • 95

제5장 지역사회복지 실천 과정 • 125

제3부 지역사회복지 실천 기법

제6장 지역사회 사정 기법 • 161

제7장 조직화 기법 • 181

제10장 임파워먼트 기법 • 253

제11장 사례관리 기법 • 279

제12장 지역사회 구축 기법 • 303

지역사회복지론

제1부

지역사회복지 기초

제1장

지역사회와 지역사회복지

이번 장의 목적은 지역사회복지에 대한 기본 개념과 필요성에 대한 이해를 높이는 것이다. 지역사회에 대한 개념 정리를 포함하여 지역을 기반으로 한 지역사회복지의 의미와 기능에 대해 살펴보고자 한다.

1. 지역사회의 중요성

한 인간이 사회에서 살아가기 위해서는 의식주를 포함하여 필요한 것이 많이 있다. 최근 들어 한국 사회에서 건강에 대한 관심은 지속적으로 증가하고 있다. 우리나라의 기대 수명은 1970년 62.3세(남자 58.7세 & 여자 65.8세)에서 2021년 83.6세(남자 80.6세 & 여자 86.6세)로 지속적으로 증가하고 있다(통계청, 2023). 하지만 우리는 단순히 오래 사는 것이 아닌 건강하게 오래 사는 것에 더 많은 관심을 가지고 있다. 통계청의 자료에 따르면, 건강 수명은 "질병과 장애 없이 건강하게 생활할 수 있는 기간"을 말하는 것으로 우리나라는 2019년 기준 73.1세(남자 71.3세 & 여자 74.7세)이다. 2000년의 67.4세(남자 64.9세 & 여자 69.7세)보다 약 6년 증가하였다. 경제협력개발기구(OECD)에 가입한 국가들과 비교해 보았을 때, 한국의 건강 수명은 일본(74.1세)에 이어 두 번째로 높은 수준이었다.

한 사람의 건강에 있어서 그 사람이 거주하는 지역의 자원이 중요하다는 것은 이미 잘 알려진 사실이다(이진희, 2016; 전희정, 강승엽, 2021). 심지어 우편번호(zip code)가 타고난 유전자(genetic code)보다 더 중요하다고 얘기하기도 한다(Graham, 2016; Roeder, n.d.). 즉, 개인의 건강은 개인의 신체적 특성으로만 결정되지 않는다는 것이다.

사이코패스 교수로 잘 알려진 팰런(J. Fallon)은 사이코패스 살인자들의 뇌를 연구한 결과를 『사이코패스 뇌과학자』(Fallon, 2020)라는 책에서 소개하고 있다. 그는 자신이 일반적으로 사이코패스적인 특징으로 분류되는 뇌 구조를 가지고 있음에도 불구하고, '자녀 셋을 둔 자상한 가장이자 친구가 많은 보통의 중년 남성'으로 살아가고 있다고 밝힌다. 이 사례는 타고난 성향이 곧바로 반사회적이거나 폭력적인 행동으로 이어지는 것은 아닐 수 있음을 보여 준다. 팰런은 일부 유전적 요인을 지닌 사람이라도, 어린 시절에 학대나 극심한 스트레스를 경험하지 않는다면 그러한 성향이 행동으로 발현되지 않을 가능성이 높다는 것을 개인적인 경험을 바탕으로 설명하였다. 이는 유전적 요인이 인간 행동의 전부를 결정한다기보다는, 그 영향력이 개인이 처한 환경에 따라 달라질 수 있다는 것이다. 결국, 동일한 생물학적 기반을 가진 사람이라 하더라도, 성장 과정에서 어떤 환경을 경험했는가에 따라 다른 삶의 경로를 걷게 될 수 있다는 점을 시사한다(Fallon, 2020).

한 인간의 삶에 있어서 환경의 중요성은 건강에만 적용되는 것이 아니라 한 개인의 삶의 질과 연결된 다른 영역에도 적용이 된다는 것을 알 수 있다. 우리가 학군에 많은 관심을 가지는 이유도 거주 지역에 따라 받을 수 있는 교육서비스의 수준이 다르기 때문이다. 수도권 집중화 현상 역시 수도권 지역의 경제문화 자원과 그 외 지역의 자원 분포 차이로 인해 생기는 것으로 이해할 수 있다.

한 인간이 사회의 구성원으로 사회를 떠나서 혼자 살아갈 수 없다는 것은 결국 한 인간은 지역사회에서 다른 구성원과 소통과 교류를 하면서 살아간다는 것이다. 한 인간의 삶과 밀접하게 연결된 '지역사회'라는 것은 무엇일까?

2. 지역사회 이해

1) 지역사회 개념

'지역사회'라는 것은 우리가 직관적으로 이해하는 것보다 훨씬 더 복잡하고 단순하게 정의하기가 쉽지 않다. 먼저 지역사회를 사전적으로 살펴보면, 표준국어대사전에서는 지역사회를 "한 지역의 일정한 범위 안에서 지연(地緣)에 따라 자연스럽게 이루어진 생활 공동체"로 정의하고 있다. 영어 사전인 『옥스퍼드(Oxford Dictionary)』에서는 community(커뮤니티)를 "특정 지역에 살고 있는 모든 사람"이나 "동일한 종교, 직업 등을 가지고 있는 집단"과 같이 사람들의 모임으로 정의하기도 하고, "물건을 공유하고 자신이 사는 곳의 집단에 속한 소속감"을 의미하기도 한다. 지리적 또는 지역적 특성보다는 사람의 집단이나 소속감의 의미가 더 강조되고 있다.

단어의 어원을 살펴보았을 때, 영어 community는 라틴어 'communis'에서 유래되었고, 이는 "공통된, 일반적인, 또는 많은 사람이 공유하고 있는"이라는 의미를 가지고 있다. communis는 다시 'con'과 'munis'로 나누어 볼 수 있는데, con은 '함께'라는 의미이고, munis는 '무엇인가를 수행한다'는 의미이다. 이를 합치게 되면 community를 무엇인가를 함께 수행하는 집단으로 생각해 볼 수 있다.

사전적 정의를 종합해 보면, 국어사전에서는 지역사회의 지역성을 좀 더 강조하고 있고, 영어사전에서는 지역뿐 아니라 공유할 수 있는 다른 특성을 포함한 의미로 공통성이나 공유를 강조하는 개념으로 이해할 수 있다. 영어의 community는 한국어로는 지역사회 또는 공동체로 번역한다. 지리적 의미를 강조하고 싶을 때는 지역사회로 번역하고, 기능적이거나 정서적 의미를 강조하고 싶을 때는 공동체로 번역하기도 한다.

지역사회에 대한 정의는 시대에 따라 다양한 학자들에 의해 정의되어 왔다. 퇴니스(F. Tönnies)는 공동사회(gemeinschaft-communal society)와 이익사회

(gesellschaft-associational society)를 구분하면서, 공동사회를 봉건적 전통과 자연적 의지(natural will)를 기반으로 한 가족 관계, 이웃 관계, 대면 접촉, 공통 가치에 의해 연결된 소규모의 사회적 집단으로 충성심과 개인적 감정에 의해 유지되는 것으로 묘사하고 있다. 반면에 이익사회는 합리성, 물질적 이익, 계약적 관계 등 합리적 의지(rational will)를 기반으로 한 상호작용이 전통이나 관습을 대체하게 된다. 사회가 발전할수록 공동사회에서 이익사회로 지역사회의 형태가 변하게 된다(Waters, 2016). 파크(R. E. Park)는 지역사회를 "물리적 환경의 특성을 반영한 내부의 구조나 시스템을 가진 지리적으로 구성된 사람들의 집단"으로 규정하고 있는데 지리적인 공간과 사회 구조 간의 연계성을 강조하고 있다(Park, Burgess, & McKenzie, 1925). 파슨스(T. Parsons)에 따르면, 지역사회는 상호작용하는 사회기관 또는 조직들로 구성되어 있는데, 이 기관 또는 조직들은 그 구성원들 사이에서 규범과 역할을 공유함으로써 만들어지는 안정성과 응집력을 가지고 있다. 로스(M. G. Ross)는 지역사회를 "한 지역에서 공통의 유대감과 관심사를 공유하고, 공통의 목표를 달성하고자 함께 활동하는 사람들의 집단"으로 정의하고 있다. 그의 정의에서는 지리적인 특성뿐 아니라 기능적 · 정서적 의미의 지역사회를 모두 포함하고 있다(Ross, 1967).

사전적 정의와 학자들의 정의를 종합해 보면, 지역사회는 "지역성(locality), 공동체적 연대감(community sentiment), 사회적 상호작용(social interaction)"으로 구성되어 있음을 알 수 있다(유동철, 홍재봉, 2020: 30). 세 가지 구성 요소에 대해 살펴보면, 지역성은 지역적 정체성으로 지역사회에서 구성원이 상호작용하는 지역적 · 물리적 · 공간적 측면을 강조하는 것이다. 동일한 공간에서 생활한다는 것은 대면적 접촉이 가능하다는 것이고, 이를 통해 상호작용하는 것을 의미한다. 두 번째로 공동체적 연대감은 공동체를 향한 구성원이 가지고 있는 소속감, 연결성 등 심리적 · 감정적 측면에 대한 것이다. 그리고 사회적 상호작용은 구성원들 간의 사회적 관계, 소통, 교환을 의미하는 것으로, 이를 통해 생활 규범과 문화가 유지 및 재생산되는 측면을 강조하고 있다.

맥퀸(MacQueen)과 그의 동료들(2001)은 학자나 전문가가 아닌 지역의 평범한 주민들이 얘기하는 지역사회 정의에서 가장 빈번하게 언급하는 표현을 분석하였다. 가장 많이 언급된 의미 다섯 가지를 살펴보면, 첫 번째는 사람들이 함께하는 지리적 공간이었고, 공유된 관심사 또는 공통의 관심사가 두 번째였다. 공동 행동 또는 활동, 사회적 유대감과 관계, 성별 · 종교 · 경제 수준의 다양성 순이었다. 전반적으로 지역사회를 정의할 때 공통으로 언급된 표현은 '지역', '공유', '공동', '유대' 등과 같은 단어들이었다. 하지만, '다양성'에 대한 표현 또한 적지 않은 것으로 나타났다. 지역사회에는 다양한 특성을 가진 구성원들이 모여 살고 있다는 것을 나타내고 있다. 한 지역에 10대(10~19세)만 참여하는 소규모 공동체가 있을 수는 있지만, 10대만으로 구성된 지역사회는 없다. 여자만 모여 있는 소규모 공동체가 있을 수는 있지만, 지역사회는 하나의 성으로만 구성되어 지속할 수는 없다. 이러한 관점에서 보면, 공유성과 공통성뿐 아니라 다양성이 지역사회의 필수적인 요소라는 것은 자명한 사실이다.

현대 사회에서는 발달한 교통과 소통 수단에 의해 같은 지역에서 생활하지 않더라도 상호작용과 연대감 형성이 가능한 시대가 되었다. 지역성에 기반을 두지 않은, 기능적이고, 정서적인 공동체의 출현이 가능해졌고, 점점 더 활발해지고 있다. 인터넷과 디지털 기술, 특히 소셜 미디어(social media) 또는 사회적 관계망 서비스(Social Network Services: SNS)를 기반으로 소통과 교류, 상호작용하면서 관심사를 공유하고, 공통의 경험과 정체성을 형성하는 공동체를 온라인(online) 커뮤니티, 가상 지역사회(virtual community)라고 부른다(서이종, 2002; 황주성, 2012).

이와 같이 지역사회에 대한 개념은 관점에 따라, 시대에 따라 지속적으로 변화되고 있고, 새로운 형태의 지역사회를 포함할 수 있도록 확장되고 있음을 알 수 있다. 하지만 현대 사회에서 전통적인 모습의 지역사회가 가능할까? 그 가능성에 대해서는 크게 세 가지—지역사회상실이론, 지역사회보존이론, 지역사회개방이론—로 구분해 볼 수 있다(오정수, 류진석, 2024).

먼저, 지역사회상실(community loss) 이론이다. 이 관점은 현대 사회에서 전통적인 지역사회의 모습과 특징은 이미 사라졌다. 현재 전통사회는 다시 재현될 수 없지만, 여전히 이상적인 공동체로 남아 있다. 산업화와 도시화로 인해 전통적인 사회의 기반이었던 가족·친족 중심, 대면 관계 중심의 강한 결속을 바탕으로 한 사회적 관계가 사라지게 되었고, 파편화되고 비인간적인 관계가 만연해졌다는 것이다. 전통적으로 지역사회에서는 공동체 의식을 바탕으로 상호 부조와 지원이 비공식적인 관계를 통해 작동되었지만, 현대 사회에서는 그러한 기능을 기대하기는 어려워졌다. 이러한 변화에 따라 부조와 지원 기능을 담당하는 공식적이고 제도적인 새로운 개입 필요성이 증가되고 있다.

전통사회의 약화는 최근에 나타난 현상이 아니라 19세기 후반 퇴니스의 공동사회(gemeinschaft)와 이익사회(gesellschaft) 구분에서도 찾아볼 수 있다. 전통적인 지역사회로 대표되는 공동사회가 가지고 있던 가족/친족/이웃 중심의 상호 의존성과 사회적 유대는 산업화와 도시화로 인해 약해지고, 그에 반해 새롭게 생겨난 이익사회에서는 개인 중심, 합리성, 효율성, 계약 관계 등의 사회적 관계가 보편화되고 있다는 것이다.

현대 사회의 특징으로 인간성 상실, 관계 단절 등과 함께 전통 사회에서 중요한 요인이었던 지리적·물리적 공간의 의미와 중요성 또한 잃어버렸다. 현대 사회는 "일상적으로 살아가는 장소와 진정한 관계를 맺을 수 없는"(p. 190) 무장소성과 "특정 공간을 이용하는 사람들 사이에 생길 수 있는 관계의 부재, 정체성의 부재, 역사성의 부재 등으로 인해 인간적인 장소가 될 수 없는"(p. 191) 비장소성이 특징이다(최병두, 2023). 무장소성은 지역이 본래 가지고 있던 지역만의 특징이 정부, 기업, 대중매체의 영향으로 인해 사라지게 되거나 비슷하게 된다는 것이다. 지역사회가 가지고 있었던 장소의 의미와 다양성은 이미 상당히 훼손되었다. 비장소성은 특정 장소가 소통과 관계가 가능한 공간이 아닌 스쳐 지나가는 공간이 되면서 장소감을 갖지 못하게 된다. 현재 운행되는 고속열차(KTX)는 부산에서 서울까지 4~6역에 정차하면서 2시간 조금 더 걸리지만, 1957년에 도입되어 1990년대 중반까지 운행했던 통일호는 부산에서 서울까지 20~25역에 정차하면서 5시간 이상 소요되었다. 우리는 고속열차를 타면서 여전히 많은 역을 지나갈 수는 있지만, 그곳에 내려서 머물 수는 없게 되었다.

둘째는 지역사회보존(community preservation) 이론이다. 이 관점은 지역사회상실 이론에 대한 반론으로 나타난 것으로, 현대 사회에서도 전통사회와 같이 상호부조와 지지체계가 가능한 지역사회가 존재할 수 있다는 것이다. 사람들은 산업화와 도시화된 공간에 살고 있지만, 가족 · 친족, 이웃 등을 중심으로 한 인간관계와 사회지지 체계가 여전히 존재 및 기능할 수 있는 것이다. 무엇보다 지역을 기반으로 하는 사회적 돌봄체계를 구축하고, 자원봉사 정신과 주민 참여 강화를 통해 지역에서 사회적 연대와 상호부조는 유지될 수 있을 것이다(Mayo, 1994).

현대 사회에서는 일정 부분 이상으로 공적 영역에서 사회제도를 통해 전통적으로 사적 영역(가족 · 친족 그리고 지역사회)에서 담당했던 돌봄 역할을 담당하고 있다. 하지만 공적 영역의 역할과 기능은 한계가 있을 수밖에 없고, 1980년대 이후 복지국가의 역할이 축소되는 분위기에서 가족 · 친족과 지역사회가 전통적으로 담당했던 역할과 기능을 유지 및 복원하는 것이 더 중요해지고 있다.

지역사회보존 접근의 예로는 서울시가 2009년부터 실시한 살기 좋은 마을 만들기 사업이다. 주거환경 개선 사업을 포함하여 지역재생 활동과 주민공동체 육성을 통해 지역의 문제를 해결하고 정체성을 유지하려는 것이다(양승희, 2021). 이 사업은 서울에서 낙후되고 소외된 지역을 우선 대상으로 실시하였다. 개인에 대한 서비스 제공보다는 지리적 생활 공간인 마을의 변화를 중점으로 하고 있고, 마을 구성원의 역량강화 교육도 함께 제공하고 있다.

셋째는 지역사회개방(community liberation) 이론이다. 이 관점은 전통적 지역사회를 기준(전통적 가치나 질서, 역할 유지)으로 한 지역사회 상실이나 보존이라는 관점이 아닌 제3의 접근으로 새로운 지역사회 만들어 가는 접근이다. 특별히 현대 사회에서 소외되고 낙후된 지역들이 사회정의적인 차원에서 역량강화와 참여형 민주주의(participatory democracy)를 통해 그동안의 억압과 소외에서 벗어나 더욱 주체적이고 자유로운 공동체가 될 수 있다는 것이다(Mayo, 1994). 억압과 불평등을 재생산해 내는 기존의 지역사회 시스템과 제도를 없애고, 구성원의 권리와 이익을 보호해 주는 새로운 형태의 지역사회로 발전해 가는 것이다.

서울의 성미산 마을을 지역사회개방 접근의 예로 생각해 볼 수 있을 것이다. 성미산 마을은 1994년 공동육아운동의 하나인 우리어린이집 설립을 시작으로 현재까지 성미산을 중심으로 한 지역사회에서 대안적 삶과 네트워크를 형성해 가고 있다(성미산 마을, n.d.). 현재는 공동육아뿐 아니라 청년, 노인, 장애인 등 다양한 구성원을 위한 활동과 동네금고, 주택협동조합, 돌봄사회적 협동조합 등 공유경제 분야 활동까지 지속적으로 확대하고 있다.

2) 지역사회 유형

지역사회를 다양한 정의로 표현할 수 있듯이, 지역사회는 하나의 형태로만 나타나는 것이 아니라 다양한 모습으로 구분할 수 있다. 던햄(A. Dunham)의 지역사회 유형화를 포함하여 지역성 기준, 사회연대 수준 기준으로 구분하여 살펴볼 것이다.

(1) 던햄의 지역사회 유형화: 인구, 경제적 기반, 행정구역, 사회적 특수성 기준

던햄은 인구 크기, 경제적 기반, 행정구역, 인구의 사회적 특수성과 같은 네 가지 기준으로 지역사회를 구분하였다(Dunham, 1970). 인구의 크기는 지역사회 거주민 수를 기준으로 대도시, 중소도시, 소도시, 농어촌 지역 등으로 구분할 수 있다. 지역에 거주하는 인구 크기 기준(100만 명, 50만 명, 5만 명 등)에 따라 지역을 구분하고 있다. 경제적 기반은 지역의 주요 경제활동을 중심으로 1차 산업 중심의 농촌 · 어촌 · 산촌 지역, 2차 산업 중심의 공업 지역, 3차 산업 중심의 서비스 지역 등으로 구분할 수 있다. 행정구역은 정부의 공식적인 행정구역을 기준으로 하는 것으로 인구 크기와 비슷할 수 있지만, 행정구역이 항상 인구 크기만으로 결정되는 것은 아니다. 우리나라의 행정구역은 특별시/광역시 · 도, 시 · 군 · 구, 읍 · 면 · 동 등으로 구분하고 있다. 그리고 사회적 특수성은 지역사회 거주 인구의 사회적 특성을 기준으로 하는 것으로 서울 연남동 차이나타운(China Town), 서울 이태원 아메리칸타운(American Town) 등 문화나 종교적 배경으로 나누기도 하고, 철강단지, 금융단지 등과 같이 특정 산업이나 직업군으로 나누기도 한다. 또한 쪽방촌이나 빈민촌 등과 같이 사회적 취약계층이 집중된 곳도 포함된다.

(2) 지역성 기준: 지리적/공간적 지역사회 vs 기능적/정서적 지역사회

지역사회에서 지리적 공간을 강조하는 것은 일정한 범위의 공간 안에 함께 거주하며 생활하는 집단으로 이해한다는 것이다(오정수, 류진석, 2016). 예를 들면, 포항 흥해읍에 거주하는 사람들, 부산 해운대구의 전통시장과 그 주변에 사는 사람들, 서울 강북에 사는 사람들이다. 지역의 중요성은 물리적 공간인 지역 자체의 중요성이라기보다는 동일한 지역에서 함께 생활하면서 공유할 수밖에 없는 경험과 공통의 관심사가 많고, 이로 인한 상호작용 증가와 밀접한 관련이 있기 때문이다.

반면에 지역사회에서 기능적 또는 정서적 의미를 강조하는 것은 물리적 공간보다는 구성원들 사이의 유대감이나 동질감, 공유, 연계 등에 더 중점을 둔다는 것이다(오정수, 류진석, 2024). 예를 들어, 취미 활동을 같이 하는 사람들, 종교나 신앙 활동을 같이 하는 사람들, 동일한 직업 분야에서 활동하는 사람들 등이 기능적·정서적 특성을 강조한 지역사회라고 할 수 있다. 인터넷을 기반으로 하고 있는 온라인 커뮤니티도 기능적 의미의 지역사회라고 할 수 있을 것이다. 지역적 특성이 약하기 때문에 이를 지역사회보다는 공동체로 표현하기도 한다.

(3) 사회연대 수준: 공동사회 vs 이익사회

공동사회와 이익사회 유형 구분은 퇴니스가 사회연대 수준을 기준으로 하여 구분한 것이다. 퇴니스에 따르면, 공동사회는 가족/친족, 이웃 등 친밀하고 개인적인 인간관계를 중심으로 형성되어 높은 상호 유대감과 가치 공유를 기반으로 하고 있다(Waters, 2016). 지역사회 구성원 간의 감정적 친밀감이 높고, 지역사회에 대한 소속감 또한 강한 것이 특징으로 농촌 지역에서 흔히 볼 수 있다. 특정 성(예를 들면, 김해 김씨, 전주 이씨 등)을 중심으로 한 씨족 마을, 예를 들어 경주 손씨와 여주 이씨가 정착해서 살았던 경주 양동 마을이 있다. 반면, 이익사회는 개인주의적 성격이 강하고, 형식적·비인격적 관계 중심으로 형성된 산업화와 도시화된 현대의 지역사회에서 많이 나타나고 있다. 인간관계와 사회 구조는 개인적 이익, 효율, 계약 등에 기반하고 있어 공동사회보다 사회적 연대가 낮으며, 개인의 경제적 또는 직업적 성공을 우선시하는 경향이 강하다. 예를 들면, 서울의 강남 지역이 있다.

3) 지역사회 기능

지역사회는 인간의 삶에 있어 필수적인 요소로 좋은 지역사회에서 생활하는 것은 개인적으로 그리고 사회적으로도 바람직하다. 좋은 지역사회에 거주한다는 것은 한 사람이 하나의 주체로 자유롭게 살아가는 것과 함께 서로 신뢰할 수 있는 관계 속에서 지속적으로 상호작용하면서 성장할 기회를 누린다는 것이다(Maslow, 1943; Putnam, 2000). 이미 살펴본 지역사회 개념과 유형을 바탕으로 지역사회의 기능에 대해 살펴보고자 한다.

길버트(N. Gilbert)와 스펙트(H. Spect)는 지역사회가 유지되기 위해서는 지역사회 내 필요한 사회제도와 기능을 다섯 가지로 구분하여 설명하고 있다(Gilbert & Spect, 1986). 첫째, 지역사회의 재화 생산, 분배, 소비 기능(production, distribution, and consumption)이다. 지역사회 구성원들이 일상생활에서 필요한 재화와 서비스를 지역사회에서 생산하고, 필요한 사람들에게 분배하고, 이를 소비하는 과정에 대한 것으로 경제 제도가 이 기능을 수행하게 된다. 이 과정을 통해 지역사회 구성원들은 자신의 개인적인 필요와 욕구를 충족하게 된다. 더 나아가 지역사회 전체적으로는 구성원들의 자립과 재화와 서비스 제공 수준 또한 이 과정을 통해 결정된다. 지역사회의 경제 제도에는 기업/상점, 시장 등이 대표적이다. 한 지역의 시장에서는 지역 거주민인 농부가 생산한 농산물을 파는 곳이고, 지역 구성원이 선호하는 음식을 소비하는 곳이고, 지역의 경제 활동을 선순환하게 하여 지역이 삶의 터전으로써의 지속성을 갖게 하는 것이다.

둘째, 지역사회의 사회화(socialization) 기능이다. 이 기능은 한 사회가 가지고 있는 지식, 가치, 관습, 행동양식을 그 사회의 구성원에게 전달하고 공유함으로써 그 지식, 가치, 관습, 행동양식이 구성원들에게 내면화되는 것이다. 이 과정을 통해 한 개인은 사회 구성원으로 인정받으며 살아가게 된다. 이 과정에는 가족과 교육제도가 핵심적인 역할을 담당하고 있다. 특히, 가족은 사회 구성원 충원의 주요 통로일 뿐 아니라, 공식적인 교육 제도(학교)에 들어가기 전 사회화 기능을 담당하고 있다. 가족은 일상생활에서 또는 명절과 같은 때에 가족 행사를 통해 부모는 자녀에게 가족의 가치와 행동양식을 자연스럽게 전달하고, 자녀는 그것을 내면화하게 된다. 지역사회에서 흔히 볼 수 있는 지역 문화축제나 주민 행사도 그와 같은 기능을 하고 있다. 공식적인 교육기관(유치원, 초등학교, 중학교, 고등학교 등)에서도 학생들이 집단 내에서 다양한 역할 수행을 경험하게 함으로써 상호 존중과 협동과 같은 규범과 가치를 가르친다. 또한 사회에서 필요한 지식과 기술을 습득하게 함으로 개인의 역량 개발과 생산적 활동에 참여할 수 있도록 준비시킨다. 이러한 제도를 통해 기성세대의 지식, 가치, 경험들이 다음 세대에 전수되고 있다.

셋째, 지역사회의 사회통제(social control) 기능이다. 이 기능은 지역사회 구성원들을 법, 도덕 등과 같은 사회의 규범에 순응하게 함으로써 사회질서를 유지할 수 있도록 한다. 이 과정에서는 지역 구성원들에게 특정 행동을 하도록 또는 하지 않도록 권장(또는 강제)한다. 대표적으로 정치 제도가 이 기능을 수행하고 있다. 사회질서를 유지하기 위해 법이나 공공 규칙과 같이 강한 강제력을 수반한 것이 필수적이지만, 도덕과 같이 행동을 스스로 통제할 수 있도록 하는 비공식적인 수단도 함께 필요하다.

넷째, 지역사회의 사회통합(social integration) 기능이다. 지역사회 구성원들은 상호 연계와 지지를 통해 상생하게 되는데, 이를 위해 다양한 구성원 간의 결속력과 자발적인 참여가 중요하다. 사회통제가 강제성에 기반하는 것과 다르게, 사회통합은 구성원의 자발성에 기초하고 있다. 가장 대표적인 제도가 종교 제도이다. 이 제도는 사회구성원들이 자신만을 위한 이기적인 행동을 스스로 자제하고, 공동체를 위해 바람직한 결정과 행동을 자발적으로 할 수 있도록 돕는 역할을 한다.

다섯째, 지역사회의 상부상조(mutual support) 기능이다. 이 기능은 지역사회에서 자신의 필요와 욕구를 충분히 채울 수 없는 빈곤하고 소외된 구성원에게 필요한 지원을 제공해 주는 것이다. 전통적으로 이러한 지원은 가족, 친족, 이웃 등 비공식적 조직에 의해 이루어졌지만, 현대 사회에서는 정부나 사회 및 종교 단체 등 공식적인 조직이 담당하고 있다. 가족에게 음식이 부족할 때, 전통적으로는 가족, 친척, 이웃 등에게 도움을 요청하여 해결하였지만, 현대 사회에서는 정부의 식품 바우처 프로그램이나 지역 내 푸드 뱅크(food bank) 등에서 도움을 받을 수 있다.

좋은 지역사회에서는 모든 구성원이 육체적 · 정신적 건강과 경제적 안정을 보장받으며, 공유된 가치와 윤리를 통해 사회적 질서가 유지되어 안전한 삶을 누릴 수 있다. 이는 지역사회에서 생활하는 구성원들의 기본적인 욕구이다. 또한 자유로운 의사 표현, 민주적 주민조직과 공정한 제도는 지역사회 운영에 있어 필수적인 요소이다. 이러한 기초적 욕구와 필수적 요소들이 지역사회에서 공적인 제도와 사적인 관계를 통해 안정적으로 채워질 때, 지역사회 구성원들의 삶에 큰 의미를 더하게 된다. 지역사회 구성원들은 이러한 기본 욕구와 제도적 안정성에 대한 충족을 바탕으로 서로 교류하고 신뢰를 쌓으며 개인과 지역사회 발전에 자발적으로 동참하게 될 것이다.

3. 지역사회복지와 지역사회복지실천

1) 지역사회복지

지역사회복지는 지역사회와 사회복지가 합쳐진 개념으로, 지역사회를 대상으로 사회복지를 실천하는 것으로 정의할 수 있다. 하지만, 지역사회는 시대와 장소에 따라 다양한 의미로 사용되고 있어서, 지역사회복지 개념과 지역사회복지실천 또한 다양한 형태로 나타나고 있다.

지역사회복지에 대해 정무성(1997)은 "지역사회에의 조직적이고 체계적인 개입을 통해 주민들의 삶의 질을 향상시키기 위한 사회복지적 지식과 기술을 활용하는 실천 방법"(p. 24)으로, 홍현미라 등(2010)은 "지역사회 수준에서 지역사회의 문제를 해결하고, 그 구성원의 안녕과 복지가 바람직하게 이루어진 상태 혹은 이러한 상태를 지향하는 것"(p. 36)으로, 최일섭, 이현주(2006)는 "전문 혹은 비전문 인력이 지역사회 수준에 개입하여 지역사회에 존재하는 각종 제도에 영향을 주고 지역사회의 문제를 예방하고 해결하고자 하는 일체의 사회적 노력"(p. 25)으로 정의하고 있다.

또 다른 지역사회복지의 정의는 지역사회의 핵심적인 기관이 그 기관에 부여된 사회적 기능을 실행하기 위한 체계적인 노력으로 앞에서 언급한 지역사회의 기능과 제도적인 측면을 강조한 것이다(Shinn & Toohey, 2003). 또한 홍현미라 등(2010)은 지역사회복지를 개입의 범위와 대상에 따라 협의의 의미와 광의의 의미로 구분하였다. 협의의 지역사회복지는 지역사회 전체 또는 구조나 제도를 주요 개입 대상으로 삼지 않고 "구성원의 욕구나 문제 해결에 초점을 두고 이루어지는 휴먼서비스"로 정의하였고(p. 37), 광의의 지역사회복지는 직접적인 휴먼서비스 제공보다는 전반적인 체계와 제도 개선 같은 "지역사회 자체를 대상으로 하여 개입하는 것"을 의미하였다(p. 37).

앞에서 언급한 정의들을 정리해 보면, 지역사회복지는 지역사회를 개입 대상으로 사회복지서비스를 제공하여 구성원들의 삶의 질을 향상시키고, 지역사회의 안녕과 복지를 이루려는 조직적이고 체계적인 실천방법이다. 즉, 구성원 개인의 욕구 충족에서부터 지역사회의 구조와 제도와 같은 전반적인 체계 개선까지 지역사회의 문제를 해결하고, 구성원의 복지와 안녕을 증진하기 위해 사회복지적 지식과 기술을 활용하는 것이다.

2) 지역사회복지실천

일반적으로 사회복지실천은 클라이언트(client)를 개입 대상으로 하여 전문적이고 체계적인 도움을 제공하는 것이다. 이러한 관점에서 지역사회복지실천은 지역사회를 사회복지 개입의 대상으로 체계적이고 전문적인 도움을 제공하는 것으로 아동, 노인 등 인구학적 특성을 기준으로 한 대상이 아닌 지역사회를 기준으로 하는 사회복지실천 영역으로 생각할 수 있다. 홍현미라 등(2010)은 지역사회복지실천을 "전문적 사회복지실천 역량을 갖춘 사회복지사가 조직이나 지역사회에 변화를 가져오고자 수행하는 거시적 실천"으로 정의하였다(p. 38). 이러한 지역사회복지실천은 사회복지실천에서 특정 사회복지사에게만 주어진 일이 아니다. 미시적 접근이든, 거시적 접근이든 관계없이 모든 사회복지사의 실천이 지역사회복지와 관련되어 있다는 것이다(Hardcastle, Powers, & Wenocur, 2004). 지역사회 자원과 환경을 무시한 미시적 접근과 거시적 접근 모두 효과적으로 문제를 해결할 수 없다.

지역사회복지 실천 원칙은 건전한 윤리적 판단을 기초로 하여 좋은 지역사회를 만들기 위한 규칙 또는 기준을 의미한다. 이러한 실천 원칙은 실천 과정에서 일관성과 체계성을 확보할 수 있고, 전문성과 신뢰성을 강화하여 지역사회복지실천의 효과성과 지속성을 높일 수 있다. 김홍주(2021)는 이를 네 가지로 정리하고 있다. 첫째, 지역사회 주민의 욕구 총족 우선 원칙이다. 지역사회복지는 지역사회 구성원의 욕구가 충족되고, 구성원 모두가 인간다운 삶을 살아가도록 하는 사회복지 실천이다. 무엇보다 지역사회 구성원의 욕구 충족과 문제 해결이 최우선의 목표가 되어야 한다는 것이다. 이때 간과하지 말아야 할 것은 욕구 충족과 문제해결 방법의 지속 가능성이다. 근시안적 해결책이 아닌, 과학적인 분석을 통해 문제의 근본적인 원인을 파악하여 지속 가능한 해결책을 개발하고 집행해야 한다. 둘째, 주민 참여 원칙이다. 지역사회 구성원의 욕구 충족과 지역사회 문제해결 과정에 구성원의 자발적인 참여가 필수적이다. 이러한 참여는 단지 프로그램 진행에 국한되지 않고, 지역사회복지실천을 위한 프로그램 계획, 실행, 평가로 이어지는 모든 과정에서 필요하다. 셋째, 지역사회개입 원칙이다. 이는 지역사회를 있는 그대로 인정하고, 받아들이는 것으로부터 지역사회복지실천은 시작되어야 한다는 것이다. 무엇보다 먼저 지역사회는 다양한 구성원들이 함께 생활하고 있는 공간으로 경제 수준에 따라, 성별에 따라, 나이에 따라, 문화 선호에 따라 다양한 이해관계가 공존한다는 것에 대한 이해관계가 공존한다는 것에 대한 이해가 있어야 할 것이다. 개별화된 욕구가 아닌 지역 전체의 욕구와 문제에 대한 파악을 바탕으로 지역사회의 민주적 결정에 따라 지역사회복지가 실천되어야 한다. 넷째, 연계와 협력의 원칙이다. 지역사회에는 다양한 구성원이 다층적인 사회 구조에서 생활하고 있다. 모든 구성원이 소외되지 않고, 평등하고 건강한 사회생활을 하기 위해서는 지역 내 다양한 기관들(정부, 기업, 비영리/종교 기관 등)이 각 역할을 감당하고, 서로 협력하는 것이 필요하다.

참고문헌

김홍주(2021). **지역사회복지론**. 서울: 도서출판 신정.

서이종(2002). **인터넷 커뮤니티와 한국 사회**. 경기: 한울 아카데미.

오정수, 류진석(2024). **지역사회복지론(6판)**. 서울: 학지사.

유동철, 홍재봉(2020). **실천가를 위한 지역사회복지론**. 경기: 양서원.

이진희(2016). 지역적 건강불평등과 개인 및 지역수준의 건강결정요인. **보건사회연구, 36**(2), 345-384.

전희정, 강승엽(2021). 지역 간 건강 불평등의 공간적 분포. **국토계획, 56**(5), 228-238.

정무성(1997). 지역사회복지실천모델에 관한 이론적 고찰. **한국사회복지학회 추계학술대회 자료집**, 21-37.

최병두(2023). '장소 상실'에서 '장소 소외'로. **공간과 사회, 33**(1), 183-232.

최일섭, 이현주(2006). **지역사회복지론**. 서울: 서울대학교 출판부.

홍현미라, 김가율, 민소영, 이은정, 심선경, 이민영, 윤민화(2010). **지역사회복지론**. 서울: 학지사.

황주성(2012). 소셜네트워크의 원조, 인터넷 커뮤니트는 자기조직화하는가?. 조화순 편집. **소셜네트워크와 정치변동**(pp. 50-85). 경기: 한울 아카데미.

Dunham, A. (1970). *The New Community Organization*. Crowell.

Fallon, J. (2020). **사이코패스 뇌과학자**(*The Psychopath Inside*). (김미선 역). 서울: 더 퀘스트. (원저는 2013년에 출판).

Gilbert, N., & Specht, H. (1986). *Dimensions of Social Welfare Policy* (2nd ed.). New Jersey, Prentice Hall.

Graham, G. N. (2016). Why your zip code matters more than your genetic code: Promoting healthy outcomes from mother to child. *Breasfeed Med*. Retrieved from https://pubmed.ncbi.nlm.nih.gov/27513279/

Hardcastle, D., Powers, P., & Wenocur, S. (2004). *Community Practice: Theories and Skills for Social Worker* (2nd ed.). Oxford University Press.

MacQueen, K. M., McLellan, E., Metzger, D. S., Kegeles, S., Strauss, R. P., Scotti, R., Blanchard, L., & Trotter, II., R. T. (2001). What is community? An evidence-based definition for participatory public health. *American Journal of Public*

Health, 91(12), Retrieved from https://ajph.aphapublications.org/doi/epub/10.2105/AJPH.91.12.1929

Maslow, A. H. (1943). A Theory of Human Motivation. *Psychological Review, 50*(4), 370-396.

Mayo, M. (1994). *Communities and Caring*. London: Lacmillan.

Park, R. E., Burgess, E. W., & McKenzie, R. D. (1925). *The City: Suggestions for Investigation of Human Behavior in the Urban Environment*. Chicago: The University of Chicago Press.

Parsons, T. (1951). *The Social System*. Glencoe, IL: Free Press.

Putnam, R. D. (2000). *Bowling Alone: The Collapse and Revival of American Community*. New York: Simon & Schuster.

Roeder, A. (n.d.). Zip code better predictor of health than genetic code. *Harvard T.H. Chan*. Retrieved from https://www.hsph.harvard.edu/news/features/zip-code-better-predictor-of-health-than-genetic-code/

Ross, M. G. (1967). *Community Organization: Theory, Principles, and Practice*. New York: John Wiley & Sons.

Shinn, M., & Toohey, S. M. (2003). Community contexts of human welfare. *Annual Review of Psychology, 54*(1), 427-459.

Waters, T. (2016). Gemeinschaft and Gesellschaft Societies. In G. Ritzer, C. Rojek, & M. J. Ryan (Eds.), *The Wiley Blackwell Encyclopedia of Sociology* (2nd ed.). Hoboken, NJ: John Wiley & Sons.

성미산마을(n.d.). https://sungmisan.org/

양승희(2021). '서울시, 지역 정체성 보존할 재생활동가 · 주민공동체 키운다'. 이로운넷. https://www.eroun.net/news/articleView.html?idxno=23537

통계청(2024). 기대수명 https://www.index.go.kr/unify/idx-info.do?idxCd=8016

제2장

지역사회복지 설명이론

지역사회복지 관련 이론은 지역사회복지의 개념과 실천 범위에 따라 다양하게 생각해 볼 수 있다. 지역사회복지 실천 현장은 지역사회 전반에 관한 영역(지역사회 개발 및 지역사회 기능 등)과 지역사회를 구성하고 있는 요소(지역사회 기관, 집단, 개인)들에 대한 것으로 나누어 볼 수 있다(Weil & Ohmer, 2013). 지역사회 전반에 관한 이론으로는 구조기능론(Structural Functional Theories), 사회체계론(Social Systems Theories), 생태이론(Ecological Theories), 갈등이론(Conflict Theories) 등이 있다. 지역사회를 구성하고 있는 요소에 관한 이론은 지역사회 기관, 집단, 개인으로 나눌 수 있다. 지역사회 기관과 관련된 이론에는 조직행동이론(Organizational Behavioral Theories), 조직학습이론(Organizational Learning Theories) 등이 있다. 집단을 중점적으로 다루는 이론으로는 과업집단이론(Task Group Theories), 집단효능감 이론(Collective-Efficacy Theories), 임파워먼트 이론(Empowerment Theories), 참여이론(Participation Theories) 등이 있고, 개인의 심리적 · 사회적 요인과 개인의 관계를 탐구하는 이론으로는 자기효능감 이론(Self-Efficacy Theories), 역량이론(Capability Theories), 대인관계이론(Interpersonal Theories) 등이 있다.

또한 시대의 흐름에 따른 강조되는 이론의 변화에 따라 살펴보게 되면, 19세기 후반부터 20세기 초반까지 사회질서 유지와 사회제도 및 기능에 관한 관심이 높아 기능주의 영향이 컸지만, 20세기 중반에는 복지국가 확장과 함께 사회 불평등 완화에 초점을 두고 갈등주의적 접근이 우세하였다. 20세기 후반에는 임파워먼트 이론(Empowerment Theory)과 강점 관점(Strength-Based Approach)이 등장하면서 개인의 능동성을 강조하는 관점이 중심이 되었고, 21세기로 들어오면서 역량이론(Capability Approach)과 회복이론(Resilience Theory)은 인간 중심의 전인적 발달에 초점을 두고 있다. 최근 지역사회복지에서 강조되고 있는 이론은 지역사회를 중심으로 전인적 인간 개발을 지향하고, 역량 강화에 초점을 두고 있다.

이번 장에서 지역사회복지와 관련된 모든 이론을 설명하는 것은 불가능하고, 그중에서 기본적인 이론적 접근을 여섯 가지를 선별하였다. 먼저, 생태체계이론(Ecological Systems Theory)은 사회복지실천에서 통합적 접근(환경 속 인간) 관점을 잘 보여 주는 가장 기본적인 이론 중 하나이다. 지역사회 전반을 설명하는 구조기능론(Structural Functional Theory)과 갈등이론(Conflict Theory), 그리고 사회체계이론(Social Systems Theory)을 포함하였다. 사회적 관계의 중요성을 강조하는 사회자본이론(Social Capital Theory)과 함께 개인과 집단 역량의 중요성을 강조하는 역량이론으로 임파워먼트 이론(Empowerment Theory)과 역량접근(Capability Approach)을 간략하게 살펴볼 것이다.

1. 생태체계이론

1) 이론의 배경

생태체계이론은 1970년대 후반 브론펜브레너(U. Bronfenbrenner)가 제시한 것으로, 그는 러시아에서 태어나 어린 시절 미국으로 이주하였다. 발달심리학 전공으로 박사 학위를 받았고, 아동의 발달 과정에 대한 사회환경 영향 연구의 대표자이다. 제2차 세계 대전 이후 20세기 중반 미국 사회의 변화를 경험하게 되면서 브론펜브레너는 개인의 내면과 심리 현상에만 초점을 두지 않고, 환경적 영향에 관심을 두게 되었다. 심리학의 행동주의나 정신분석 접근의 한계를 인정하면서 아동의 행동과 발달은 실험실이 아닌 더욱 복잡한 실제 상황 속에서 일어난다는 것을 이론화하였다. 브론펜브레너는 환경적 영향의 중요성을 강조하였지만,

그것이 환경만 중요하다는 것을 주장하는 것이 아니라 인간 행동과 성장은 인간과 그 인간을 둘러싸고 있는 다양한 층위의 환경 간의 상호작용 결과라는 것이다 (Bronfenbrenner, 1994).

2) 주요 개념

브론펜브레너에 따르면, 인간의 행동과 발달은 단순히 인간 내면의 변화에 의해서 일어나는 것이 아니라 그 인간을 둘러싸고 있는 환경과의 끊임없는 상호작용의 결과라는 것이다. 상호작용이라는 것은 인간이 환경에 일방적인 영향을 받는 수동적인 존재라는 것이 아니라 인간이 환경에 영향을 주고, 환경은 인간에게 영향을 주는 관계를 의미한다. 그리고 인간-미시체계-중간체계-외체계-거시체계는 독립적으로 운영되는 것이 아니라 층위는 구분되어 있지만 상호 연계성을 가지고 있어 한 체계의 변화는 그 체계에만 국한되지 않고 다른 층위의 체계에 영향을 주게 된다(함철호, 2023).

[그림 2-1]에서 볼 수 있듯이, 생태체계이론에서 브론펜브레너는 개인의 행동과 발달은 그 개인을 둘러싸고 있는 환경 전체를 고려하여야 한다고 하면서, 환경을 네 가지 층위(미시체계, 중간체계, 외체계, 거시체계)로 구분하였다. 이러한 환경의 층위는 체계의 객관적 속성에 따르기보다는 개인의 주관적 경험과 이해에 따라 구분된다. 그리고 시간체계를 추가하여 시간에 따른 환경의 변화 또한 고려하였다(함철호, 2023; Bronfenbrenner, 1994).

(1) 미시체계

미시체계(Microsystems)는 개인을 중심으로 일상에서 직접적인 대면하고 상호작용할 수 있는 관계 또는 환경을 의미한다. 이 미시체계와의 상호작용이 균형적이고 상호 호혜적이며 긍정적 감정을 불러일으킬 때, 개인의 성장에 긍정적인 영향을 미치게 된다. 예를 들어, 한 초등학생의 경우 가족, 친구, 학교 등과 같이 직접 대면하며 관계를 맺을 수 있는 환경이 이에 포함된다.

(2) 중간체계

중간체계(Messosystems)는 개인이 가지고 있는 두 개 또는 그 이상의 미시체계들 사이의 상호작용을 의미한다. 즉, 중간체계는 미시체계가 구성 요소인 체계로 여러 미시체계가 상호 연결되어 형성된 체계이다. 이러한 상호작용은 한 개인의 복수의 미시체계에 공통으로 속하는 사람[예: 한 친구는 학교(미시체계) 친구이면서 학원(미시체계) 친구이기도 함]을 매개로 하여 형성되기도 하고, 한 개인이 새로운 환경으로 이동하면서 만들어지기도 한다. 미시체계에 속한 환경은 독자적으로 움직이는 것이 아니라 서로 연결되고, 상호작용하면서 인간의 행동과 삶에 영향을 미치게 된다. 예를 들어, 한 초등학생의 부모와 학교 선생님 간의 상호작용이나 학교 친구와 학교 선생님 간의 상호작용이 이러한 중간체계의 예가 될 수 있다.

(3) 외체계

외체계(Exosystems)는 개인이 일반적으로 대면 접촉을 직접 하지 않고, 직접적인 영향을 주고받지 않는 환경을 의미한다. 이 체계는 미시체계에 속한 환경에 직접적인 영향을 주어 그 영향이 개인에게 간접적으로 전달된다. 예를 들어, 한 초등학생에게 그 학생의 아버지 직장은 외체계로 볼 수 있다. 아버지 직장은 아버지에게는 직접적인 대면 접촉을 하는 미시체계가 되지만, 아동에게는 외체계가 된다. 또 다른 예로는, 지역 교육청의 정책 변화가 학교 선생님 행동에 영향을 주게 되고, 그 선생님의 변화된 행동이 그 학생의 행동과 성장에 영향을 미치게 된다. 이처럼 그 학생이 거주하는 지역의 여러 기관이 그 아동에게 외체계로 간접적인 영향을 주게 된다.

(4) 거시체계

거시체계(Macrosystems)는 개인의 성장과 발달의 환경에서 가장 광범위한 환경으로 그 사회의 경제, 문화, 정치, 법 등 거시적인 제도를 포함하고 있다. 거시체계의 특성에 따라 하위 체계의 특성 또한 결정된다. 거시체계의 변화는 그 안에 속한 외체계와 미시체계와 직간접적으로 연계되어 있어, 이들 체계의 변화를 통해 개인에게 영향을 주게 된다. 예를 들어, 국가 교육 제도의 변화는 지역 교육청의 업무 내용과 방식을 변화시키고, 학교 선생님의 수업 및 학생 지도에도 영향을 주게 되어 궁극적으로는 아동 행동과 발달에도 영향을 미치게 된다.

(5) 시간체계

인간을 중심으로 한 다양한 층위의 체계들은 고정된 것이 아니라 시간의 흐름(인간의 성장)과 함께 변화하며, 이를 시간체계(chronosystems)라고 한다. 한 인간이 이 세상에 태어난 이후 시간이 흘러가면서 그 인간은 성장 및 성숙하게 되고, 그 인간의 미시체계, 중간체계, 외체계, 거시체계 또한 모두 변하고 있다. 예를 들

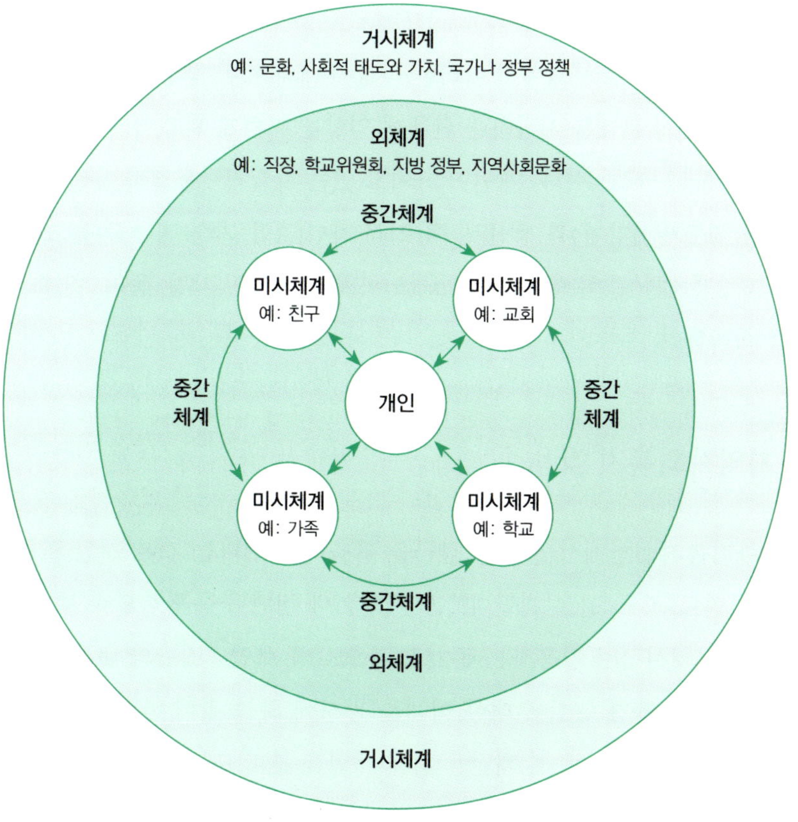

[그림 2-1] 생태체계 수준

출처: Ambrosino, Ambrosino, Heffernan, & Shuttlesworth (2016), p. 63.

어, 한 아동이 1살이 되었을 때의 환경체계와 10살이 되었을 때, 20살이 되었을 때를 비교해 보면, 환경과 그 영향력은 크게 달라져 있을 것이다.

브론펜브레너가 1970년대에 제시한 생태체계이론에서는 생태학, 사회학, 인류학 등의 접근을 수용하면서 다층위적인 환경의의 영향을 강조하였다면, 1980년대를 거치면서 유전학, 신경학, 발달생물학 등의 접근을 바탕으로 개인의 생물학적 · 유전적 특성을 강조한 생물생태학 모델(bioecological model)로 발전하게 된다. 후기 모델에서는 전기 모델에서 소외되었던 개인의 유전적 · 생물학적 특성을 좀 더 강조하면서 생물학적 인간과 환경적 인간의 상호작용과 함께 한 인간이 자신의 성장에 능동적인 주체로서 좀 더 적극적으로 참여하고 있음을 보여 주고 있다(Tudge, Mokrova, Hatield, & Karnik, 2009). 개인적 특성은 세 가지 유형으로 나눌 수 있다. 첫째는 요구 특성(demand characteristics)으로 나이, 성별, 외모 등과 같은 신체적 특성으로 사회에서 이러한 특성에 대해 이미 형성된 기대가 있고, 그로 인해 사회에서 관계를 시작하는 단계에 영향을 미치게 된다. 둘째는 자원 특성(resource characteristics)이다. 개인이 가지고 있는 사회적 · 물질적 자원(가정 환경, 교육 기회, 경제적 여건 등)과 정신적 · 감정적 자원(경험, 기술, 지능 등)을 모두 포함하고 있다. 셋째는 힘 특성(force characteristics)은 개인의 기질, 동기, 인내심 등의 차이를 의미한다.

3) 지역사회복지 적용

지역사회복지실천에서 생태적 접근을 활용하게 된다는 것은 개인 또는 집단 등 클라이언트(client)를 이해할 때, 그 개인이나 집단을 독립적으로 보기보다는 그가 환경 속에서 상호작용하는 존재로 봄으로써 개인 · 집단의 내부 상황에 대한 이해와 함께 환경 특성에 대한 이해를 동시에 하는 것이 바람직하다는 것이다. 또한 클라이언트의 문제 해결을 위해 개입을 준비 또는 진행할 때, 지역사회를 미시, 중간, 외적체계로 구분하여 클라이언트를 지지할 수 있는 자원을 파악하고 구성함으로써 클라이언트 변화를 위한 다양하고 포괄적인 개입 관점을 제공하게 된다.

현재 포항시의 읍 · 면 · 동 행정복지센터에서 제공하고 있는 '찾아가는 보건복지 서비스'를 생태체계이론으로 설명하면, 지역의 거주하는 주민 중 70대 노인(A씨)이 서비스 대상자로 선정되었다. A씨에게 지역의 행정복지센터는 미시체계가 될 것이다. 지역의 행정복지센터 담당자는 A씨를 찾아가서 건강 상태 파악이나 지역사회 건강 교육과 같은 대면서비스를 직접 제공하게 된다. A씨의 건강 상태 파악과 서비스 제공을 위해 행정복지센터 담당자가 A씨 가족과 상호작용하는 것은 A씨 기준으로는 중간체계의 예시가 된다. 중간체계의 다른 예시는 행정복지센터 담당자가 그 지역의 보건소나 복지관과 협력하여 A씨에게 다른 서비스를 지원할 때도 발생하게 된다. 읍 · 면 · 동 행정복지센터에서 제공하는 찾아가는 보건복지서비스는 포항시의 보건복지 제도와 지원으로 운영이 된다. A씨를 직접 만나지는 않지만, 서비스 정책 형성과 예산을 지원하는 포항시의 담당 부서는 A씨에게는 외적 체계가 된다. 더 나아가 읍 · 면 · 동 행정복지센터 운영을 위한 중앙정부의 정책과 노인을 대상으로 하는 한국의 사회문화적 가치는 A씨에게는 거시체계가 된다. 개입의 초점을 어느 체계에 하는지에 따라 미시적 · 중시적 · 거시적 사회복지 실천으로 구분할 수 있다. 하지만, 하나의 지역사회복지 서비스가 제공되기 위해서는 다양한 체계 간의 유기적 연계는 필수적임을 알 수 있다.

생태체계이론을 바탕으로 한 연구적 접근 또한 여러 가지가 있다. 김희경과 김성훈(2018)은 학교생태체계 환경 변인이 중3 학생의 학교생활 적응에 미치는 영향을 분석하였다. 이 연구에서는 학교생활 적응에 영향을 주는 독립변수를 미시체계(성별, 또래 애착, 삶의 만족도, 부모 학력), 중간체계(학교 유형, 학교 지역의 사회경제적 배경), 시간체계(중 1학년 학교 적응)로 변수를 구분하였다. 이 연구는 학생에게 영향을 주는 모든 변수를 포함하지는 못하고 있었지만 미시체계, 중간체계, 그리고 시간체계 모두가 학생의 학교 적응에 유의미한 영향을 주는 것으로 나타났다. 미시체계에서 또래 관계와, 특히 또래와의 의사소통이 중요한 변인이었고, 시간체계에서는 중학교 1학년 때의 학습 활동이 가장 중요한 변인이었다. 사회경제적 수준에 있어서는 미시체계(개인 수준)와 중간체계(학교 지역의 수준)를 함께 고려하였을 때, 중간체계에서만 유의미한 관계를 보여 주고 있어 학교 지역 전반의 사회경제적 수준이 중 3학생의 학교 적응에 중요한 변인으로 나타났다.

2. 구조기능론

1) 이론의 배경

구조기능주의의 대표적인 학자들은 파슨스(T. Parsons), 머튼(R. K. Merson), 스펜서(H. Spencer) 등이다(Trevino, 2022). 스펜서(1820~1903)는 인간이 다양한 신체 장기(심장, 위장, 두뇌 등)들의 상호작용으로 생존하는 것처럼, 사회 또한 다양한 기능을 담당하는 기관과 제도들이 통합되어 하나의 시스템을 유지하는 유기체(organism)로 보았다. 파슨스(1902~1979)는 사회 기관과 제도들이 각자의 역할과 기능을 제대로 수행하고, 사회 구성원은 그러한 규범과 가치를 따르면서 사회 질서가 형성 및 유지된다는 점을 강조하였다. 또한 머튼(1910~2003)은 사회 기관과 제도들의 기능을 명시적(manifest) 기능과 잠재적(latent) 기능, 그리고 순기능(functions)과 역기능(dysfunctions)으로 구분하여 설명하였다. 이뿐 아니라 사회학의 창시자로 알려진 뒤르켐(D. E. Durkheim, 1858~1917)의 사회적 연대에 관한 설명 또한 구조기능주의 이론 기초와 연결되어 있다고 볼 수 있다. 사회가 유지되기 위해서는 사회적 연대가 필수적인데, 노동 분업과 개인화된 인간관계를 가지고 있는 산업화 사회에서는 전통사회에서 가졌던 기계적 연대는 없어졌지만, 유기적 연대를 통해 사회가 여전히 통합된 모습으로 유지된다는 것이다(Trevino, 2022).

이들이 활동했던 시기는 산업혁명, 세계 대전과 같은 급속한 사회변화가 진행되었던 시대로 사회안정과 사회질서 회복과 유지에 관심이 집중되었다. 구조기능론은 20세기 중반인 1940년대부터 1960년 초반까지 사회를 설명하는 주요 이론이었고, 1960년대에 등장한 베트남전 반전 운동, 흑인인권운동, 여성해방운동에서 볼 수 있는 사회 내에서의 갈등 관계, 권력 관계 등을 충분하게 설명하지 못한다는 비판에 직면하였다(김홍주, 2021; Britannica, 2024; Ritzer, 2006).

2) 주요 개념

사회 구성원들이 살아가면서 필요한 것들을 충족하기 위해 특정 활동을 지속하게 되면서 그 활동들을 가능하게 하는 기관과 제도가 만들어지게 된다(제도화). 그것이 사회 내에서 고착화되면서 사회체계와 구조로 발전하게 된다. 사회체계라는 것은 그 사회 내에서 제도화된 기능의 집합으로 볼 수 있다(Britannica, 2024; Ritzer, 2006).

[그림 2-2]는 파슨스가 개인의 행동에서 시작하여 사회제도와 체계가 형성되는 과정을 설명한 것이다(Turner, 2003). 개인의 행동은 특정한 지향 양식(mode of orientation)에 따라 이루어지며, 이는 동기적(motives) 지향과 가치적(value) 지향으로 구분된다. 동기적(motives) 지향은 다시 세 가지로 구분할 수 있는데, 인지적(cognitive) 동기(정보에 대한 필요성), 정서적(cathectic) 동기(감정적 애착에 대한 필요성), 평가적(evaluative) 동기(판단과 평가에 대한 필요성)로 나누어진다. 가치적(value) 지향 또한 세 가지로 구분되는데, 인지적(cognitive) 가치(객관적 기준에 따른 평가), 감상적(appreciate) 가치(미학적 기준에 따른 평가), 도덕적(moral) 가치(옳고 그름에 따른 평가)이다. 이러한 동기와 가치 지향을 바탕으로 개인은 특정 목적을 달성하기 위해 행동하며, 행위 유형(types of action) 또한 세 가지로 구분할 수 있다. 행위 유형은 도구적(instrumental) 행위(명확한 목표를 효율적으로 달성하려는 행위), 표출적(expressive) 행위(감정적 만족을 실현하려는 행위), 그리고 도덕적(moral) 행위(옳고 그름의 기준을 실현하려는 행위)로 구분된다. 즉, 개인의 행동은 다양한 동기와 가치에 기반하여 이루어지며, 자신이 달성하고 하는 특정 목적을 지향하고 있다. 이렇게 다양한 지향을 가진 행위자들이 서로 합의를 형성하고, 상호작용을 지속하면, 이러한 행동양식은 제도화된다. 이렇게 제도화된 행동양식은 사회체계로 개념화되며, 이는 개인의 행위에서 출발해 집단적 질서와 사회 구조로 발전하는 과정을 보여 준다.

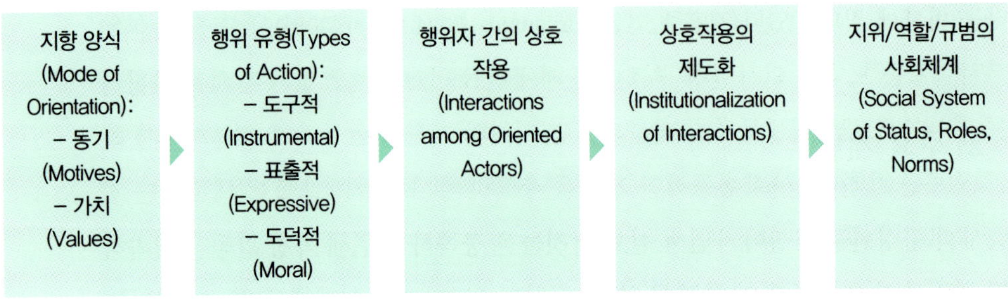

[그림 2-2] **파슨스의 행위, 상호작용, 그리고 제도화 개념**

출처: Turner, J. (2003), p. 41 참조.

구조기능주의에서는 기본적으로 사회를 유지하기 위해 필요한 기능을 수행하는 기관과 제도가 만들어지는 것이 중요하다. 이러한 기관과 제도가 본연의 역할을 제대로 감당하고, 상호 연계가 될 때 사회가 안정적으로 유지될 수 있다. 사회가 안정적으로 질서를 유지하고, 사회의 기관과 제도들이 조화롭게 상호 의존하고 있는 상태를 정상적인 것으로 보고 있다(이철우, 2013). 구조기능주의에서 지역사회복지와 관련하여 주요한 개념을 살펴보고자 한다.

(1) 사회 기관과 제도들의 연계

사회에는 역할과 기능에 따라 다양한 사회제도와 기관(가족, 교육, 경제, 정부, 사회복지 등)이 필요하고 존재하고 있다. 이러한 제도와 기관들은 사회 구성원들의 일상생활에서 필요한 다양한 욕구를 채워 주고 있으며, 상호 연계되어 사회질서를 유지하고 있다. 즉, 사회가 질서 있게 유지 또는 발전하기 위해서는 사회적 결속과 조화를 향상시키는 사회 규범과 가치가 필요하며, 구성원이 그것에 순응하는 것이 필수적이다(이철우, 2013).

(2) 사회체계의 기능적 요건

모든 사회체계는 체계의 지속(또는 생존)을 위하여 적응(adaptation), 목표 달성(goal attainment), 통합(integration), 잠재성(latency)과 같은 네 가지 기능을 수행해야 한다. 적응은 기본적으로 외부 환경에 적응하는 기능으로 외부에서 충분한 자원을 확보하여 이를 체계 전반에 분배하는 것을 포함한다. 목표 달성은 체계 내의 여러 목표에 대해 우선순위를 정하고, 내부 자원을 활용하여 목표를 달성하는 것을 의미한다. 통합은 체계의 내부 요소들 간의 상호작용을 조화롭게 유지하는 것이다. 잠재성은 체계가 자신의 규범과 가치를 유지하며, 체계의 지속성을 보장하는 기능으로 내부적 긴장과 갈등을 적절하게 다루는 것을 포함하고 있다(Friedman & Allen, 2014; Turner, 2003).

(3) 적응과 변화

구조기능주의에서 사회 시스템(사회제도와 기관)은 안정을 최우선으로 추구하고 있지만, 사회의 변화에 따라 기존의 기관이 새로운 역할을 수용하고, 때로는 새로운 제도나 기관을 만들면서 그 변화에 적응하는 것이 필요하다. 사회 기관과 제도가 단시간에 새롭게 만들어지기는 쉽지 않기 때문에, 사회 기관과 제도는 조정 기능이 내재화되어 있어야 하며, 주기적인 역할 평가와 그에 따른 조정 등 유연한 운영이 필수적이다. 이러한 변화의 과정을 네 가지로 설명할 수 있다. 첫째는 체계 간 분화이다. 체계가 독립적으로 발전하여 고유한 기능을 수행하는 것이다. 둘째는 체계 내 분화이다. 체계 내에서도 분화가 진행되어 세분화와 전문화가 진행된다. 셋째는 새로운 통합 구조의 출현이다. 체계 간 또는 체계 내의 분화로 체계가 분리되는 것이 아니라 원활한 상호작용을 위한 새로운 통합과 조화가 필수적이다. 넷째는 각 체계는 환경에 적응하고 생존할 수 있는 능력을 향상시켜야 한다(이철우, 2013; Turner, 2003).

(4) 역기능

기본적으로 사회제도와 기관은 사회질서 유지를 위해 맡겨진 기능과 역할을 감당하고 있지만, 그 제도와 기관으로 인한 역기능 또한 발생하게 된다. 교육 제도는 사회에 필수적인 기본 지식 제공과 우수 인재 양성과 같은 기능을 담당하고 있지만, 교육제도가 제대로 기능하지 못할 경우, 사회생활에 필요한 기본 지식을 습득하지 못하고, 사회 구성원 간의 불평등을 심화시키는 등 사회 전체가 혼란에 빠

지거나 오히려 퇴행할 수도 있다. 하지만 이러한 역기능 발생은 새로운 사회 기관과 제도의 발생에 대한 당위성을 제공해 주기도 한다(이철우, 2013).

3) 지역사회복지 적용

사회 질서의 안정적인 유지를 위해 필요한 사회제도와 기관으로 사회복지를 생각할 수 있다. 특히, 지역사회복지는 지역사회 구성원 전체의 건강하고, 안정적인 생활을 위해 개인을 대상으로 한 미시적 서비스 제공에서부터 지역사회 전반의 변화를 위한 정책과 제도 개발과 개선까지 담당하고 있으며, 특히 지역사회에서 사회적 약자와 소외된 구성원들이 발생하지 않도록 선제적인 예방 조치와 함께 문제가 발생한 후에는 공공부조와 응급지원과 같은 후속적인 프로그램을 시행한다. 지역사회 구성원을 위한 촘촘한 사회 안전망 제공과 다양한 구성원의 맞춤형 욕구 충족을 위해서는 지역사회 내의 다양한 기관들과 연계, 협조가 필수적이다. 이를 실현하기 위해 다양한 사회복지기관들이 지역사회에서 설립되고 활동할 수 있어야 하며, 이를 뒷받침할 안정적인 재원 자원의 확보와 인적 자원의 지원이 또한 필요하다.

우리나라에서는 2018년 지역사회 통합돌봄 시범 사업을 시작으로, 노인, 장애인, 정신질환자 등에게 적절한 돌봄을 제공하기 위한 지역사회 통합돌봄 시스템 구축의 필요성이 지속적으로 요구되었다. 과거에는 돌봄이 가족 내에서 이루어졌었던 전통적 방식(가족의 기능)이 주를 이루었지만, 오늘날에는 돌봄이 개인이나 가족의 책임을 넘어 사회적 책임(기능)으로 인식되고 있다. 이에 따라 보건의료와 복지를 위한 중앙 · 지방정부, 지역의 민간 기관, 주민에 이르기까지 다양한 구성원의 적극적 참여와 상호 연계가 필수적이다(전용호, 2023; 정윤화, 이동현, 2023).

구조기능론을 바탕으로 한 지역사회복지 연구로는 임재웅, 장석인, 최병권(2020)의 '마을기업의 성공요인과 사례연구'가 있다. 이 연구에서는 지역사회의 문제 해결을 위한 마을기업의 역할(기능)을 연구주제로 하여 지역공동체 회복과 지역경제 발전에 기여하고 있음을 실증연구를 통해 밝히고 있다. 마을기업의 성공을 위해서는 기업 구성원의 긍정적 태도, 구성원 모두가 참여하는 민주적 의사 결정, 외부 투자 유치, 충분한 성공 사례 비교분석의 중요성을 마을기업 성장의 주요 요인으로 제시하고 있다.

3. 갈등이론

1) 이론의 배경

갈등이론은 구조기능론처럼 사회의 구조와 제도를 주요 대상으로 하고 있다. 하지만, 두 이론의 차이점으로는 구조기능론에서는 사회의 구성 요소들의 조화와 협력에 초점을 두고 있다면, 갈등이론에서는 사회에서 발생하는 사회적 대립, 억압, 강요, 적대감 등에 초점을 맞추고 있다(Ritzer, 2006). 갈등이론은 대표적으로 19세기 마르크스(K. Marx)가 자본주의를 비판하면서 대안으로 제시한 거시적 관점과 짐멜(G. Simmel)이 일상생활 관계에서 생겨나는 개인들 간 또는 집단들 간의 갈등을 포함하는 이론을 주요 기반으로 삼고 있다. 마르크스가 사회 계급과 권력 불균형을 재생산하고 있는 사회 구조에 초점을 맞추고 있다면, 짐멜은 개인 또는 집단 간의 갈등과 경쟁의 사회적 역할에 대해 더 많은 관심이 있었다. 이들에 따르면, 갈등과 경쟁이 항상 부정적인 결과만을 초래하는 것은 아니고, 사회적 상황에 따라 긍정적인 결과를 만들어 내기도 한다(Coser, 2003; Trevino, 2022).

2) 주요 개념

(1) 불평등과 사회 구조

마르크스는 인류 역사를 생존을 위해 제한된 자원을 획득하기 위한 집단 간의 갈등과 경쟁으로 야기되는 사회변화로 설명하고 있다. 인간은 자신에게 필요한 것을 확보하기 위해 끊임없이 투쟁하는 존재이고, 사회는 자연으로부터의 생존에서부터 사회 속에서의 생존에 이르기까지 적대적 투쟁이 연속적으로 일어나는 장으로 이해하고 있다. 사회 진보의 추진력은 조화와 협력보다는 대립과 갈등, 투쟁인데 이는 경제적 자원과 정치적 자원의 불균형에 기인하고 있다. 마르크스는 경제적 관계에서 나타나는 계급 간의 갈등을 살펴보았지만, 다렌도르프(R. Dahrendorf)는 정치 권력을 중심으로 한 갈등 관계를 포함하였다. 가진 자와 가지지 못한 자로 대표되는 계급 간의 갈등은 단기적으로, 우발적으로 발생하는 것이 아니라 이미 정착된 사회 구조에 뿌리를 두고 있어서 사회 구조의 변화 없이는 갈등과 불균형에 대한 해결 또한 불가능하다.

(2) 소외

자본주의 사회에서 노동자들은 다양한 소외(alienation)를 경험하게 된다. 마르크스는 노동자들이 생산 현장에서 경험하는 소외를 네 가지로 구분하여 설명하였다. 첫째, 노동자는 그가 생산한 결과물(생산품)로부터 소외된다. 노동자는 제품을 생산하기는 하였지만, 그 생산품을 소유하거나 사용하지는 못한다. 둘째, 노동자는 생산 과정에서 소외된다. 생산 과정은 자본가의 이익을 최대화하는 과정으로 고안되어 노동자가 어떤 환경에서, 어떤 방법으로 만들지를 결정할 수가 없다. 셋째, 노동자는 노동자 자신으로부터 소외된다. 자본주의 사회에서 노동은 인간의 창조성과 의미의 발현이 아니라 생존을 위한 수단이 되어 노동자 자신의 관심과 선호, 타고난 역량은 무시된다. 넷째, 노동자는 그의 동료와 공동체로부터 소외된다. 자본주의 체제는 노동자들 간의 협동보다는 경쟁을 강제화함으로써 노동 현장에서 사회적 관계 소외를 경험하게 된다. 이러한 소외를 통해 노동자는 생산 과정에서 주체적인 역할을 담당하지 못하고, 하나의 도구로 전락하게 된다. 이것은 자본주의 체제하의 생산 방식에서 발생하는 필연적인 현상으로 사회의 생산 구조 변화(자본주의 체제의 몰락)가 그 해결책이 된다.

(3) 옹호와 사회변화

자본주의를 기반으로 하는 현재의 사회 구조는 사회 불평등을 유발하고 유지

(기득권 집단의 이익만을 보호)하는 시스템이기 때문에 현상 유지를 위한 노력보다는 현재의 제도와 가치를 변혁하는 능동적인 접근이 필요하다. 현재의 사회 시스템에서 소외된 사람들을 위한 사회 포용과 사회 정의를 구현하기 위한 사회적 노력이 필요하다는 것이다. 소외된 사람들에게 관심을 가지고, 그들의 권리를 옹호하며, 그들의 이익이 확보될 수 있도록 사회 제도와 구조 개선을 위해 다양한 사회기관과 연대하고, 조직적이고 체계적인 노력을 기울여야 한다.

3) 지역사회복지 적용

갈등론에서는 한 사회에서 어떻게 특정 집단이 다른 집단을 위협하면서 사회적·경제적·정치적 이익을 독점하는지에 관해 설명하고 있다. 결국 이익의 분배는 기득권 집단의 논리에 따라 결정되고, 이러한 기득권 집단의 논리는 사회 구조와 시스템에 내재되어 있다. 그러므로 적절한 사회 시스템의 변화가 없다면 지역사회 내의 이익(경제, 교육, 문화, 건강 등)은 전체 구성원에 공평하게 공유되지 않고, 특정 집단에만 집중되어 사회적으로 불평등을 발생시키게 된다.

지역사회 내 사회적 불평등을 완화 및 제거하기 위해서는 현재의 공공부조와 같은 현 상태를 유지하는 정도의 사회복지 프로그램만으로는 충분하지 않다. 현재의 사회적 약자(빈곤, 장애 등)가 사회에서 독립적으로 살아가기 위해서는 다른 구성원들처럼 교육의 기회, 건강의 기회, 주거의 기회 등을 충분하게 받을 수 있어야 한다. 이를 일시적·시혜적 관점에서 제공하는 것이 아니라 체계적·제도적 관점에서 제공해야 한다는 것이다.

2009년 1월 발생한 서울 용산구의 철거 사건은 2004년부터 시작된 용산 역세권 재개발에 대해 일부 주민이 강제 철거에 반대(현실적인 보상과 이주대책 요구)하면서 시위를 벌였는데, 경찰의 강경 진압 때문에 다수의 인명피해를 발생시킨 비극적인 현장이었다. 인명피해에 대한 직접 원인은 과잉진압이었지만, 이 사태 발생의 근본 원인은 정부의 뉴타운 재개발 정책의 문제점에 있었다. 지역개발의 목적이 원주민의 주거환경 개선이 아니라, 경기 부양이나 개발이익 극대화와 같은 경제성에 더 초점을 두고 있었다. 원주민의 소득 수준이나 주거 수요를 중심으로 계획된 개발이 아닌 건물과 토지 소유자의 이익에 부합하는 방향으로 사업을 진행하였다. 주거 지역에서 강제로 철거당한 원주민에 대한 보호는 일시적이고 시혜적 관점이 아니라 체계적이고 제도적인 관점에서 제공해야 한다. 재개발 사업에서 소형주택 의무건설 비율을 높이고, 강제 퇴거에 대한 현실적인 이주비 책정과 인권 기준을 지침화하고, 담당 행정기관이 책임행정을 할 수 있는 제도적 장치를 마련하는 것이 이와 같은 비극적 참사를 재현하지 않는 방법이다(김남근, 2009).

김새봄과 최송식(2022)은 노인의 사회적 배제로 인한 결과(신체적 · 정신적 건강)에 관한 연구를 진행하면서 빈곤 노인과 비빈곤 노인 간의 차이를 분석하였다. 사회적 배제는 개인적 삶에 대한 선택권 제한과 함께 지역사회에 대한 경제적 · 사회적 참여 박탈을 의미한다. 이 연구에서는 소득, 주거환경, 사회 활동 배제, 사회관계 배제를 활용하여 사회적 배제를 측정하였다. 노인의 사회적 배제는 신체적 건강과 정신적 건강 모두에 부정적 영향을 가져다주었고, 빈곤 노인 집단에서 부정적 영향이 더 큰 것으로 나타났다. 갈등주의적 관점에 따르면, 이러한 사회적 배제는 개인의 특성에 기인하기보다는 자본주의의 경제 제도와 구조를 주요 원인으로 설명하고 있다(임정기, 2002). 현대 사회의 변화에 따라 새로운 지식을 습득하기 어려운 노인은 경제 활동에서 배제될 수밖에 없고, 경제사회 구조에 의해 야기된 사회적 배제는 일시적 현상이 아니라 고착된다는 것이다.

4. 사회체계이론

1) 이론의 배경

사회체계이론은 미국 사회학자인 파슨스(T. Parsons)가 20세기 중반에 제시한 이론이다. 20세기 중반은 제2차 세계 대전 이후 사회질서와 안정을 회복에 대한 관심이 매우 큰 시기였다. 이 이론은 사회의 기능적 측면을 강조하고 있으며, 사회가 하나의 체계로서 어떻게 질서와 안정을 유지하고, 필요한 기능을 수행하는지에 대한 것이다(Parsons, 1977). 또한 이 이론은 자연환경에서 살아 있는 유기체가, 상호 의존하는 부분으로 구성되어 있지만, 독립된 개체로 항상성을 유지하는 체계로 이해하는 생물학적 접근으로부터 영향을 받았다.

사회체계이론은 파슨스, 베르탈란피(L. Bertalanffy), 루만(N. Luhmann) 등의 연구를 통해 발전해 왔다. 이 이론은 기존의 구조기능론에서 언급한 사회체계의 구조와 기능보다는 체계들 간의 관계와 체계를 유지하는 과정을 중점적으로 다루고 있다. 사회체계이론은 여전히 체계의 안정성에 초점을 두고 있지만, 동시에 사회체계가 환경과 어떻게 상호작용하고, 변화와 적응을 통해 정정해 나가는지에 대한 역동적 과정을 탐구하고 있다. 이는 단순히 정적인 구조를 분석하는 것을 넘어, 체계가 어떻게 환경 변화에 대응하고, 스스로 조정하면서 새로운 균형을 찾아가는 과정을 설명하는 데 초점을 두고 있다(함철호, 2023).

2) 주요 개념

(1) 체계와 경계

체계(Systems)는 "다른 것과 뚜렷하게 구별된 방식으로 서로 상호작용하고, 일정 기간 동안에 지속되는 요소들로 이루어진 조직화된 전체"로 정의할 수 있다(함철호, 2023: 103; Anderson & Carter, 1984). 대표적으로 인간의 신체, 가족, 회사, 지역사회를 포함하여 사회를 구성하고 있는 모든 것이 체계가 될 수 있다.

하나의 체계는 그것을 구성하는 하위 체계들로 이루어져 있고, 동시에 그 체계가 더 큰 상위 체계의 한 부분으로 포함되어 있다. 예를 들어, 가족은 하나의 독립된 체계로서 부모-자녀-조부모 등과 같은 하위 체계로 구성되어 있다. 하지만 가족 자체도 지역사회라는 상위 체계의 하위 체계로 포함되어 있다. 지역사회에는 많은 가족을 하위 체계로 두고 있고, 각 가족 간에는 뚜렷한 경계(boundaries)가 존재한다. 이러한 경계는 체계와 체계, 그리고 체계와 환경을 구분하는 기준이 된다. 개인의 신체를 예로 들면, 개인의 경계는 피부가 되는데 이는 한 개인과 다른 개인을 분리하는 기준, 한 개인과 그 개인의 환경을 분리하는 기준이 된다. 한 체계는 경계를 가지고 자신의 목표를 달성하기 위해 체계 내부와 변화는 물론 환경과 지속적으로 상호작용한다. 이런 의미에서 모든 사회체계는 홀론(holon)이라고 할 수 있다. 즉, 모든 사회체계는 하나의 전체이면서 동시에 또 다른 하나의 부분이라는 것이다(함철호, 2023).

두 이상의 체계가 함께 공존하고 교류하는 지점을 공유 영역(interface)이라고 한다. 한 체계는 경계를 통해 하나의 독립된 개체로 독립성과 정체성을 유지하지만, 동시에 더 큰 체계의 하위 체계로서 다른 하위 체계들과 관계를 맺고, 소외되거나 분리되지 않으면서 상호작용을 통해 공동의 이익을 추구하는 과정에서 공유 영역이 만들어지게 된다(Luhmann, 1995). 예를 들어, 교사와 학부모의 면담은 교육체계와 가족체계가 만나는 공유 영역이다. 학교(체계)와 가정(체계)은 각기 독립적인 역할과 운영 원칙을 가지고 있지만, 학생(또는 자녀)의 성장이라는 공통의 목표를 위해 상호작용하고, 협력하는 것이다.

우리가 사회를 체계로 바라보고자 하는 이유는 체계가 가지고 있는 맥락과 관계망을 중심으로 이해해야 한다는 것이다. 한 체계를 그 내부 요소들의 단순한 합으로 이해할 것이 아니라, 다양한 차원의 관계망 속에서 이해해야 한다는 것을 강조하고 있다.

(2) 긴장, 안정 상태와 항상성(Tension, Equilibrium & Homeostasis)

개방체계인 사회체계는 외부 환경과 상호작용하는 과정에서 긴장(tension)이라는 현상이 발생한다. 이는 외부의 변화가 체계에 영향을 미치면서, 체계와 환경 간 또는 체계 내부 요소들 간의 균형이 깨지는 상태를 의미한다. 하지만 체계는 체계 내외부의 변화로 인해 생긴 불균형과 불안정을 극복하고 기존의 또는 새로운 질서와 안정된 상태(equilibrium)를 회복하려고 한다. 이처럼 안정된 상태를 지속적으로 유지하려는 경향을 항상성(homeostasis)이라고 한다. 긴장은 체계에 불균형을 초래한다는 점에서 부정적으로 보일 수 있지만, 동시에 체계의 성장과 긍정적인 변화를 촉진하는 기회가 되기도 한다(함철호, 2023; Friedman & Allen, 2014).

(3) 개방체계와 폐쇄체계

사회체계는 외부 환경에 개방된 정도(상호 교류와 상호작용)에 따라 개방체계(Open Systems)와 폐쇄체계(Closed Systems)로 구분할 수 있다. 개방체계는 한 체계가 자신의 경계를 벗어난 외부 환경과 지속적으로 상호작용하면서 외부 환경의 변화에 대응하기 위해 자신의 내부 변화를 일으키고, 외부 환경에 적응하면서 생존하는 것을 의미한다. 이러한 과정을 분화(differentiation)라고 한다. 한 지역의 사회복지관이 지역의 인구 변화(노인 인구 증가)를 감지하고 노인 프로그램을 새롭게 신설하는 것과 지역의 청소년과 원활하게 소통하기 위해 뉴미디어와 SNS 전담 복지사를 채용하는 것 등을 예시로 생각해 볼 수 있다(Friedman & Allen, 2014).

폐쇄체계는 환경과 어떠한 상호작용도 하지 않는다. 일반적인 상황에서 전적으로 폐쇄적인 사회체계의 예시를 찾기는 쉽지 않겠지만, 사회차별로 인해 소외되고, 고립된 지역사회 또는 공동체는 대부분의 사회 구성원이 접근할 수 있는 경제적 · 사회적 · 문화적 기회와 차단됨으로써 폐쇄체계에 가까운 형태를 가질 수 있다. 외부 환경과 단절된 폐쇄체계는 시간이 지날수록 엔트로피(체계 존속에 부정적인 에너지)가 증가하게 된다. 반면에 개방체계에서는 체계 유지에 유용한 에너지인 네겐트로피(negentropy)로 인해 지속 가능성이 높아진다(Friedman & Allen, 2014).

(4) 체계의 교환과정

체계와 환경 간의 교환과정(Feedback Loop) 은 투입-전환-산출-피드백으로 구성되어 있다. 투입은 하나의 체계가 전환 활동을 할 수 있도록 환경으로부터 투입되는 다양한 자원과 정보이다. 전환은 투입을 산출로 변환시키기 위한 체계 내부의 노력 또는 과정을 의미한다. 투입 후에 나타나는 산출은 투입된 자원이 전환 과정을 통해 나온 단순 결과물로 전환 과정에서 달성하고자 하는 목적 성취를 의미하는 성과와는 다른 개념이다. 그리고 피드백은 체계가 자신이 행한 것에 관한 정보를 받아들이는 것으로, 시스템이 산출한 결과물이 그 자신의 환경을 통해 다시 투입으로 순환되는 것을 의미한다(함철호, 2023; Friedman & Allen, 2014).

3) 지역사회복지 적용

사회체계이론을 사회복지실천에 적용하게 되었을 때 개입 대상을 하나의 체계로 이해하게 되고, 체계의 경계를 기준으로 하위 체계와 상위 체계를 파악할 수 있게 되고, 체계 간의 상호작용을 이해함으로써 통합적이고 심층적인 접근(comprehensive assessment)이 가능하다.

서울시 강남구를 지역체계로 사회체계이론을 적용하면, 우선 강남구는 행정적으로 서울특별시와 대한민국이라는 상위 체계를 가지고 있고, 하위 체계로는 22개의 행정동(14개의 법정동), 833개의 통을 가지고 있다. 기능적으로 하위 체계를 나누어 보면, 강남구청을 중심으로 한 공공행정 시스템과 강남구의회를 중심으로 한 정치 시스템, 강남구에서 기업/상업 활동을 하는 경제 시스템, 강남구의 아동과 성인을 위한 교육 시스템, 강남구 주민들의 생활 서비스 필요를 채워 주는 보건복지 시스템, 강남구 주민들의 영적 생활을 위한 종교 시스템 등으로 구분해 볼 수 있다.

강남구에 거주하는 아동을 위한 복지서비스를 사회적 체계이론을 적용하여 생각해 보면, 먼저 개인체계를 개입 대상으로 아동 개인의 욕구를 파악하여 개별 맞춤형 서비스를 제공한다. 아동의 가족체계를 대상으로는 아동 돌봄과 교육 지원을 위해 상담서비스 또는 경제적 지원서비스를 제공한다. 지역사회 체계를 개입 대상으로 하여 학교, 지역아동센터, 도서관, 공원 등과 연계하여 문화여가 활동 프로그램을 제공한다. 정책체계를 개입 대상으로 하면, 아동 복지를 위한 예산 책정, 아동 지원 시설 확대 조례를 제정하고 정책을 시행한다.

이러한 체계들은 상호 연결되어 있어 한 체계의 변화는 다른 체계의 변화로 이어지게 된다. 이것은 개입 대상의 변화를 위해서는 다양한 체계와의 협력 중요성을 보여 주고 있다. 또한 이러한 접근을 통해 당면 문제의 표면적인 현상에만 매몰되지 않고, 개입 대상의 환경에 대한 이해, 표면적 현상이 아닌 심층적 원인에 대해 고찰할 수 있게 된다.

최옥채(2021)는 원주시의 지역사회복지 발전을 사회체계이론을 활용하여 분석하였다. 원주시의 사회복지는 상위 체계인 중앙정부 사회복지사업과 하위 체계인 지방의 민간 기관과 개인 활동에 대한 분석을 진행하였다. 지역사회를 구성하고 있는 정치, 경제, 사회, 문화체계로 구분하여 사회복지 전개 과정을 시대별로 분석하였다.

5. 사회자본이론

1) 이론의 배경

사회자본이론은 1980년대와 1990년대에 걸쳐 발달된 이론으로 프랑스 사회학자인 브르디외(P. Bourdieu)가 세 가지 종류의 자본(경제적 자본, 문화적 자본, 사회적 자본)을 개념화하면서 시작되었다. 이후 콜먼(J. Coleman)은 인적 자본과 사회적 자본의 관계를 체계적으로 규명하였고, 1990년대에 들어서는 퍼트넘(R. Putnam)이 미국 사회의 공동체성 상실의 모습을 설명하면서 사회적 자본 개념을 사용하였다(Claridge, 2018).

사회자본의 이론적·개념적 출발은 사회의 구조와 사회적 연대가 인간 행동에 미치는 영향을 보여 주는 뒤르켐과 베버와 같은 초창기의 사회학자들의 이론에 맞닿아 있다. 특별히 1990년대에 들어서 전통적으로 중요하게 여겨 왔던 사회적 연대와 시민 참여가 줄어드는 미국 사회의 변화를 사회적 자본의 감소로 설명하였다. 산업화, 도시화, 근대화 등과 같은 사회현상이 사람들 간의 상호작용을 변화 그리고 감소시켰던 것이다. 즉, 사회적 자본 개념은 개인의 경제적 성공이나 지역사회의 회복에 있어서 중요한 요소임을 보여 주고 있다.

2) 주요 개념

사회자본이라는 개념은 브르디외가 자본을 세 가지 유형(경제자본, 문화자본, 사회자본)으로 구분하면서, 세 유형 중 하나의 자본으로 설명한 개념이다(Bourdieu, 1986). 먼저, 경제자본은 한 개인이 소유하고 있는 물질적인 부와 재정적인 자원을 의미하는 것이다. 이것은 아주 쉽게 직접적인 현금화가 가능하다. 예를 들어, 월수입이 높거나, 은행에 예금이 많이 있거나, 부동산을 많이 소유하고 있는 사람들은 경제적 자본을 많이 가지고 있다고 할 수 있다. 문화자본은 비경제적인 것으로 사회계층 이동을 용이하게 해 주는 것이다. 문화자본은 세 가지 종류로 구분할 수 있는데, 첫째는 교육이나 훈련을 통해 습득할 수 있는 지식이나 기술이고, 둘째는 책이나 악기 등과 같은 실제적인 물체, 그리고 학위나 자격증 같은 공적으로 인정되는 자격이다. 예를 들어, 고학위(한국에서는 석사 또는 박사) 소지자 또는 명문대학(한국에서는 서울대학교 등) 졸업생이거나, 해당 영역에 전문지식(법학, 의학, 공학 등)을 많이 가지고 있거나, 집에 책이나 악기가 많이 있는 경우에도 문화자본을 많이 가지고 있다고 할 수 있다. 사회자본은 인적 · 사회적 관계에 대한 것으로, 한 개인에게 연결된 지지체계라고 할 수 있다. 이것은 사회적으로 성공할 기회와 재화를 획득할 기회와 연결되는 관계의 망을 제공하게 된다. 예를 들어, 사회에서 경제적으로, 정치적으로, 또는 학문적으로 성공한 사람을 많이 알고 있어서 그들과 상호 신뢰 관계를 형성하고 있는 사람들은 사회자본을 많이 가지고 있다고 할 수 있다.

이상의 설명에서도 알 수 있듯이 자본은 하나의 유형이 아닌 다른 유형으로 구분할 수 있지만, 다른 유형의 자본은 서로 연결되어 있다. 경제자본을 사용하여 문화자본을 축적할 수 있게 되고, 또한 사회자본을 형성할 수 있는 기회를 가질 수 있다. 사회자본을 많이 가지고 있으면 이 또한 경제적 자본 형성에 유리한 기회에 접근하는 것이 용이하게 된다.

사회자본은 경제자본과는 달리 비재화적인 것으로, 한 개인이 인적 관계와 사회적 네트워크를 통해 얻을 수 있는 정보나 지지와 같은 자원을 의미한다(Bourdieu, 1986). 이 외에도 사회자본은 다양하게 정의되고 있다. 사회자본은 "개인이나 집단이 자신들의 사회관계에서 이용할 수 있는 정보, 영향력, 연대감 등과 같은 호의(goodwill)"로 정의되기도 하고(Nahapiet & Ghoshal, 1998), 사회자본을 "개인이나 집단이 보유한 사회적 관계망을 통해 내재되어 있고, 이용 가능한 실제 자원과 잠재적 자원의 총합"으로 정의하기도 한다(Adler & Kwon, 2002). 이상의 사회자본 개념을 종합하면, 사회자본은 개인이나 집단이 보유한 사회적 관계망을 통해 획득할 수 있는 정보,지지, 영향력, 연대감과 같은 비재화적 자원의 총합으로 개인과 집단의 사회적 · 경제적 · 문화적 활동을 지원하는 중요한 기반이다.

사회적 신뢰가 높고, 상호 호혜와 협력이 높은 사회에서는 사회자본 형성이 쉽다. 신뢰로 대표되는 사회자본은 개인 또는 집단에 경제적 · 사회적 · 문화적 혜택을 제공하게 된다. 신뢰가 바탕이 된 사회에서는 그 구성원들 간의 거래 비용이 줄어들게 되고, 더 많은 생산적 협력 활동이 가능하게 된다. 예를 들어, 한 개인이 회사에 입사 지원을 하게 될 때, 상호 신뢰가 높은 사회에서는 이력서 제출로 충분하겠지만, 상호 신뢰가 높지 않은 사회에서는 이력서에 나와 있는 사항을 증명하는 각종 문서(졸업증명서, 경력증명서 등)와 같이 제출해야 할 것이다. 더 많은 문서의 준비와 검증은 전반적인 사회적 비용을 높이게 된다.

하지만 사회자본은 시간에 걸쳐 발전된 인간관계와 사회적 네트워크를 기반으로 하고 있어서 짧은 시간에 형성되기 어렵다. 이러한 특성으로 인해 관계성을 가지지 못한 개인 또는 집단을 소외시켜 사회적 불평등을 만들어 내기도 한다.

(1) 사회자본의 유형

사회자본은 그 특성에 따라 다양한 유형으로 구분할 수 있다. 구조적-인지적 기준, 집합적-개인적 기준, 그리고 사회자본의 기능을 기준으로 구분하여 설명할 것이다(Claridge, 2018; Lancee, 2012).

① 구조적 사회자본과 인지적 사회자본

사회자본은 크게 두 가지로 구분할 수 있다. 하나는 구조적(Structural) 사회자본이고, 다른 하나는 인지적(Cognitive) 사회자본이다. 구조적 사회자본은 사회적 네트워크의 물리적인 연결망으로 볼 수 있다. 한 개인이 가족에 속해 있고, 학교 또는 회사에 다니고, 종교기관의 구성원으로 참여한다는 것은 모두 구조적 사회자본을 가지고 있다고 할 수 있다. 이러한 구조적 사회자본은 가족이나 친구와 같은 개인적이고 사적인 관계로 형성될 수도 있지만, 회사, 정부, 제도를 통해 조직적이고 공적으로도 형성될 수 있다. 반면 인지적 사회자본은 인간관계와 사회적 네트워크 대해 가지고 있는 태도나 가치에 대한 것으로, 연대와 지원에 대한 인식, 신뢰성을 포함하고 있다. 네트워크 내의 신뢰와 상호 연대감이 높을수록 네트워크 내의 자원과 지원이 활발하게 공유된다. 즉, 구조적 사회자본을 가지고 있다는 것만으로는 실질적으로 기대하고 있는 것을 획득하기 어렵고, 인지적 사회자본을 통해 실제적인 교류가 발생하였을 때 기대하는 성과를 만들 수 있다. 네트워크 내에서 나타나는 이러한 신뢰와 상호 호혜의 경험으로 더 강한 사회자본을 형성할 수 있게 된다(Lancee, 2012).

② 집합적 사회자본과 개인적 사회자본

사회자본은 또한 개인적(Individual-level) 차원과 집합적(Collective) 차원으로 구분할 수 있다. 개인적 사회자본은 한 개인이 자신이 가지고 있는 인적 관계와 사회적 네트워크를 의미한다. 각 사람은 자발적으로 또는 비자발적으로 가입하고 활동해 온 다양한 인적 관계와 사회적 네트워크가 있다. 한 개인이 도움이 필요할 때, 가족, 친구, 회사, 또는 정부로부터 개인이 원하는 것을 얻을 수 있게 된다. 집합적 사회자본은 한 공동체가 그 공동체를 구성하고 있는 전체 구성원에게 줄 수 있는 네트워크 자원을 의미한다. 한 사람이 안전하고 평화로운 지역사회에 거주하고 있다면, 개인의 사회적 자본과 관계없이 모든 구성원이 그 지역사회가 제공해 주는 혜택을 누릴 수 있게 된다.

집합적 사회자본을 설명할 때, 무엇이 '집합'을 구성하는지는 명확하지 않다. 집합은 복수의 사람들로 구성되고, 그 사람들 간의 네트워크의 폐쇄성과 특징에 의해 정해지게 된다. 이러한 집합은 때로는 구성원 간의 관계성보다는 사회경제적 또는 문화적 특성에 의해 구성되기도 한다. 예를 들어, 가족, 지역사회, 회사 근로자, 외국인 노동자 등이다. 하지만 이렇게 특성에 의해 집단에 속해 있다고 할 수 있어도 집합적 사회적 자본을 공유하고 있다고 하기 어려울 수 있다. 그러므로 집합적 사회자본은 집합을 구성하는 모든 또는 대부분이 이용 가능한 사회자본이어서, 개인적 사회자본과 차별성을 가지게 된다.

집합적 사회자본의 이러한 특성을 고려한다면, 한 개인이 가지고 있는 사회자본은 두 가지로 구성되어 있다. 개인적 사회자본("개인의 개인적 사회 네트워크 구성원들이 소유한 자원의 모음으로, 이러한 관계의 역사(시간을 두고 발전 및 유지)에 따라 개인에게 이용 가능해질 수 있는 자원")과 집합적 사회자본("개인이 속한 집단의 모든 구성원이 이용 가능할 수 있는 자원")으로 구성된다.

③ 결속형 사회자본, 가교형 사회자본, 그리고 연결형 사회자본

사회자본은 그 기능을 기준으로 결속형(Bonding), 가교형(Bridging), 그리고 연결형(Linking) 자본으로 구분할 수 있다. 결속형 사회자본은 한 개인이 가지고 있는 친근하고 밀접한 관계(폐쇄적인 네트워크)에서 형성된 것으로, 정서적 지지와 강한 연대감을 제공한다. 이 네트워크에서는 모든 구성원이 아주 강한 유대감을 가지고 있다. 예를 들어, 한 개인이 속한 가족, 친구 관계가 결속형 사회적 자본이다. 가교형 사회자본은 상대적으로 멀리 떨어져 있거나 경제적 · 사회적 · 문화적으로 다른 특성을 가진 집단과의 관계에 관한 것으로 한 개인이 가지고 있는 일차적이고 밀접한 관계 네트워크를 벗어난 자원이나 정보를 획득할 수 있는 네트워크의 확장으로 이해할 수 있다. 예를 들어, 한 개인이 지역의 비영리기관에서 자원봉사를 했을 때, 봉사활동을 통해 지역의 노인과 관계를 맺게 되고, 다양한 경제적 환경에 처한 사람들과도 관계를 맺게 된다. 연결형 사회자본은 기관이나 사회적 · 경제적 권력을 가진 사람들과의 관계를 의미한다. 이러한 관계는 한 개인을 정부, 기업 또는 다른 기관과 연결하여 지역 네트워크가 아닌 그 이상의 자원과 정보에 접근할 수 있도록 한다. 한 개인은 또한 그 지역사회의 지도자와 관계를 맺을 수 있는데, 이를 통해 자신에게 밀접한 관계에서만 가능한 자원이나 기회가 아닌 확장되고 새로운 자원에 접근할 수 있게 된다.

3) 지역사회복지 적용

사회자본이론은 한 개인 또는 지역사회가 가지고 있는 인적 관계와 사회적 네트워크 형성의 중요성을 설명하고 있다. 사회복지 현장에서 직접적인 현금 지원을 하지 않으면서 한 개인 또는 지역이 가질 수 있는 자원과 기회를 제공 및 확장해 줄 수 있는 접근이 가능하다. 이러한 접근을 지역사회복지 현장에 적용하는 것은 다양한 접근으로 나타날 수 있다.

한 개인이 가질 수 있는 일차적인 사회자본은 개인적-구조적-결속형 사회자본으로, 가장 대표적인 것이 가족이다. 가족의 구성뿐 아니라 가족 간의 강한 소속감, 유대감, 그리고 신뢰의 형성은 개인적-인지적-결속형 사회자본이 된다. 가족관계 회복 프로그램이나 건강한 또래 관계 지원 프로그램은 사회자본을 형성할 수 있는 기본적인 프로그램이 된다.

사회자본 형성을 각 개인의 책임으로 돌리지 않고, 한 지역에서 집합적-구조적-결속형 사회자본을 생성하게 되면 지역의 구성원 모두 사회자본의 혜택을 누리게 된다. 다양한 구성원이 모여 사는 대도시와 같은 곳에서는 모든 지역 주민을 포함하는 사회자본을 형성하기는 쉽지 않을 것이고, 지역 주민의 특성에 맞게 동호회 조직이나 마을지원센터 설립 및 지원을 통해 사회자본을 형성할 수 있는 기반을 마련할 수 있을 것이다.

1998년 '반송을 사랑하는 사람들'로부터 시작된 부산 반송의 '희망세상 네트워크'를 예를 들어 생각해 본다면, 희망세상 네트워크와 밀접한 관계를 맺고 활동하는 네트워크 구성원에게는 희망세상 네트워크는 개인적 사회자본이 될 것이다. 희망세상 활동을 통해 부산시의원과 관계를 맺어 반송 지역이 아닌 부산시 차원의 지원과 연계된다면 이는 연결형 사회자본이 된다. 희망세상 네트워크는 개인적 차원에서만 머무는 것이 아니고, 그 지역에 살고 있는 주민들에게도 집합적 사회자본을 형성하게 된다. 집합적-구조적-가교형 사회자본이고, 그 지역 주민들이 이 네트워크와 지역에 대해 가지고 있는 연대감과 신뢰는 집합적-인지적-가교형 사회자본이 된다. 이처럼 한 지역사회에서 구성원들의 전반적인 필요를 아우르고 그들과 연대감과 신뢰를 가진 지역의 기관은 개인과 지역 구성원 모두에게 사회자본을 형성할 수 있는 아주 중요한 자원이 된다.

사회자본과 관련된 사회복지 연구는 다양한 분야에서 진행되고 있다. 도은영(2022)은 경상북도 지역에 거주하는 여성의 사회자본과 지역사회 문제해결 역량 관계를 분석하였다. 연구에 참여한 여성의 사회자본은 신뢰, 공유된 규범과 가치, 사회참여, 네트워크와 같은 네 가지 요인으로 측정하였다. 사회자본이 많은 여성이 지역사회 문제해결 역량 또한 높은 것으로 나타났다. 사회자본의 네 가지 하위 요인 중에서 신뢰, 사회참여, 네트워크가 문제해결 역량에 긍정적인 영향을 주었다. 이러한 결과를 바탕으로 지역문제 해결을 위한 여성의 역량 강화를 위해서는 신뢰를 바탕으로 한 사회참여 기회를 확대하고 사회적 네트워크를 형성하는 것에 대한 중요성을 강조하고 있다.

6. 역량이론

역량이론에서는 임파워먼트 이론(Empowerment Theory)과 역량접근(Capability Approach)을 중심으로 살펴볼 것이다.

1) 이론의 배경

임파워먼트 이론은 1960년대와 1970년대를 거치면서 사회적 약자와 소외된 집단에 대해 전통적인 하향식 복지 모델이 아닌 자율성과 주체성을 강조하는 새로운 접근을 시작하게 되었다. 미국의 심리학자인 라파포트(J. Rappaport)를 비롯하여 셀리그먼(M. Seligman)과 짐머만(M. Zimmerman) 등이 임파워먼트 이론 형성에 이바지하였다.

역량접근은 인도의 경제학자이자 철학자인 센(A. Sen)이 1970년대 후반에 제시한 것이다. 그는 전통적인 경제이론에서 삶의 질(Quality)이나 안녕(Well-being)

수준을 측정하는 지표로 주로 소득이나 국내총생산(GDP)이 가지는 한계를 비판하면서 전인적인 인간 개발과 사회 정의를 포괄하는 개념으로 개인이 누리는 자유와 능력에 대한 접근이 필요함을 강조하였다.

2) 주요 개념

(1) 임파워먼트 이론

임파워먼트(Empowerment)를 다양하게 정의할 수 있지만, "지역사회에 중심을 둔 의도적이고 지속적인 과정으로 상호 존중, 비판적 성찰, 배려, 그리고 집단 참여를 포함하여 가치 있는 자원을 가지지 못한 사람들이 그 자원에 대한 접근과 통제력을 더 많이 갖게 되는 과정"으로 정의할 수 있다(Perkins & Zimmerman, 1995: 570). 물론 임파워먼트는 지역사회의 기관에서 운영하는 주요 의사 결정에 참여한다거나 자신에게 부족한 지식이나 기술을 학습하는 것과 같이 과정(process)으로 이해할 수 있고, 더 나아가 경제적 독립, 사회적 지위 향상, 새로운 정책 수립과 같은 결과(outcomes)로도 이해할 수 있다. 임파워먼트는 기본적으로 개인의 강점과 가용한 자원의 증가만을 의미하는 것이 아니라 개인을 둘러싸고 있는 지원체계, 그리고 사회정책과 사회변화를 포함하고 있다(Rappaport, 1981).

임파워먼트의 핵심 내용은 다섯 가지로 요약할 수 있다. 첫째, 자기결정과 주체성이다. 인간은 독립적으로 결정할 수 있는 역량과 권리를 가지고 있다는 것이다. 임파워먼트가 되었다는 것은 자신의 삶의 영역에서 주체적인 역할을 수행할 수 있다는 것이다. 둘째, 자원 접근성이다. 임파워먼트는 개인이 역량을 개발하고 발휘할 수 있는 자원과 기회에 접근할 수 있도록 하는 것이다. 셋째, 기술 습득과 자신감 형성이다. 임파워먼트는 자신이 목표로 하는 지식이나 기술을 습득하는 것과 함께 자신에 대한 신뢰와 효능감을 만들어 가는 것이다. 문제 상황이 생겼을 때 전문가의 일방적인 지원이 아니라 협력적 관계 안에서 문제 생황을 해결해 나가면서 형성된다. 넷째, 지역사회 참여이다. 임파워먼트는 지역사회에서 자신의 삶과 관련된 결정에 참여함으로써 공동체 구성원으로서의 소속감과 삶의 통제감을 높이는 것이다. 다섯째, 사회의 구조적 변화이다. 임파워먼트는 개인의 변화에만 그치지 않고, 사회 구조와 시스템의 변화를 포함하고 있다. 지역사회 구성원 모두가 제도적 · 구조적 문제없이 공평하게 자원과 기회를 활용할 수 있게 되는 것이다.

이러한 임파워먼트는 개인적인 차원에서 일어날 뿐 아니라 기관 차원과 지역사회 차원에서도 가능하다. 기관 차원에서는 기관 구성원 모두가 공평하게 지식과 기술을 습득할 수 있는 자원과 기회를 만들 수 있고, 기관의 의사결정 과정에 민주적으로 참여할 수 있으며, 지지와 협력체계를 만드는 것이다. 지역사회 차원에서는 지역사회 구성원의 다양성을 존중하면서 지역 주민들이 소속감과 연대감을 가질 수 있도록 지역 활동에 참여할 수 있는 제도와 구조를 만들고, 지역사회의 이익과 성과를 공평하게 공유할 수 있도록 하는 것이다(Moran, Gibbs, & Mernin, 2017).

(2) 역량접근

역량은 "실질적 자유이자 선택하고 행동할 수 있는 기회의 집합"이고, "성취할 수 있는 기능의 선택 가능한 조합"이다(마사 누스바움, 2015: 35). "성취를 위한 기술이나 잠재력"으로 이해하기도 한다(마사 누스바움, 2015: 220). 역량에 대해 조금 더 구체적으로 알아보기 전에 역량과 기능의 차이에 대해 이해하는 것은 중요하다. 역량은 개인이 선택할 수 있는 자유와 기회를 의미하는 것으로 잠재적인 것이지만, 기능은 개인이 특정 선택을 한 결과로 나타나는 실제적인 상태를 의미한다. 예를 들어, 한 개인이 지역사회에서 학교를 다니면서 교육을 받을 수 있는 기회를 가질 수 있다면 그 사람이 학습하고 지식을 쌓을 수 있는 역량을 가지고 있다고 할 수 있다. 이때 그 사람이 교육의 기회를 통해 학습한 지식은 그 사람의 역량을 실현한 결과물로 기능이라고 할 수 있다.

역량은 기본 역량, 내적 역량과 결합 역량으로 구분할 수 있다. 기본 역량은 한 인간이 사회에서 살아가면서 최소한으로 갖추어야 할(생존에 필수적인) 능력이나 기회를 의미한다. 생존을 위한 건강 유지와 안전한 환경을 기본 역량의 예로 생각해 볼 수 있다. 내적 역량은 유동적이고 역동적인 것으로 훈련되거나 계발된 특성이나 능력이다. 기본 역량 또한 계발하고 훈련할 수 있다는 점에서 내적 역량이라고 할 수 있다. 한 개인이 교육을 통해 습득한 지식이나 능력은 내적 역량이 될 수 있다. 결합 역량은 내적 역량과 외부 환경의 결합으로 나타나는 것으로 한 개인이 가지고 있는 특정한 정치적 · 사회적 · 경제적 환경에서 선택하고 행동할 수 있는 실질적인 자유와 기회이다. 한 개인이 건강을 유지하면서 기본적인 글 읽기와 쓰기 능력을 가지고 있더라도 수준 높은 교육의 기회가 충분하고 공평하게 제공되지 않는다면 결합 역량은 낮을 수밖에 없을 것이다. 역량접근에 있어서는 궁극적으로 결합 역량이 확대될 수 있도록 노력해야 하는 것이다(마사 누스바움, 2015).

한 사회에서 구성원은 다양하지만, 구성원 모두가 동등한 인간 존엄성을 가지고 있다면 그에 맞는 삶의 질을 보장할 필요가 있다. 역량접근법에서 강조하는 것은 능력이 많은 사람이 더 많은 기회를 가져야 한다는 것이 아니라, 모든 사회 구성원이 인간다운 생활을 위해 최소한 결합 능력을 확보할 수 있어야 한다는 것이다. 이를 위해 사회의 자원은 오히려 역량이 부족한 사람에게 더 집중되어야 할 필요가 있다.

3) 지역사회복지 적용

서울시 관악구에는 장애인을 위한 장애인종합복지관이 2017년부터 '장애 가족이 시민으로서 지역사회와 함께 호흡하며 살아갈 수 있도록 지원'하는 것을 기관의 미션(mission)으로 하여 설립 및 운영되고 있다. 장애인복지관에서는 '권익옹호와 역량강화' 영역에서 다양한 프로그램을 운영하고 있다. 당사자 옹호교육을 포함하여 발달장애 청소년의 자기주도성 향상을 위한 '꿈꾸는 그림책' 프로그램, 장애 당사자의 '자조집단 역량강화교육' 등 장애인 당사자의 개별 역량강화 프로그램을 운영하고 있다. 더 나아가 장애인 관련 지역 주민의 역량강화를 위해서는 '시민옹호사업', 사업주와 근로자를 대상으로 한 '직장 내 장애인인식개선교육', 지역의 초등, 중등, 고등학생을 대상으로 한 '장애이해교육' 등을 제공하고 있다. 장애인복지관은 장애인 당사자에게 지역의 지원체계의 중심 역할을 담당하고 있고, 복지관을 중심으로 사회정책 개발과 변화를 추진하게 된다.

김현민(2021)은 서울시 관악구에 위치한 한울지역정신건강센터를 이용하는 정신장애인을 대상으로 지역사회 역량강화와 지역사회통합 경험을 분석하였다. 정신장애인 당사자를 포함하여 지역 주민들은 센터에서 진행한 지역사회 관계 맺기 프로그램인 '우리동네 소모임'에 참여하였다. 우리동네 소모임 프로그램에는 지역 주민과 함께 정신장애인이 1명 이상 참여하는 모임으로 바리스타, 탁구 등 여가취미활동형 모임이 있고, 환경, 돌봄, 건강 등의 사회 문제 대안을 논의하는 사회참여형 모임이 있다. 결과적으로 우리동네 소모임 프로그램은 정신장애인뿐 아니라 지역 주민에게도 긍정적인 효과를 가져다주었다. 정신장애인에게는 지역에서 비장애 주민을 만나고, 그들과 함께 활동하면서 상호 수평적인 관계를 맺으며 지역 주민이 되는 경험을 갖게 되었다. 지역 주민에게는 정신장애인을 마을에서 만나는 것이 어색하거나 이상한 일이 아닌 자연스러운 일이 되었다. 장애인과 비장애인이 한 지역에서 서비스 제공자-수혜자 관계가 아닌 지역 주민으로 함께 소통하고 활동하는 경험을 통해 진정한 이웃이 된 것이다. 이를 위해서는 센터 활동과 성과 평가에 대한 관리체계도 함께 변해야 한다.

참고문헌

김현민(2021). 정신장애인과 주민의 지역사회통합 경험 연구: 관악 한울지역정신건강센터의 지역사회 역량 강화 및 당사자-지역주민 관계 맺기 지원 내용을 중심으로. **한국장애인복지학**, 53, 91-125.

김홍주(2021). **지역사회복지론**. 서울: 도서출판 신정.

김희경, 김성훈(2018). 학교 생태체계 환경 변인이 중3 학생의 학교생활 적응에 미치는 영향. **청소년상담연구**, 26(1) 1-21.

도은영(2022). 여성 임파워먼트와 사회적 자본이 지역사회 문제해결역량에 미치는 영향: 경북 S군 지역사회활동 참여자를 중심으로. 대구대학교 사회복지대학원 석사학위논문.

마사 누스바움(2015). **역량의 창조**(한상연 옮김). 경기: 돌베개.

유동철, 홍재봉(2020). **실천가를 위한 지역사회복지론**. 경기: 양서원.

이철우(2013). **신사회학의 초대**. 서울: 학지사.

임재웅, 장석인, 최병권(2020). 마을기업의 성공요인과 사례연구. **혁신기업연구**, 5(1), 15-31.

임정기(2002). 고령자 경제활동배제에 대한 이론적 배경. **이화사회복지연구**, 2, 229-251.

전용호(2023). 지역사회 통합돌봄을 국가정책으로 계속 강조되어야 한다. **보건사회연구**, 43(2), 5-6. https://doi.org/10.15709/hswr.2023.43.2.5

정윤화, 이동현(2023). WHO 가이드 원칙을 통해 살펴본 한국의 커뮤니티 케어 시범사업과 일본, 스웨덴의 정책 비교. **보건사회연구**, 43(1), 174-190. https://doi.org/10.15709/hswr.2023.43.1.174

최옥채(2021). 1980-2010년대 원주시 사회복지 전개에 비친 송정부 활동의 함의: 사회체계이론 관점 중심으로. **한국지역사회복지학**, 17-40.

함철호(2023). **지역사회복지론(2판)**. 서울: 학지사.

Adler, P. S., & Kwon, S. (2002). Social capital: Prospects for a new concept. *Academy of Management Review, 27*(1), 17-40.

Ambrosino, R., Ambrosino, R., Heffernan, J., & Shuttlesworth, G. (2016). *Social Work and Social Welfare: An Introduction* (8th ed.). Boston: Cengage Learning.

Anderson, R. E., & Carter, L. (1984). *Human Behavior in the Social Environment*. New York: Aldinede Gruyter.

Bourdieu, P. (1986). The Forms of Capital. In J. G. Richardson (Ed.), *Handbook of Theory and Research for the Sociology of Education* (pp. 241-258). New York: Greenwood Press.

Britannica (2024). Structural functionalism. In *Encyclopedia Britannica*, https://www.britannica.com/topic/structural-functionalism.

Bronfennerbrener, U. (1994). Ecological models of human development. In *International Encyclopedia of Education* (Vol. 3, 2nd ed., pp. 35-67). Oxford: Elsevier.

Claridge, T. (2018). *Introduction to Social Capital Theory*. Social Capital Research.

https://www.socialcapitalresearch.com/wp-content/uploads/edd/2018/08/Introduction-to-Social-Capital-Theory.pdf

Coser, L. A. (2003). **사회사상사**(*Masters of Sociological Thought: Ideas in Historical and Social Context*, 2nd ed.). (신용하, 박영규 공역). 서울: 시그마프레스. (원저는 1977년에 출판).

Friedman, B. D., & Allen, K. N. (2014). Systems Theory. In J. R. Brandell (Ed.), *Essentials of Clinical Social Work* (pp. 3-20). Thousand Oaks, CA: Sage.

Lancee, B. (2012). *Immigrant Performance in the Labour Market*. Amsterdam: Amsterdam University Press.

Luhmann, N. (1995). *Social Systems*. Translated by J. Bednarz, Jr., & D. Baecker. Stanford, CA: Stanford University Press.

Moran, T. E., Gibbs, D. C., & Mernin, L. (2017). The empowerment model: Turning barriers into possibilities. *Palaestra, 31*(2), 19-26.

Nahapiet, J., & Ghoshal, S. (1998). Social capital, intellectual capital, and the oranizational advantage. *Academy of Management Review, 23*(2), 242-266.

Parsons, T. (1977). *Social Systems and the Evolution of Action Theory*. New York: Free Press.

Perkins, D. D., & Zimmerman, M. A. (1995). Empowerment theory, research, and application. *American Journal of Community Psychology, 23*(5), 569-579.

Rappaport, J. (1981). In praise of paradox: A social policy of empowerment over prevention. *American Journal of Community Psychology, 9*(1), 1-25.

Ritzer, G. (2006). **사회학이론**(*Sociological Theory*, 5th ed.). (김왕배, 김욱학, 김현미, 김호기, 박선웅, 박찬웅, 박해광, 송유진, 이영숙, 임현진, 장상철, 조명우, 조성남, 최샛별, 최유정 공역). 서울: 한올출판사. (원저는 1988년에 출판).

Trevino, A. J. (2022). The sociological study of social problems. In *Investigating Social Problems* (3rd ed.). Thousand Oaks, CA: Sage.

Tudge, J. R. H., Mokrova, I., Hatield, B. E., & Karnik, R. B. (2009). Uses and misuses of Bronfenbrenner's bioecological theory of human development. *Journal of Family Theory & Review, 1*(4), 198-210.

Turner, J. H. (2003). *The Structure of Sociological Theory* (7th ed.). Belmont, CA: Wadsworth/Thomson Learning.

Weil, M., & Ohmer, M. L. (2013). Applying practice theories in community work. In *The Handbook of Community Practice* (2nd ed.). Thousand Oaks, CA: Sage.

김남근(2009). '용산참사의 원인, 도심개발 정책'. 월간참여사회, 2009-02-01. https://www.peoplepower21.org/magazine/721600

제3장

지역사회복지의 역사

이번 장은 지역사회복지와 관련된 정책이나 체계의 주요한 변화를 국가별로 살펴볼 것이다. 먼저 우리나라의 지역사회복지 역사를 네 가지 시기별로 구분하여 그 변화의 과정을 소개하고, 이와 함께 우리나라 지역사회복지 발전에 영향을 끼친 영국과 미국의 사례를 개괄적으로 살펴볼 것이다.

1. 한국의 지역사회복지 역사

우리나라의 지역사회복지는 근대적 의미의 사회복지 발전 이전인 조선시대 또는 그 이전의 전통적인 사회에서도 마을 단위 공동체를 중심으로 생산을 위한 협동 노동과 생활의 어려움을 도와주는 상부상조 활동은 존재하였다. 민간을 중심으로 계, 두레, 품앗이, 향약 등이 있었고, 공공 기관을 중심으로 오가작통, 환곡제도, 의창, 상평창 등이 있었다.

우리나라에서는 식민지정책의 일환이었지만, 일제강점기에 도입된 일부 정책과 제도를 근대적 의미의 사회복지 시작 시점으로 보기도 한다. 그러나 이 시기는 사회복지에 대한 이해가 여전히 미흡하였다. 한국 전쟁 이후 복지 수요가 급격히 증가하였으나, 국내의 공공 및 민간 차원의 정책과 지원보다는 외국의 원조에 절대적으로 의존하였다. 이후 사회복지 제도는 점차 발전하고 정비되어, 현재는 사회복지 전담 공무원의 배치, 지역사회보장협의체 운영, 읍면동 복지허브화 등을 통해 지역 중심의 사회복지 체제가 운영되고 있다. 이 장에서는 우리나라의 지역사회복지의 역사를 일제강점기를 포함한 네 가지로 구분하여 개괄적으로 살펴볼 것이다(오정수, 류진석, 2024; 지은구, 조성숙, 2010).

1) 1945년 이전: 일제강점기

우리나라의 일제강점기 지역사회복지 특징을 외국인 선교사 활동, 민간 주도 활동, 관 주도 활동과 같이 세 가지로 구분하여 살펴보려고 한다.

(1) 외국인 선교사 활동

영국에서 시작된 인보관운동이 20세기 초 우리나라에 들어온 외국인 선교사에 의해 설립 및 운영되기 시작하였다. 1906년 미국 선교사 놀스(M. Knowles)가 함경남도 원산에서 여성계몽사업으로 한글과 성경을 가르친 반열방을 시작한 것이 우리나라 최초의 인보관 활동이었다(지은구, 조성숙, 2010). 1921년 마이어스(M. Myers) 선교사는 한국 최초의 사회복지기관인 태화여자관을 개관하였다. 태화여자관은 여성에 의해 설립되었고, 여성과 아동을 주요 대상으로 한글교육, 생활개선사업, 아동건강사업 등을 실시하였다(이용교, 2019; 태화복지재단, n.d.). 1924년 덴마크 출신의 미국 선교사인 보딩(M. Bording)은 간호 선교사로 한국에 파송되었고, 충남 공주에 공주중앙영아원을 시작하였다(정규숙, 2023). 외국인 선교사의 활동은 해방 이후에도 인천 기독교 사회관, 부산 기독교 사회관, 대전 기독교 사회관 등 다양한 지역에서 사회관을 개관하는 것으로 이어졌다.

(2) 민간 주도 활동

일제강점기의 식민정책으로 인해 우리나라에서 전통적으로 시행되어 왔던 지역사회 활동과 지역사회 조직 및 단체들은 명맥을 유지하기 어려웠다. 하지만 이러한 어려움 속에서도 천도교와 기독교계를 중심으로 한 종교계 주도의 활동과 일본 유학생들이 중심이 된 민간 주도 협동조합 운동은 지속되었다(지은구, 조성숙, 2010).

(3) 관 주도 활동

일제강점기 지역사회복지는 주민의 복지나 권리에 대한 관심보다는 식민통치의 정당성을 확보하기 위해 실시한 것이었다(김홍주, 2023). 1910년 한일병합 이후 일본의 제도를 우리나라에 들여오기 시작하였다. 인보사업과 사회사업서비스를 위해 일본 정부는 1927년 경성에 방면사무소를 설치하면서 방면위원제도를 실시하였고, 1930년 서울에 동부인보관, 1935년 북부 인보관, 1936년 마포인보관, 성동인보관, 영등포인보관 등을 설립 운영하였다(김홍주, 2023; 박병현, 2016). 방면 제도는 빈민 구제 활동이 주요한 목적이었지만, 실제로는 빈민이 아닌 일반 주민의 생활을 조사하는 등 사회질서 유지에 더 중점을 두었다. 또한 사회사업 관련자의 소통, 사회사업의 조정과 연구 활동, 사회사업의 장려와 지원 등을 위해 1921년 조선사회사업연구회가 조직되었고, 이후 1928년에 조선사회사업협회로 명칭을 변경하고 조직을 개편 하였다(지은구, 조성숙, 2010). 이 조직은 현재의 사회복지협의회와 유사한 성격을 가지고 있었다. 초기 민관 혼합 기관으로 출발하였지만, 이후 관에 의해 통제되는 정부 기관 성격이 강해졌다(박병현, 2016).

2) 1950년대~1970년대: 지역사회복지 기반 조성

우리나라 지역사회복지가 형성되기 시작한 시기는 해방 이후 1950년대에서 1970년대까지 약 30년간의 기간이다. 이 시기에 우리나라는 1945년 광복과 1950년에 발발한 한국전쟁으로 인해 전국적으로 사회적 혼란과 경제적 어려움이 만연하였다. 당시 우리나라 지역사회복지 특징을 외국 원조기관의 활동, 민간 사회복지관 활동, 지역사회개발사업 실시와 같이 세 가지로 구분하였다.

(1) 외국 원조기관 활동

외국 원조기관은 본부가 한국이 아닌 해외에 있는 민간 기관으로, 한국의 사회복지사업을 위해 재정 지원과 실질적인 기관 운영이 모두 외국인에 의해 운영되는 기관이다(오정수, 류진석, 2024). 특히, 한국전쟁 이후 전쟁 고아와 이재민을 위한 대규모 수용시설 사업을 실시하였고, 보건사업, 교육사업, 생활보호, 재해구호 등을 병행하였다. 외국 원조기관의 최우선 관심은 아동구호에 있었지만, 지역 주민의 소득 증대, 주택 개량, 보건위생 개선, 협동정신 고양 등의 지역개발사업에도 적극적으로 참여하였다(박병현, 2016).

외국 민간원조단체 연합회는 해방 후인 1946년 LARA(Licensed Agencies for Relief of Asia)가 시작이었고, 한국전쟁으로 인한 피해를 복구하기 위해 1952년 7개의 외국 민간기관이 모여 외국 민간원조단체 한국연합회(Korean Association of Voluntary Agencies: KAVA)가 새롭게 결성되었다(장금현, 2021). 이후 원조단체가 증가하여 1964년에 이 연합회 회원 기관은 70여 곳으로 늘어났다. 1950년대와 1960년대에 한국에서 활동한 외국 민간 기관은 총 96개였다. 1970년대에 들어와서 그 활동이 축소되기 시작하였고, 1974년을 지나면서 대부분의 기관이 한국에서 철수하거나 국내 법인에게 사업을 이양하면서 간접적인 지원 활동으로 전환하였다. 외국 원조기관은 열악한 우리나라의 상황에서 실제적인 구호 활동을 담당하였을 뿐 아니라 사회사업 관련 전문 지식과 실천 방법 등을 전수함으로써 우리나라 사회사업 교육에도 중요한 역할을 담당하였다(감정기, 최원규, 진재문, 2010).

(2) 민간 사회복지관 활동

우리나라에서는 1947년 이화여자대학교에 기독교사회사업학과가 신설되면서 대학교에서 사회복지 교육이 처음으로 시작되었다(박병현, 2016). 이화여자대학교는 교수와 학생의 지원금과 외부 지원을 받아 1956년 이화사회관이라는 인보관을 시작함으로써 대학교가 시작한 최초의 인보관이 되었다(김홍주, 2023; 이화여자대학교 종합사회복지관, n.d). 또한 1956년에 최명환 목사가 빈민 지역에 아현인보관을 설립하였고, 1964년 목포사회복지관을 개관하는 등 외국 기관의 지원을 통해 우리나라의 토착 사회복지관이 설립되었다. 이후 외국 원조 기관의 활동이 축소되면서 우리나라의 민간 사회복지관 활동은 점차 증가하였다(지은구, 조성숙, 2010).

(3) 지역사회개발사업 실시

우리나라의 지역사회개발사업은 한국전쟁 이후 피해 복구를 목적으로 시작되었지만, 본격적인 지역사회복지 활동은 정부가 지역사회개발사업을 주요 정책 수단으로 채택하면서 본격화되었다(김홍주, 2023). 1957년 6월 한미합동경제위원회는 한미합동실무반을 구성하여 지역사회개발사업 가능성을 검토하였고, 그 결과 우리나라의 농촌은, 외부의 지원을 어느 정도는 받아야 할 필요가 있겠지만, 지역 주민들의 자력으로 개선이 가능하다는 결론에 도달하였다. 이후 1958년 국무회의에서 지역사회개발 요강이 채택되었고, 지역사회개발위원회가 구성되었다.

우리나라의 가장 대표적인 지역사회개발사업은 새마을운동이다. 새마을운동은 1970년대에 근면, 자조, 협동을 기본 이념으로 하여 농촌 지역을 중심으로 주민의 생활환경 개선과 소득증대, 정신개혁을 강조하면서 지역사회의 자립적 발전을 촉진하였다(김홍주, 2023). 1970년에 대통령의 자조 · 자립 정신 강조와 정부 내 전담부서 신설로 새마을 가꾸기 사업이 본격적으로 시작되었다(김태영, 2024; 함철호, 2023). 1973년에는 전국적으로 마을 단위(34,665개)에서 새마을운동에 참여하였고, 지역사회의 역량에 따라 기초마을(18,415개), 자조마을(13,943개), 자립마을(2,307개)로 구분하였다. 지역사회의 역량이 가장 높은 자립마을은 새마을운동 초기인 1973년에는 전체 마을의 7%에 불과하였지만 1979년에는 97%까지 증가하는 등 농촌의 공간정비 사업과 소득증대 사업은 성공적으로 진행되었다.

우리나라 최초의 지역사회개발 모델인 새마을운동에 대한 평가는 다양하게 나타나고 있다(이정락, 임형준, 유호웅, 권정현, 2018; 함철호, 2023). 사회문화적 관점에서 보았을 때, 지역 주민의 생활세계에서 공동체 전통을 계승하면서, 지역에서 새로운 가치를 창출하고, 주민 자조를 강조하는 등과 같이 새마을운동을 긍정적으로 평가하고 있다. 하지만 사업의 과정에서 주민 역량을 강화하는 목표보다는 과업 중심의 목표 달성을 위해 정부의 인력 동원과 관 주도적인 개입으로 주민의 자발적 참여와 주민의 본질적 변화에는 한계를 보여 주고 있다는 등의 부정적 평가도 함께 존재하고 있다. 또한 경제적인 측면에서도 농촌의 소득 증대라는 성과가 있었지만, 도시와 농촌 간의 생활 수준 격차 심화가 함께 나타났다(함철호 2023).

3) 1980년대~1990년대 초반: 제도화와 전달체계 정비

우리나라의 지역사회복지가 정착된 시기는 1980년에서 1990년대 초반까지의 기간이다. 정치적으로는 1980년에 시작한 전두환 정부와 노태우 정부 시기로 사회복지 전반에서 우리나라의 복지제도가 본격적으로 확대되었던 시기이다(박병현, 2016). 이 시기의 지역사회복지 특징은 정부 주도의 지역사회복지 활동, 재가복지서비스의 도입, 지역사회행동 모델 확대로 구분할 수 있다.

(1) 정부 주도의 지역사회복지 활동

1980년대 들어서면서 정부 주도의 지역사회복지관 설립이 시작되었다. 또한 1970년 1월에 제정된 「사회복지사업법」이 1983년에 처음으로 개정되었다. 이 개정으로 지역의 사회복지관을 기관의 건물 크기에 따라 종합사회복지관 가형과 나형 그리고 사회복지관으로 구분하였고, 기관 운영에 있어 정부로부터 공식적으로 지원을 받을 수 있게 되었다. 이후 1989년에는 「주택건설촉진법」 등에 의해 저소득층 영구임대아파트가 만들어질 때는 사회복지관 건립을 의무화하였다. 이에 따라 1989년 이후 지역의 사회복지관 수는 급속하게 증가하였다. 아래 〈표 3-1〉에서 볼 수 있듯이, 사회복지관의 수는 1981년에는 전국적으로 20개소였고, 1985년 29개소로 소폭 증가하였다. 1989년에는 61개소에서 1991년 160개소, 그리고 2000년 348개소로 증가하여 12년 사이 약 여섯 배가 증가하였다. 이후 2010년 425개소, 현재 2024년 483개소로 사회복지관의 양적 확대는 지속되고 있는 추세이다(한국사회복지관협회, n.d.). 2024년을 기준으로 가장 큰 사회복

〈표 3-1〉 연도별 사회복지관 현황

연도	1981	1985	1989	1991	1993	1995
사회복지관(개수)	20	29	61	160	250	297
연도	2000	2005	2010	2015	2020	2024
사회복지관(개수)	348	391	425	452	475	483

출처: 한국사회복지관 협회-연도별 사회복지관 현황 https://kaswc.or.kr/centerlist2

지관 가형(건평 2,000m² 이상)이 228개소(47%)이고, 나형(건평 1,000m²~2,000m²)이 203개소(42%), 그리고 가장 작은 규모인 사회복지관(건평 1,000 m² 미만)이 52개소(11%)이다.

지역사회복지관에 대한 정부의 공식적인 지원과 함께 공적인 사회복지 전달체계에도 변화가 일어났다. 사회복지행정 전문화를 위해 1987년 사회복지전문요원(별정직 공무원) 제도를 도입하였다(김정헌, 이곤수, 송건섭, 2000). 사회복지전문요원은 읍면동 사무소에 배치되어 생활보호대상자 책정 및 관리 등 복지업무를 전문적으로 담당하였다(강혜규, 1997). 1995년 이후에는 생활보호대상자를 포함하여 다른 취약계층의 공공부조 업무를 담당하는 등으로 업무가 확대되었다. 이 제도는 지역의 공공복지 전달체계에서 전문성 도입을 시도한 정책으로 평가받고 있고, 2000년부터는 사회복지 전담 공무원으로 명칭을 변경하였다(오정수, 류진석, 2024; 지은구, 조성숙, 2010). 하지만 민간 영역의 사회복지 전달체계의 중심인 사회복지관과 서비스 중복성 문제가 발생하였고, 그로 인해 사회복지관의 정체성과 역할 정립 문제가 발생하였다.

(2) 재가복지서비스의 도입

재가복지서비스는 시설보호에 대한 대안으로 한 개인이 지역에서 가족이나 이웃과 함께 거주하면서 생활의 어려움을 해결하는 데 필요한 서비스를 의미한다. 1960년대 후반부터 장애인 시설의 열악한 환경과 부적한 운영이 알려지게 되면서 미국을 중심으로 탈시설화 운동이 시작되었다(문영민, 2021; 전채근, 2002). 우리나라에서는 노인과 장애인 서비스 분야에서 처음으로 도입되었다(오정수, 류진석, 2024). 1987년 한국노인복지회에서 재가 노인을 위해 가정봉사원을 파견하는 시범사업을 실시하였다. 가정봉사원을 통해 일상 생활에 필요한 대인서비스를 제공하였다. 이후 1992년 재가복지봉사센터가 설치되었고, 1993년부터 재가복지서비스 제도가 공식화되었다. 재가복지서비스는 장애인복지 영역에도 도입되어 1984년 지역사회중심 재활 사업이 처음으로 시작되었다. 이것은 장애인 재활을 위해 재활 업무 전문가를 포함하여 지역에 있는 자원을 최대한 활용하여 장애인들의 사회통합을 지원하는 것이다. 1984년에는 서울장애인종합복지관에서는 장애아동에게 조기교육 및 치료를 위한 조기교실을 운영하였고, 1985년에는 보건복지부의 지원을 받아 한국장애인재활협회에서 서울 관악구와 충청북도 청원군에서 재가장애인을 위한 시범사업으로 사회교육 프로그램을 시행하였다(신현석, 2007).

(3) 지역사회행동 모델 확대

1980년의 우리나라는 정치적으로, 사회적으로 큰 변화가 일어났던 시기이다. 1980년 5월 18일 광주에서 일어났던 민주화운동과 광주항쟁이 있었고, 정치적으로는 제5공화국 출범하였다. 1980년대 후반부터 우리나라의 사회운동은 탈이념적 시민운동으로 변화되었다. 주요 활동으로는 빈민 지역에서 지역 주민의 역량 향상과 리더십을 개발하여 주민을 조직화하는 것과 빈민 지역에서 생활 터전을 박탈하는 개발에 맞서 철거 반대 투쟁을 하는 등 지역사회행동 모델이 확대되는 시기였다(김홍주, 2023). 특히, 1990년대 후반부터는 지역 주민 생존권과 복지권에 대한 관심 증가로 주민의 삶의 질을 향상시키는 지역운동으로 발전하였다. 또한 민간 영역에서는 다양한 자조 모임이 시작되었다. 특히, 장애인과 관련되어서는 1980년 한국농아복지회(현 한국노아인협회의 전신), 1981년 한국시각장애인연합회를 포함하여 장애 유형별 자조 조직이 형성되었고, 1986년 한국장애인연맹(Disabled People's International: DPI)과 한국지체장애인협회가 출범하였다(오정수, 류진석, 2024).

4) 1990년대 중반~현재: 지역 중심 복지정책 확대

1993년에 문민정부가 출범하였고, 1998년부터 시작한 김대중 정부는 복지개혁을 통해 시혜적 복지에서 권리적 복지로의 전환을 이루었다. 이후 정권이 교체되면서 생산적 복지, 참여적 복지, 능동적 복지 정책으로 지역사회복지 영역에도 의미 있는 변화가 일어났다. 또한 1995년에는 지방의회의원과 지방자치단체장 선거를 통해 진정한 의미에서 지방자치제도가 부활하면서 지역사회복지 활성화에도 긍정적인 영향을 주었다. 지역사회복지 발전기에 나타난 특징을 지역사회보호 모델 확대, 지역사회복지 내실화, 그리고 지역사회복지실천 주체의 전문화 및 다양화로 구분하여 설명하려고 한다.

(1) 지역사회보호 모델 확대

지역사회보호는 기본적으로 가정과 지역에서 생활할 수 있도록 돌봄 및 생활 서비스를 제공해 주는 것으로 재가복지서비스가 도입된 이후 더욱 확장되는 추세이다(김찬우, 2008). 지역사회보호는 크게, ① 복지서비스가 필요하지 않도록 하는 예방적 복지서비스-건강교육, 사회복지 상담 등, ② 복지서비스 대상자의 사회활동 참가와 삶의 의미 향상과 같은 역량강화 서비스, ③ 일상생활 유지를 위한 돌봄 서비스 중심의 재가보호서비스, ④ 특수교육, 의료 및 간호, 재활 분야의 전문보호서비스와 같이 크게 네 가지로 구분할 수 있다(김홍주, 2023).

노인복지 영역의 재가복지서비스 변화를 살펴보면, 1993년「노인복지법」개정 때 '재가노인복지사업' 조항을 신설하였고, 1997년 개정에서는 '재가노인복지시설'을 가정봉사파견시설, 주간보호시설, 그리고 단기보호시설과 같이 구체적으로 명시하였다. 2005년부터는 재가노인복지사업을 지방이양 사업으로 추진하였고, 2010년 재가노인지원서비스를 신설하였다(서울시재가노인복지협회, n.d.). 우리나라의 재가복지서비스는 지역의 민간사회복지관에서 부설기관으로 설립하여 민간 중심의 사회복지 전달체계에서 서비스가 제공되고 있다. 이 시기의 재가복지서비스 제공자는 주로 자원봉사자로 이루어져 있었다. 노인복지 영역에서의 또 다른 변화는 2008년 7월부터 노인장기요양보험의 본격적인 시행이었다. 노인장기요양서비스는 시설보호와 재가보호 모두 가능한데, 방문요양을 중심으로 하는 재가보호서비스 제공 시설의 증가가 급속하게 이루어졌다(이윤경, 2009). 이 제도의 시행은 노인 요양의 책임이 가족뿐 아니라 사회 전체로 확대 및 전환되었다는 의미를 가지고 있다.

또한 재가복지서비스는 노인복지 이외의 영역으로 확대되고 있다. 가정에서 돌봄 지원이 필요한 장애인, 아동, 저소득층 가정에도 생활 지원을 위한 서비스와 생활용품 및 재정적 지원을 제공하는 것으로 확대되었다(김미숙, 김승권, 윤상용, 김성희, 2010; 김희연, 김영수, 2021). 2018년 3월 정부는 지역사회보호를 "돌봄을 필요로 하는 사람들이 자택이나 그룹홈 등 지역사회에 거주하면서 개개인의 욕구에 맞는 복지급여와 서비스를 누리고, 지역사회와 함께 어울려 살아가며 자아실현과 활동을 할 수 있도록 하는 혁신적인 서비스 체계"로 설명하면서 취약계층의 돌봄 서비스를 탈시설을 포함한 지역사회보호 중심으로 갈 것임을 분명히 하였다(김용득, 2018: 493).

(2) 지역사회복지 내실화

2003년 「사회복지사업법」 개정을 통해 지역 단위의 사회복지 체제를 강화하였다. 주요 개정 내용으로는 「사회복지사업법」의 목적 중 하나로 '지역사회복지의 체계 구축'을 추가하였고, 지역의 중요 사회복지사업과 복지계획을 심의, 건의하고, 시군구 지역사회복지협의체 구성을 명시하였다. 또한 시도 및 시군구별 지역사회복지계획 수립을 규정화하여 지역 특성에 맞는 복지 지원체계를 구축할 수 있도록 하였다. 이를 통해 사회복지서비스 제공과 증진의 책임이 지방정부에 있음을 명확하게 하였다(남찬섭, 2004). 지역사회보장협의체는 지역사회의 공공과 민간이 함께 협력하여 지역사회 보호체계를 구축하는 상설 네트워크 조직으로 지역의 복지문제 전반에 대한 협의뿐 아니라 사회복지와 보건의료서비스의 연계와 협력을 포함하고 있다(권재환, 이미나, 2024). 이 조직은 2005년부터 지역사회복지협의체로 시작되었고, 2015년 지역사회보장협의체로 명칭이 변경되었다. '복지'에서 '보장'으로의 변경은 단순한 명칭의 변경이 아니라 지방자치단체의 책임 영역 확대(교육, 고용, 주거, 문화, 환경을 포함)를 의미하고 있다(이정은, 2016).

2010년 이후 공공복지 전달체계의 변화는 정권의 교체에 따라 새로운 시도를 하고 있다. 먼저, 2012년부터 운영되고 있는 시군구 단위에서 활동하고 있는 희망복지지원단이 있다(김홍주, 2023). 읍면동 주민센터에서 지역의 주민 중 복합적인 생활 욕구를 가진 대상자를 선정하여 희망복지지원단에 의뢰를 하면 통합사례관리를 통해 공공과 민간의 가용 자원을 활용하여 서비스를 제공하거나 연계해 주는 통합서비스 체계를 운영하고 있다. 또한 2014년 송파 세 모녀 자살 사건 이후 복지 사각지대 문제가 우리 사회의 주요 쟁점이 되었다. 2016년에는 읍면동 복지 허브화 사업(이후 2017년 '찾아가는 보건복지서비스'로 변경)이 본격적으로 추진되었고, 읍면동 주민센터를 행정복지센터로 명칭을 변경하였다. 이때 읍면동 단위의 맞춤형복지 전담팀을 구성하여 서비스가 필요한 곳을 직접 방문하기도 하면서 지역 주민의 복지 체감도를 높이고, 사각지대 발굴과 사례관리 기능을 강화하였다. 보건복지부 자료에 따르면, 2016년부터 구성된 읍면동 단위의 맞춤형복지 전담팀은 2018년에는 전국 모든 읍면동 행정복지센터에 설치되었다.

(3) 지역사회복지실천 주체의 전문화 및 다양화

우리나라의 사회복지 발전에서 가장 중요한 변화 중 하나는 국민기초생활보장제도(2000년 10월 시행) 도입으로, 이 제도에 따라 지역사회 차원에서는 빈곤문제 해결을 위해 자활지원사업이 본격적으로 시행되었다. 자활지원사업은 근로연계복지 제도의 하나로 근로 능력이 있는 수급자를 대상으로 도덕적 해이를 방지하고, 자활 능력을 강화하여 빈곤탈출을 달성하기 위한 것이다. 자활지원사업의 성과 향상을 위해 여전히 지속적인 노력이 필요하지만, 근로를 통한 빈곤문제 해결을 위한 지역사회 차원의 전담 조직이 구성된 것은 의미 있는 변화로 볼 수 있다(우준희, 2010).

이 시기에는 공공 영역에서의 변화뿐 아니라 지역 주민의 생활 문제 해결과 삶의 질 향상을 위한 다양한 민간복지 운동이 활발하게 전개되었다. 2000년대에는 장애인의 이동권과 자립생활을 중점적으로 하는 장애인복지운동이 전개되었고, 장애인차별금지법 추진연대를 결성하였다(이영환, 2005). 비슷한 시기에 보육의 공공성 제고를 위한 여성운동이 진행되었고, 지역복지 활동가 대회가 개최되기도 하였다. 2005년에는 평등과 연대 그리고 공공의 책임을 강조하는 '전국지역복지운동단체네트워크'가 발족하였다(오정수, 류진석, 2024).

최근에는 지역사회복지 현장에서 사회적 경제 관련 조직과 단체들의 활동이 증가하고 있다. 이들은 사회적 기업, 마을기업, 협동조합, 자활기업 등 다양한 형태를 가지고 있다. 무엇보다 자본주의 시장경제 체제에서 나타난 빈곤과 불평등, 물질주의, 그리고 비인간화 등과 같은 문제점을 해결하고 지역사회에서 사회적 약자 보호와 경제 민주화 달성을 추구하고 있다(임종한, 2021). 정책적 기반 마련을 위해 2006년에는 「사회적기업 육성법」, 2012년에는 「협동조합 기본법」이 제정되었다. 2023년 기준 사회적기업은 상법상 회사, 일반/사회적협동조합, 비영리 민간단체 등을 포함하여 전국적으로 3,737개소가 운영되고 있다. 이들을 서비스 분야별로 구분하면, 교육 분야가 가장 많았고, 그다음으로 문화/예술, 사회복지, 간병/가사지원 순이었다(사회적기업 포털, n.d.).

1983년: 「사회복지사업법」 개정–사회복지관 유형 구분, 사회복지관 공적 지원 제도화	1983	
	1987	1987년: 사회복지전문요원(별정직 공무원) 배치/가정봉사원 파견 시범사업
1992년: 「사회복지사업법」 개정–사회복지전담공무원 및 복지사무전담기구 규정 신설	1992	
	1993	1993년: 재가복지서비스 제도 공식화(법정사업)
1995년: 지방자치제도 전면 시행(자치단체장 직접 선출)	1995	1995년: 보건복지사무소 시범사업(1995~1999)
1997년: 「사회복지사업법」 개정–사회복지시설 신고제, 사회복지시설 평가제 도입	1997	
2000년: 국민기초생활보장제도 시행	2000	2000년: 사회복지 전담 공무원(일반직 공무원) 배치
2003년: 「사회복지사업법」 개정–시군구 사회복지협의체 설치/시군구 지역사회복지계획 수립	2003	
	2004	2004년: 사회복지사무소 시범사업(2004~2005년)
	2005	2005년: 지역사회복지협의체 운영
	2006	2006년: 시군구 사회복지사무소 설치/제1기(2007~2010년) 지역사회복지계획 수립
	2010	2010년: 사회복지통합전산망(행복모음) 운영
2012년: 「사회보장기본법」 전부 개정: 「사회복지사업법」 일부 개정–중앙과 지방의 조정 강화 및 시설 운영 공공성 강화	2012	2012년: 전국 시군구 희망복지지원단 출범/종합사회복지관 3대 기능 중심 체계로 전환
	2014	2014년: 찾아가는 복지서비스 시범 도입
2015년: 사회보장급여의 이용, 제공 및 수급권자발급에 관한 법률 시행	2015	2015년: 지역사회보장협의체로 명칭 변경
	2016	2016년: 읍면동 복지허브화 시범사업
	2018	2018년: 커뮤니티 케어(지역사회 통합돌봄) 시범사업

[그림 3-1] 1980년대 이후 연도별 한국의 사회복지 전달체계 변화

[그림 3-1]은 1980년대 이후 우리나라의 지역사회복지 발달에 있어 주요한 변화를 연도순으로 정리한 것이다.

2. 영국의 지역사회복지 역사

1601년 제정된 「엘리자베스 구빈법(Elizabethan Poor Law)」은 영국의 사회복지의 시작으로 여겨진다. 이 제도는 빈민에 대한 인도적인 접근이나 권리를 바탕으로 하고 있지는 않았지만, 빈민에 대한 국가 개입, 즉 정부의 책임과 통제를 직접적으로 규정화하였다(감정기, 최원규, 진재문, 2010). 국가의 책임 규정은 실제적으로는 지방행정기관인 지역의 교구 단위에서 빈민과 요보호 대상자를 관리하고 보호하였다는 점에서 지방복지행정과도 밀접한 관계가 있다고 볼 수 있다(김홍주, 2023).

본격적인 지역사회복지의 시작은 19세기 후반 영국의 민간 영역에서 발생한 자선조직협회(Charity Organization Society: COS) 운동과 인보관(Settlement House) 운동이다(김홍주, 2023). 이 두 운동을 시작점으로 보는 것은 체계적인 기준으로 조직적인 활동을 하였다는 점과 이후 사회복지 교육과 실천기술 발전에 끼친 긍정적인 영향 때문이다(김홍주, 2023).

영국의 지역사회복지 역사는 지역사회보호(Community Care)의 발전 과정을 중심으로 네 시기로 구분할 수 있다. 자선조직운동과 인보관운동 등을 통해 지역사회보호의 이념적 토대가 형성된 시기를 시작으로, 지역사회보호 개념이 본격적으로 등장한 1950~1960년대, 이를 기반으로 한 정책들이 제도화된 시기를 거쳐, 현재에는 정부뿐만 아니라 민간, 자조, 지역 기반 서비스가 혼합된 다층적 전달체계로 발전하고 있다. 이러한 변화 과정을 시기별로 살펴보고자 한다.

1) 1940년대 이전: 지역사회복지의 사상적 기초

앞에서 언급한 것처럼 영국의 지역사회복지 기원을 자선조직협회(COS) 활동과 인보관운동으로 나누어 살펴볼 것이다.

(1) 자선조직협회(Charity Organization Society: COS)

영국은 18세기 중반부터 산업혁명이 시작되면서 기술의 혁신과 함께 사회적으로, 경제적으로 큰 변화를 경험하였다. 경제적으로 풍요로워졌지만, 도시로 몰린 사람들의 빈곤, 주거환경 악화를 포함하여 여러 사회 문제가 발생하게 되었고, 이러한 문제를 해결하기 위해 시민들의 기부와 자선단체 결성 등 박애주의적 접근 또한 증가하였다(Schweinitz, 2001). 1861년 런던에서는 640개의 자선단체가 있었고, 이들 자선단체의 지출 규모는 영국 정부의 구빈법 지출보다 더 많았다(박병현, 2016). 민간의 자선 활동이 더욱 활성화되면서 자선의 남용과 중복수혜, 그리고 비효율적 운영 등과 같은 문제가 나타나기 시작하였다. 자선조직협회의 등장은 자선 조직들의 이러한 문제를 해결하기 위한 것이었다.

자선기관들은 상호 협력과 기관 간의 정보 교환을 위해 1869년 4월 자선구제의 조직화와 구걸억제를 위한 협회(The Society for Organizaing Charitable Relief and Repressing Mendicity)를 결성하였고, 이때 찰머스(T. Chalmers) 목사, 그린(R. Green) 목사, 바네트(S. Barnett) 목사, 보산퀘트(C. Bosanquet), 데니슨(E. Denison), 힐(O. Hill) 등이 협회 활동을 주도하였다. 1870년에는 협회의 이름이 자선조직협회로 변경되었다(Schweinitz, 2001). 이후 1946년에는 가족복지협회(Family Welfare Association)로, 2008년에는 가족 행동(Family Action)으로 변경되었고, 현재 영국에서 가족복지 관련 민간 기관으로 활동을 지속하고 있다.

자선조직협회 활동은 기본적으로 빈민의 가정에 우애방문(friendly visiting)을 통해 빈민의 상황을 파악하고, 구호품을 나누어 주는 등 구체적인 원조를 제공하는 것이었다(김홍주, 2023). 자선조직협회는 빈곤을 개인의 생활방식이나 성격과 같은 개인적 원인으로 인해 발생하는 것으로 이해하였고, 무분별한 지원은 빈민의 도덕적 타락을 조장한다고 보았다. 그 당시 사회에 만연했던 자유방임적 개인주의와 사회진화론의 영향으로 사회개혁보다는 개인의 도덕 개혁을 추구하였다 (Schweinitz, 2001). 구호 대상자를 가치 있는 빈민과 가치 없는 빈민으로 구별하고, 이에 따라 구호 서비스를 차별적으로 제공하여 빈곤에 대한 두려움을 경험하게 함으로써 빈곤을 벗어나려는 동기를 발생시키려 하였다.

지역사회복지에 있어서 자선조직협회의 기여는 네 가지로 구분할 수 있다(김흥주, 2023). 첫째는 과학적 접근과 전문성을 지향하였다는 것이다. 구호받을 자격을 검증하기 위해 구호 대상자에 대한 객관적 자료 수집과 분석을 강조하였고, 적절한 우애방문원의 활동을 위해 교육과 훈련, 경험을 중요하게 생각하였다. 이는 이후 사회복지 교육기관 신설과 전문성 향상에 기여하였다. 둘째, 지역의 자선활동 난립과 중복을 해소하기 위한 조정 역할을 감당한 것이다. 이것은 현재 지역사회에서 필요한 서비스 활동 조정과 연계를 위한 네트워크형 사회복지 조직의 기원으로 볼 수 있다. 셋째, 빈곤 구호를 위해 개인의 근로를 강조한 것은 현재의 노동연계복지 접근의 실천으로 평가할 수 있다. 넷째, 빈민을 대상으로 한 종합적인 조사(환경 조사, 욕구 조사, 자활능력 조사 등)는 이후 사회 조사나 사례관리 발전으로 이어졌다.

(2) 인보관운동(Settlement House Movement)

인보(隣保)운동은, 한자어 풀이로 보면, 이웃 또는 지역을 보호하는 운동이다. 진보적 지식인들이 빈곤한 지역에서 주민들과 같이 거주하면서 지역 주민과 빈곤 지역을 변화시키는 활동으로, 이상주의적 사회를 지향하는 개혁적 사회운동이다 (김흥주, 2023; 함철호, 2023). 1854년 데니슨 목사는 케임브리지 대학교와 옥스퍼드 대학교의 학생들과 함께 빈곤한 노동자들과 활동을 같이 하면서 당시 빈곤 문제를 해결하려고 하였다. 이후 성공회 소속 바네트 목사가 이 활동을 이어받았고, 지속적으로 발전시켜 나갔다. 최초의 인보관은 1884년 런던 동부 빈민 지역에 세워진 토인비 홀(Toynbee Hall)이었다. 옥스퍼드 대학교 재학 시절부터 인보운동에 적극적으로 참여했던 토인비(A. Toynbee)가 사망한 후 동료들이 그를 기념하면서 세운 것으로, 현재 지역사회복지관의 모태가 되었다. 이후 19세기 말까지 영국 전역에 100여 개의 인보관이 설립되었다.

인보관운동은 20세기 초반부터 쇠퇴하기 시작하였지만, 현재에도 토인비 홀은 '빈곤, 불의, 불평등 종식으로 더 공정한 미래'를 만들어 간다는 기관의 비전 아래 런던에서 활동하고 있다. 국제적으로는 30개국 이상에서 지역 조직들이 참여하는 국제인보관연합(International Federation of Settlements)이 결성되어 활동 중이다.

인보관 운동은 빈곤을 사회구조적 문제로 인식함으로써 빈민의 의식 개혁뿐 아니라 지역사회의 환경 개선과 제도 개혁의 필요성을 강조하였다(김홍주, 2023; 함철호, 2023). 즉, 개인을 대상으로 하여 제공되는 구제나 자선보다는 사회 제도와 구조를 변화시키는 사회 개혁을 통해 문제를 해결하려고 한 것이다. 토인비 홀의 초대관장을 역임한 바네트 목사가 인보관 활동으로 추구했던 목적은 빈민 지역 주민을 위한 교육과 문화 활동으로 주민의 역량을 강화하는 것, 사회개혁에 필요한 정보를 제공하는 것, 그리고 사회 문제 해결을 위한 사회입법에 대한 관심을 증가시키는 것이었다(박병현, 2016). 지역사회복지에 있어서 인보관운동의 기여는 네 가지로 구분할 수 있다(김홍주, 2023). 첫째는 빈민 개인이 아닌 가족이나 이웃을 개입의 주요 대상으로 한 접근으로, 이후 집단사회사업 방법으로 발전한 것이다. 둘째는 빈곤한 지역에 설치된 인보관은 현재의 지역사회복지관의 시초가 되었고, 오늘날의 지역사회 조직, 자조집단 등과 같은 지역사회복지관의 활동에도 영향을 주었다. 셋째는 인보관운동에 참여한 개혁적 지식인들의 사회입법 활동은 현재의 지역사회복지 운동과 같은 시민사회활동 모델의 모범을 제시하였다. 넷째는 사회 문제 원인을 개인이 아닌 구조와 제도에서 파악함으로써 오늘날 거시적 접근을 강조하는 사회행동이나 사회계획 모델에 영향을 준 것이다.

자선조직협회 활동과 인보관운동은 동일한 시기에 영국의 사회 문제를 해결하기 위한 접근이었지만, 그 해결 방향과 활동은 상이하였다. 두 활동의 비교는 〈표 3-2〉와 같다.

〈표 3-2〉 **자선조직협회와 인보관운동 비교**

구분	자선조직협회	인보관운동
목적	빈민 구제	빈민 구제
사회 문제 원인	개인적 속성: 개인 책임	환경적 요소: 사회 구조적 책임
주도 인물	토머스 찰머스, 옥타비아 힐	새뮤얼 바넷, 아널드 토인비
이념적 배경	사회진화론	자유주의와 급진주의
참여주도층	신흥자본가, 사회중산층	엘리트 청년, 사회중산층
활동의 초점	–의료 모델: 개인 문제 치유 –개인의 변화(빈민 개조)	–구조 모델: 사회 문제 해결 –사회개혁
활동 내용	–자선기관들의 자선 활동 조정 –우애방문원의 가정 방문: 환경조사와 적절한 원조 제공	–각종 서비스와 사회 개혁 운동 –빈민의 교육과 문화 발전 –빈민 생활환경 정보와 사회적 욕구 파악 –사회입법에 대한 국민 관심 촉구
의의	–사회복지실천론, 실천기술론 방법 모태 –사회복지 전문성 강화 및 교육기관 설립 –사회조사, 사례관리 기술 발전 –case work 발전	–민간 사회복지관 활동의 출발 –사회행동, 사회계획 기술 발전 –지역사회복지운동 중심 –group work 발전 –사회보장제도 입법 활동

출처: 김홍주(2023), p. 51 & 박병현(2016), p. 99 참조.

2) 1950년대~1960년대 후반: 지역사회보호 개념의 도입

영국에서 지역사회보호는 제2차 세계 대전 이후 공공 부문 중심의 사회복지 체계에 대한 재정적 · 행정적 문제 해결을 위한 대안으로 나오게 되었다(김홍주, 2023). 중앙정부 중심의 복지국가를 축소하면서 지방정부 중심의 지역사회보호가 시작된 것이다. 이와 함께 사회서비스 전달체계에 대한 관점에서 지역사회보호 등장을 설명하는 것도 의미가 있다. 지역사회보호는 19세기 「엘리자베스 구빈법」 체제의 요보호자의 시설 수용 방식에 대한 대안으로 등장한 것이다. 시설보호에 대한 재정적 부담 증가, 인간의 보편적 인권을 침해하는 현장의 상황, 그리고 지역사회 내 서비스 효율성에 대한 긍정적 인식, 정신건강 관련 약물의 발달 등이 복합적으로 작용한 결과이다(오혜경, 1996, 함철호, 2023). 지역사회보호는 장소적 기준으로 보았을 때 지역사회 내(in community)에서 진행되는 것이고, 방법적 기준으로 보았을 때는 지역사회에 의해(by community) 제공된다는 것이다(김홍주, 2023).

영국에서 지역사회보호는 장애인 복지 영역에서 우선적으로 적용되었다. 1957년 「정신질환과 정신장애에 대한 왕립위원회 보고서」에서 지역사회보호라는 개념을 공식적으로 사용하였고, 1959년 「정신보건법」을 제정하면서 지역사회보호라는 용어를 법률적으로 처음 사용하였다(김홍주, 2023). 그리고 1963년 최초로 지역사회보호계획 작성하면서 보건과 사회복지, 그리고 재가복지서비스의 시행을 공식적으로 계획하였다. 이후 노인복지 영역에서도 지역사회보호가 적용되면서 시설에 거주하면서 생활하던 노인을 지역으로 돌려보내기 위한 탈시설화 정책이 본격화되었다.

3) 1960년대 후반~1980년대 후반: 지역사회보호 정책의 제도화

1960년대에 지역사회보호가 도입되기는 하였지만, 체계적인 지역사회보호 지원체계는 마련되지 못한 상황이었다. 이는 지역 내 시설과 인력 부족, 그리고 지방정부의 재정적 부담으로 인해 적극적인 참여가 어려웠기 때문이다(원석조, 2008). 그러나 1960년대 후반부터 발표된 정부의 다양한 보고서에서 지역사회보호의 내용과 중요성이 강조되면서 점차 발전하기 시작하였다(지은구, 조성숙, 2010). 특히, 이 시기의 주요 보고서인 「시봄 보고서(Seebohm Report)」, 「하버트 보고서(Harbert Report)」, 「바클레이 보고서(Barclay Report)」를 중심으로 지역사회보호의 발전 과정을 살펴보고자 한다.

(1) 시봄 보고서

「시봄 보고서」는 1968년에 발표된 지방자치단체 및 관련 대인사회서비스 위원회에서 작성한 보고서로, 시봄(F. Seebohm)은 이 위원회의 위원장이었다. 이 위원회에서는 지방정부의 대인사회서비스와 가족서비스에 대한 조사를 진행한 후,

① 통합적 업무를 담당하는 부서 설치, ② 사회서비스와 주택, 의료, 교육 등 다양한 분야 서비스 간의 협력 강화, ③ 위험 감소와 위험 지역 집중 지원 등 예방적 접근의 필요성 등을 제안하였다(지은구, 조성숙, 2010). 또한 지역의 다양한 사회서비스 통합을 위해 사회서비스 전담 부서 신설을 요청하였고, 지역사회가 사회서비스의 수혜자일 뿐 아니라 사회서비스 제공자라는 인식을 기반으로 공식적 서비스와 비공식적 서비스의 통합과 함께 지역주민의 참여를 통한 지역사회보호를 강조하였다(김홍주, 2023). 즉, 지역사회보호 서비스 제공의 주체로 공공 부문인 지방정부와 민간 기관, 그리고 교회, 자원봉사조직, 친구와 이웃을 포함하는 비공식 부문까지 모두 포함되어야 한다는 것이었다.

(2) 하버트 보고서

1971년에 에이번(Avon) 지방정부에서 사회서비스부의 행정책임자였던 하버트(W. Harbert)가 자신의 행정 경험을 바탕으로 「지역사회 기반 사회적 보호(Community-based Social Care)」라는 보고서를 작성하였다(지은구, 조성숙, 2010). 이 보고서에서 하버트는 당시의 공공서비스와 자조집단 서비스의 한계를 지적하면서 지역 주민의 다양한 욕구 충족을 위해서는 가족과 이웃이 제공하는 비공식 서비스의 중요성을 강조하였다. 하버트는 지역사회보호를 "지역사회에서 사회적 의존 인구를 지원하기 위하여 다양한 방법으로 제공하는 법정서비스, 민간서비스 및 비공식 돌봄 제공자에 의한 서비스"로 정의하면서, 공식적으로 사회서비스를 제공하고 전달하는 공공과 민간 기관 외에 가족, 친구, 이웃에 의한 비공식 서비스가 충분하게 제공되고 전달될 수 있는 환경 조성을 위한 지원을 하여야 한다고 주장하였다(오정수, 류진석, 2024: 80).

(3) 바클레이 보고서

1982년에 영국의 사회복지연구소(National Institute for Social Work)는 바클레이(P. Barclay)를 위원장으로 하여 「사회복지사의 역할과 과업(Social Workers: Their Roles and Tasks)」이라는 보고서를 작성하였다. 이 보고서에서도 이전 보고서에서

처럼 비공식 보호의 중요성을 강조하였고, 향후 중점 사회복지 전략이 사회적 보호 계획으로 전환되어야 하며, 사회복지사가 사회적 보호 계획에 적극적으로 참여해야 한다는 것을 강조하였다(김홍주, 2023). 따라서 사회복지사는 지역사회에 더 많은 서비스를 제공하기 위해 공식 부문과 비공식 부문 간의 연계를 강화하는 역할을 담당해야 한다는 것이다.

4) 1980년대 후반~현재: 지역사회보호의 제도적 확대와 재구조화

영국에서 지역사회보호는 중앙정부 중심의 서비스 체계에서 지방정부로 권한과 책임을 이양하는 것과 함께 열악한 환경과 고부담의 시설보호 대안으로 등장하였다. 1980년대까지 여전히 공공 부문 중심으로 지역사회보호가 운영되었지만, 보수당의 대처(Thatcher) 정부 이후 복지국가가 본격적으로 재편되기 시작한 1980년대 후반부터 주민 중심의 지역사회보호가 정착되기 시작하였다(함철호, 2023). 기존의 지역사회보호 정책은 공공의 재정 부담을 지속적으로 확대시켰고, 효율적인 민간 서비스를 충분하게 지원 또는 활용하지 못하였다고 판단하였다.

1988년 그리피스(R. Griffiths)를 위원장으로 하여 작성한 「지역사회보호: 행동강령(Community Care: Agenda for Action) 보고서」를 발표하였다. 이 보고서에서 권고한 핵심 내용은 다음과 같다(김홍주, 2023). 첫째, 지역사회보호의 일차적이고 직접적인 책임은 지방정부에 있다. 하지만 지방정부는 사회서비스를 직접적으로 제공하는 주체가 아니라, 관리감독(계획, 조정, 구매, 지원)하는 역할을 감당한다. 둘째, 복지다원주의적 관점에서 사회서비스 제공자로 민간 부문과 자원봉사, 주민 참여를 강화하고, 주민의 자기결정과 서비스 선택권을 강조하였다. 셋째, 서비스에 대한 개인의 욕구와 지역 자원의 효과적인 연계를 위한 케어 매니지먼트(care management) 도입을 제안하였다. 이를 통해 개인의 필요에 맞는 개별화된 지원 계획을 수립하고, 체계화된 지원체계를 구성하고, 이를 위해 사회복지사는 직접 서비스 제공자의 역할뿐 아니라 서비스 연계를 관리하는 케어 매니저(care manager)로 활동하는 것이다. 넷째, 중앙정부가 가지고 있는 사회보장과 지역사회보호를 위한 권한과 책임 그리고 재정을 지방정부로 이전하는 것이다. 그리피스 보고서 내용을 기반으로 하여 1990년 「국민보건서비스 및 지역사회보호법(National Health Services and Community Care Act)」이 발표되었고, 이 법에 따른 지역사회보호는 1993년부터 본격적으로 시행되었다.

1990년대 이후 현재까지 영국 지역사회보호 제도의 특징은 크게 네 가지 원칙을 기반으로 하고 있다(김홍주, 2023). 첫째, 역할분담 원칙이다. 공공에서는 지방정부 중심으로 정책을 추진하고 있고, 지방정부는 서비스 전반의 관리감독 역할을 하고, 민간 기관 및 단체들이 중심이 되어 서비스를 직접적으로 제공한다. 둘째, 경쟁 원칙이다. 시장경제 원리를 도입하여 서비스 제공에 있어서는 민간 주체들 간 경쟁을 허용하고, 서비스 소비자는 자신에게 맞는 서비스를 선택하는 것이다. 셋째, 전문화 원칙이다. 케어 매니지먼트(care management) 도입으로 욕구 사정, 계획 수립, 서비스 평가 등을 통해 양질의 서비스를 제공하고, 전문적인 관리를 통해 사각지대를 해소한다. 넷째, 다원화 원칙이다. 서비스 제공에 있어서 지역사회의 공식 부문(공공과 민간 기관)뿐 아니라 비공식 부문(가족, 친구, 이웃 등)의 참여를 강조한다. 이러한 제도적 변화는 신자유주의 체제에서 복지의 혼합경제(mixed economy of welfare)와 복지다원주의(welfare pluralism) 이념을 기반으로 하고 있다.

3. 미국의 지역사회복지 역사

미국의 지역사회복지 변화 과정은 크게 세 시기로 구분하여 살펴볼 수 있다(오정수, 류진석, 2024). 첫 번째는 영국에서 전래된 자선조직협회(COS)와 인보관운동이 미국 사회에 도입되면서, 지역 기반의 사회복지실천이 시작된 시기이다. 두 번째는 대공황의 영향으로 공공 부문의 복지 역할이 본격적으로 강화된 시기이다. 특히, 연방정부 차원의 사회보장제도 도입은 중요한 전환점이 되었다. 세 번째는 1960년대 이후 시민권 운동과 사회정의에 대한 관심이 고조되면서 다양화 형태의 지역사회복지실천이 확산된 시기이다. 이러한 세 시기의 흐름에 따라 미국 지역사회복지의 발전 과정을 고찰하고자 한다.

1) 1910년대 이전: 자선조직운동과 정착운동

미국의 지역사회복지 태동기는 영국의 자선조직협회와 인보관운동의 영향을 받아 미국 동부에서도 자선조직협회와 인보관이 설립되면서 도시의 빈곤 문제와 생활 문제를 해결하려는 시기이다. 1870년대 미국은 장기 불황으로 실업과 빈곤 문제가 극심해졌고, 이를 해결하기 위한 자선단체들이 독립적으로 설립되어 구호 활동을 하였다. 영국에서 자선조직협회가 설립되기 전 제기되었던 구호의 난립과 중복은 미국의 도시에서도 재현되었다. 1877년 성공회 소속 거틴(S. Gurteen) 목사와 교회 신도인 성공한 사업가 스미스(T. Smith)는 뉴욕주 버팔로시에 미국 최초의 자선조직협회를 설립하였다. 버팔로에 설립한 자선조직협회는 빈곤의 원인이 개인의 특성에 있다고 보았고, 자선단체들 간의 업무와 활동 조정이 필요하며, 정부의 구빈 활동에 대한 축소를 주장하는 등 주요 이념과 접근방법에서 영국의 자선조직협회와 동일하였다. 또한 빈민을 구분하여 원조를 받을 가치가 있는 빈민에게만 우애방문원(friendly visitor)을 통해 원조를 제공하였다(오정수, 류진석, 2024).

미국의 자선조직협회는 과학적 자선(scientific charity)을 지향하면서 단순 구호 활동이 아닌 체계적이고 효율적인 방식을 사용하였다(김홍주, 2023). 중복 자선을 방지하기 위하여 보호 대상자 등록을 일원화하였고, 지역 내 자선단체들을 조직화하였다. 더 나아가 체계적인 빈민의 조사를 위해 유급 사무원(최초의 사회복지사)을 채용하기도 하였다. 1877년 뉴욕주 버팔로시에서 시작한 미국의 자선조직협회는 이후 뉴욕시, 보스턴시에서도 결성되었고, 1904년에는 미국 전역에 150개 지부를 가지게 되었다.

미국의 인보관운동은 1886년 코이트(S. Coit)가 영국 런던의 토인비 홀을 방문한 후 뉴욕시 근린길드(Neighborhood Guild of New York)를 결성하면서 시작되었고, 이 기관이 미국 최초의 인보관이다. 이후 1889년 애덤스(J. Adams)가 시카고에 헐

하우스(Hull House)를 설립하였다. 헐 하우스는 시카고에 거주하는 이민자들을 대상으로 영어 교육과 직업 기술 교육을 제공하였고, 건강 및 보건, 그리고 법률 자문 서비스 제공을 포함하여 주민들이 다양한 문화여가 활동에 참여할 수 있도록 하였다. 뿐만 아니라 여성 참정권, 노동권, 이민자 보호에 이르기까지 다양한 사회이슈에 대해 사회 행동의 거점 역할을 감당하였다. 미국의 인보관은 1891년 6개소에서 1915년에는 미국 전역에 550개소로 급격하게 증가하였다(김승훈, 2010; 김흥주, 2023).

2) 1920년대~1950년대: 공공복지제도와 지역사회 접근

제1차 세계 대전(1914~1918년) 이후 전쟁 참여 군인과 그 가족을 위한 지원을 위해 미국의 사회복지 기관들은 재정 지원이 더 많이 필요하였다. 재원 모금과 활용을 위해 지역공동모금회(Community Chest)가 설립되었고, 기금의 효과적인 사용을 위해 사회복지기관협의회(Council of Social Agencies)가 결성되었다(김흥주, 2023). 지역공동모금회라는 명칭은 1919년 뉴욕주 로체스터에서 처음으로 사용하였고, 1930년에는 363개소로 전국적으로 확대되었다. 1921년에는 미국사회복지사협회(American Association fo Social Workers)가 조직되었고, 이후 1955년에 전국사회복지사협회(National Association of Social Workers: NASW)로 명칭을 변경하였다.

1929년 10월 시작된 미국의 대공황은 엄청난 경제적·정치적·사회적 혼란과 변화를 가져왔다. 전반적으로 사회복지 수요가 증가하였지만 민간 영역을 중심으로 한 대처만으로는 한계가 있었고, 1935년 「사회보장법(Social Security Act)」 제정과 함께 연방정부 개입이 본격화되기 시작하였다(박병현, 2016; 함철호, 2023). 이 시기의 미국의 사회복지 발달의 특징은 민간 중심으로 이루어졌던 활동이 공공기관(정부)으로 옮겨진 것과 지역 중심의 활동이 국가적 차원으로 이양되었다는 것이다. 연방정부 차원에서는 사회복지 체계에 대한 조정과 계획을 위해 국가계획위원회를 1933년부터 1944년까지 운영하였다. 그 결과 지역에서 활동하던 사회복지사와 조직활동가들이 정부 기관에서 활동하기 시작하였고 공공과 민간 기관 간의 상호 협력 기틀이 마련되었다.

이 시기에는 미국의 지방자치와 민주주의를 기반으로 다양한 주민참여 형태의 지역사회조직 활동이 전개되었다(김홍주, 2023). 대표적인 사례로는 실업자를 중심으로 한 공산당의 조직화 활동, 급진주의적인 사회복지사가 중심이 된 대중운동, 그리고 알린스키(S. Alinsky)의 지역조직운동이 있었다. 이후 공산당 활동과 대중운동은 점차 동력을 상실하였지만, 알린스키의 지역조직운동은 성공적으로 진행되었다.

알린스키는 시카고의 공업 지역 노동자를 대상으로 지역의 학교, 교회, 그리고 사회단체와 협력하여 BYNC(Back of the Yards Neighborhood Council)라는 주민조직을 결성하였다. 이 조직은 개인이 아닌 지역 기관을 회원으로 구성되었다. 이 조직은 "우리는 우리 스스로의 운명을 결정할 것이다(We the people will work out our own destiny)"라는 모토(motto)를 걸고, 지역사회 구성원이 자신들의 문제를 스스로 해결하는 데 초점을 맞추었다. 당시 지역 활동가는 직접 문제 해결을 하기보다는 운동의 방향을 제시하고, 조언을 제공하는 조력자의 역할을 맡아 지역 주민들의 자율적 문제 해결을 지원하였다.

알린스키가 지역사회조직운동에서 주로 사용한 방법은 지역에서 조직화된 파워(power)를 이용하여 대결과 갈등을 유발하고, 지역 주민의 직접적인 행동으로 사회 문제를 해결하는 것이었다(김홍주, 2023). 이런 활동은 이후 사회행동 모델과 사회계획 모델에 영향을 주었고, 주민주도로 지역문제를 해결하는 사회복지운동에도 영향을 미쳤다.

3) 1960년대 이후~현재: 지역사회복지의 제도적 발전과 다양화

미국의 1960년대는 시민운동, 학생운동, 반전운동 등 다양한 사회운동이 진행되었던 시기였다(함철호, 2023). 또한 케네디(Kennedy) 정부와 존슨(Johnson) 정부에서 시행되었던 빈곤과의 전쟁(War on Poverty)으로 빈곤 문제 해결을 위한 연방정부의 역할은 커졌고, 사회복지사와 지역사회조직가의 관심 또한 증대되었다. 인보관운동의 정신을 계승한 지역사회조직 활동과 함께 사회행동과 사회개혁 활동 또한 지역사회복지의 주요 분야로 등장하였다. 더불어 지역사회복지 대상자와 활동 영역이 보건, 정신건강, 교육, 주택 등으로 확대되었다(오정수, 류진석, 2024).

1970년대와 1980년대를 지나면서 미국에서는 신보수주의 이념이 사회의 주요 이념이 되면서 지역사회복지 현장에도 변화가 나타났다(김홍주, 2023; 함철호, 2023). 정부의 사회복지 예산은 삭감되었고, 사회복지 영역에서 공공의 역할은 축소되었다. 이로 인해 지역사회 개입을 위한 복지가 축소되기도 하였지만, 지역사회복지 현장에서는 새로운 시도들이 나타났다. 지역의 사회복지관에서는 자조집단을 결정하였고, 자원봉사를 조직화하여 지속적으로 사회복지서비스를 제공하기 위하여 노력하였다(오정수, 류진석, 2024).

1990년대와 2000년대에도 미국 사회에서는 보수주의적 흐름에 따라 사회복지 예산 감소와 사회복지서비스 민영화가 지속되었다. 이 시기에 사회복지 기관과 지역들은 생존을 위한 안정적인 재원 확보가 중요한 과제로 떠올랐다. 이에 따라 재정관리와 마케팅 등 행정 역량의 중요성이 크게 증가하였다. 민영화로 인한 기관 간의 경쟁이 심화되면서 일부 사회복지조직은 연합이나 합병을 통해 대규모 조직이 등장하는 결과를 낳았다. 이 과정에서 지역 내 소규모 조직들은 생존 위협을 받는 경우가 많아졌다. 또한 재정 확보를 위한 서비스 유료화가 진행되면서 사회적 취약계층에게는 서비스 접근성이 제한되는 문제가 발생하였다. 이로 인해 사회복지서비스의 공공성과 보편성에 대한 논의가 제기되었다(김홍주, 2023).

참고문헌

감정기, 최원규, 진재문(2010). **사회복지의 역사(2판)**. 경기: 나남.

강혜규(1997). 사회복지전문요원제도의 현황과 개선방안. **보건복지포럼**, 12, 67-75.

권재환, 이미나(2024). 지역사회보장협의체 사회적 자본과 협력적 거버넌스 사례. **청소년상담학회지**, 5(2), 111-129.

김미숙, 김승권, 윤상용, 김성희(2010). 취약계층의 생활안정을 위한 지원 확대: 아동, 장애인, 다문화가족을 중심으로. 보건복지포럼, 166, 63-79.
김승훈(2010). 사회복지 발달사. 서울: 나눔의 집.
김용득(2018). 탈시설과 지역사회중심 복지서비스 구축, 어떻게 할 것인가?: 자립과 상호 의존을 융합하는 커뮤니티 케어. 보건사회연구, 38(3), 492-520.
김정헌, 이곤수, 송건섭(2000). 사회복지전문요원의 공직몰입 결정요인. 한국행정논집, 12(1), 109-127.
김찬우(2008). 돌봄서비스 정책의 등장에 따른 지역사회보호사업의 변화를 위한 전략 연구. 사회복지리뷰, 13, 81-103.
김태영(2024). 새마을운동의 철학적 기초에 관한 소고: 지역개발과 '자조'의 역할을 중심으로. 한국지방행정학보, 21(3), 37-60.
김홍주(2023). 지역사회복지론: 이론, 현장, 사례(2판). 서울: 도서출판 신정.
김희연, 김영수(2021). 생활복지서비스 확장 가능성 탐색. 경기: 경기복지재단.
남찬섭(2004). 최근 사회복지사업법 개정의 내용과 의미. 월간복지동향, 66, 74-82.
문영민(2021). 미국 장애인 탈시설화 정책의 최근 동향과 이슈. 국제사회보장리뷰, 19, 84-96.
박병현(2016). 사회복지의 역사(2판). 경기: 공동체.
신현석(2007). 지역사회중심재활사업의 현황과 과제. 대한건강과학학회지, 4(1), 125-138.
오정수, 류진석(2024). 지역사회복지론(6판). 서울: 학지사.
오혜경(1996). 영국 지역사회보호 서비스의 생성, 변천 및 평가. 정신보건과 사회사업, 3, 99-121.
우준희(2010). 근로연계복지로서 한국 자활지원사업의 한계와 가능성. 대한정치학회보, 17(3), 19-48.
원석조(2008). 사회복지발달사. 경기: 공동체.
이영환(2005). 한국의 사회복지 운동. 서울: 인간과 복지.
이윤경(2009). 노인장기요양보험제도 현황 및 정책과제. 보건복지포럼(2009. 10), 23-31.
이정락, 임형준, 유호웅, 권정현(2018). 1970년대 새마을운동 관련 연구에 대한 논쟁. 한국비교정부학보, 22(3), 189-214.
이정은(2016). 지역사회보장계획 수립의 변화와 과제. 보건복지포럼(2016. 07), 62-75.
임종한(2021). 사회복지를 위한 사회적 경제. 기독교 사상 9월호, 19-29.
장금현(2021). 외국민간원조단체연합회와 기독교 관계. 영산신학저널, 56, 125-168.
전채근(2002). 재가노인복지 서비스 발전 방안. 노인복지연구, 2002 여름호, 129-148.
지은구, 조성숙(2010). 지역사회복지론. 서울: 학지사.

함철호(2023). **지역사회복지론(2판)**. 서울: 학지사.

Schweinitz, K. (2001). **영국 사회복지 발달사**(*England's road to social security*). (남찬섭 역). 경기: 인간과 복지. (원저는 1961년에 출판).

사회적기업 포털. (n.d.). 주요 현황. https://www.seis.or.kr/home/sub.do?menukey=7204

서울시재가노인복지협회. (n.d.). 재가노인복지사업 안내. http://www.sacold.or.kr/intro/info.php

이용교(2019). '태화여자관, 파란만장한 역사의 현장'. 웰페어 이슈. http://www.welfareissue.com/news/articleView.html?idxno=27

이화여자대학교 종합사회복지관. (n.d.) 기관연혁. https://ewhawelfare.or.kr/web/home.php?go=page0.2&mid=02

정규숙(2023). '우유로 조선 아기 살린 간호선교사 마렌 보딩 이야기'. 간호사 신문. http://www.nursenews.co.kr/main/ArticleDetailView.asp?sSection=135&idx=31739&intPage=1

태화복지재단. (n.d.). 태화의 역사: 1921-1949. https://taiwhafound.org/taewha_stories_1921_1949

한국사회복지관협회. (n.d.). 사회복지관 현황. https://kaswc.or.kr/centerlist2

지역사회복지론

제2부

지역사회복지 실천과 과정

제4장

지역사회복지 실천 모델

1. 지역사회복지 실천 모델의 개요

1) 지역사회복지 실천 모델의 필요성

사회 구조를 설명하는 다양한 이론들을 통해 지역사회가 어떻게 기능하는지를 알 수 있으나, 실제 실천 영역에서 특정 사회복지 개입이 어떠한 결과를 가져오는지 알 수는 없다. 우리는 지역사회복지 실천 모델을 활용하여 특정한 지역사회 상황에 대한 개입 방법과 과정, 그에 따른 결과를 비교함으로써 해당 지역사회의 상황에 적합한 실천 모델을 선택할 수 있다(Weil, 1996; Hardina, 2002).

지역사회복지 실천현장에서 일어나는 다양한 상황을 다루기 위해서 가장 단순한 방법은 실천 모델의 수를 늘리는 것이다. 예를 들어, 테일러와 로버츠(S. H. Taylor & R. Roberts)는 로스만(J. Rothman)의 세 가지 모델을 확장하여 프로그램 개발과 조정, 계획, 지역사회 연계, 지역사회개발, 정치적 행동이라는 5개의 모델을 제시하였고, 웨일과 갬블(M. O. Weil & D. N. Gamble)은 기존의 실천 모델을 역사적으로 검토하고, 당시의 사회적 변화를 반영해 8개의 세분화된 모델을 제시하였다(Rothman, 1968; Taylor & Roberts, 1985; Weil & Gamble, 1995). 그러나 모델이 다양한 지역사회의 상황과 이슈들을 모두 포괄하기 위해 무한대로 세분화될 수는 없으므로 이를 해결하기 위한 대안으로 모델들을 혼합하거나 단계적으로 사용하는 방법이 제안되었다. 로스만은 그의 세 가지 기본 모델을 혼합하거나 기본 모델의 하위 모델을 만드는 방식으로 모델의 다양화를 시도하였다(Rothman, 1996).

이 장에서는 지역사회복지 실천 모델 중 기본적인 모델인 로스만의 3개의 모델, 로스만의 모델을 확장한 테일러와 로버츠의 5개의 모델, 웨일과 갬블의 8개의 모델, 마지막으로 영국의 지역사회복지 경험을 토대로 한 포플(K. Popple, 1996)의 모델에 대해서 살펴보기로 한다. 로스만의 모델을 제외한 나머지 실천 모델들은 독자적으로 구성되었다기보다, 로스만의 기본 3개의 모델에 대한 확장과 비판적 평가를 통한 변용을 통해서 이루어졌다는 점에 주목해서 살펴볼 필요가 있다.

2) 지역사회복지 실천 모델의 목표: 과업목표와 과정목표

로스만은 지역사회복지실천의 목표를 과업목표와 과정목표로 구분하고 있다(Rothman, 1974). 과업목표란 지역사회가 당면한 문제를 해결하거나 특정한 사업을 완수하는 것을 의미한다. 즉, 과업목표는 지역사회복지실천을 통해 지역사회가 궁극적으로 얻고자 하는 최종 결과에 초점을 둔다. 반면에 과정목표는 지역사회의 기능을 강화하려는 것으로서 그 구체적인 목표는 다음과 같다.

① 지역사회 내 집단 간에 협동적인 관계를 수립한다.
② 지역사회의 문제를 해결하기 위해 자치적인 구조를 창출한다.
③ 지역사회 문제를 해결하기 위한 역량을 향상한다.
④ 지역사회 주민들이 지역사회의 이슈에 관심을 가지고 참여하도록 자극한다.
⑤ 토착적 지도력(indigenous leadership)을 형성한다.

지역사회복지 실천 모델의 유형에 따라 과정목표를 중시하기도 하고 과업목표를 중시하기도 하는데, 어떤 목표를 중시하느냐에 따라 문제 상황 파악, 변화 전략과 전술 등에 차이가 있다(함철호, 2019). 과정목표에 초점을 두는 경우 실천 활동의 방법이 실천 활동으로 이루고자 하는 결과보다 더 중요하게 되며, 과업목표에 초점을 두는 경우 방법이나 수단에 상관없이 성취해야 하는 결과가 가장 중요하다(Weil, 1996). 로스만은 세 가지 모델 중에 지역사회개발 모델은 과정목표에, 사회계획 모델은 과업목표에, 사회행동 모델은 과정목표와 과업목표 모두에 중심을 둔다고 보았다.

2. 지역사회복지 실천 모델의 유형

1) 로스만의 모델

지역사회복지에서 실천을 위한 모델을 구축하려는 최초의 시도는 로스만에 의해서 시작되었다고 볼 수 있다(Rothman, 1968). 로스만은 지역사회복지실천을 지역사회개발, 사회계획, 사회행동의 3개 영역으로 구분하였다.

(1) 지역사회개발(Locality/Community Development)

① 정의

지역사회개발 모델에서 지역사회는 주민들이 민주적 의사 결정을 통해 자신들의 문제를 해결하는 것이 가능한 역량이 있는 공간이다. 따라서 지역사회개발 모델에서는 지역사회 주민의 적극적인 참여를 통해 주민들이 주도권을 가지고 전체 지역사회의 사회·경제적 조건을 향상시키는 과정이 강조된다(United Nations, 1955).

② 특징

지역사회개발 모델은 지역사회 주민들이 문제 해결을 위한 타고난 능력이 있음에도 불구하고 파편화된 인간관계, 서투른 합의 기술, 무력감, 소외 등으로 인해 유익한 인간관계를 맺고, 그들이 안고 있는 문제를 해결할 수 있는 능력과 기술이 결여되어 있다고 전제한다(김욱진, 2011). 따라서 지역사회개발 모델은 주민 스스로가 지역사회 문제를 해결할 수 있도록 필요한 능력을 향상시키고 주민들 간의 관계 형성을 통해 지역사회 내 집단들 간의 통합을 이루는 것을 목표로 한다. 또한 지역사회개발 모델은 지역사회의 문제해결을 위해 주민의 역량이 강화되면 자연스럽게 지역사회 문제를 해결하는 방향으로 나아갈 수 있다고 전제한다는 점에서 과정목표에 중점을 둔다. 이때 지역 주민들 간에 관계가 형성될 수 있도록 환경을 조성하고 집단을 조직하는 것은 사회복지사의 중요한 역할이다. 다양한 지역사회 집단들이 함께 모여서 공통적으로 인식하는 문제를 확인하고 해결 방안을 마련하는 과정이 특정한 목표을 성취하는 것보다 더 중요하다. 이러한 과정목표가 달성되면 지역사회는 외부 전문가의 개입 없이도 지역사회에서 발생하는 다양한 문제를 스스로 해결하는 힘을 가지게 된다.

③ 전략과 전술

지역사회개발 모델의 기본 전략은 "모두 함께 모여서 의논해 보자(Let's all together and talk this over)"라고 할 수 있다. 즉, 광범위한 주민들이 참여해서 자신들의 욕구를 결정하고 문제를 해결하는 것이다. 예를 들어, 지역사회 내의 다양한 이해 집단들, 즉 지역 주민, 기업, 학교, 종교 집단, 병원, 지역사회 조직, 사법 시스템들은 지역사회의 문제를 해결하기 위한 과정에서 함께 일할 수 있는 협력자로 여겨지며, 이들 사이의 견해 차이는 협상을 통한 합의와 협력을 통해서 해결될 수 있다고 간주한다. 이때 사회복지사는 지역사회 주민들이 스스로 문제 해결에 나설 수 있도록 돕는 가능하게 하는 자(enabler), 조정자, 문제해결 기술의 교육자 역할을 할 수 있다.

④ 한계점

그러나 지역사회개발 모델을 실천현장에서 적용할 때 다음과 같은 한계점을 가지고 있음을 인식할 필요가 있다(Hardina, 2002).

첫째, 지역사회개발 모델은 지역사회 내에 있는 상이한 집단과 계층들의 이해관계가 기본적으로 상호 조화를 이룰 수 있으며, 합리적인 설득이나 대화, 상호

간 호의를 통해 쉽게 합의가 이루어질 수 있다고 전제한다. 그러나 점차 다변화되는 사회에서 지역사회 내 모든 집단의 합의와 협력을 이끌어 내는 일은 결코 쉽지 않을 뿐 아니라 시간 소모적인 일이 될 수도 있다(Warren, 1971).

둘째, 지역사회개발 모델은 지역사회의 모든 집단이 성별, 계급, 나이, 인종, 신체적 또는 정신적 능력 등과 관련해서 경계를 초월하는 공통의 이해관계를 가진다고 전제하나, 오히려 정체성에 따라 서로 다른 이해관계를 가질 가능성이 크다(Hyde, 1989; Rivera & Erlich, 1998).

셋째, 힘과 영향력이 있는 의사 결정자가 협상에 참여하기를 거부할 수 있는 문제이다. 오히려 현재 권력을 가진 집단들은 지역사회의 변화를 원하지 않을 가능성이 크므로 사회 변화를 막거나 방해할 가능성이 크다. 즉, 실천 과정에서 국가나 기업 등 권력 구조와의 충돌을 포함하는 사회행동적 전략이 필요할 수 있다(Mondros & Wilson, 1994; Hardina, 1997).

지역사회개발 모델의 사례-과천시 보육조례개정운동(2001~2002)

1. 과천 지역의 특성과 보육 문제

과천은 고학력자들이 많이 거주하고 있어 학력과 경제력이 다른 도시보다 높은 지역이다. 과천시의 역사는 짧지만 다수의 지역시민운동 단체가 활동하고 있으며, 특히 공동육아 협동조합이 활발하게 운영되는 보육에 관심이 많은 지역이다. 그러나 과천은 민간보육 시설이 80% 이상을 차지할 정도로 민간에 의존도가 높고, 높은 재정 자립도에도 불구하고 보육 예산의 비중이 상대적으로 낮았다. 그뿐만 아니라 다양한 보육 문제들이 자주 발생했는데, 주로 안전사고, 질 낮은 식사, 무책임한 돌봄 사례, 열악한 시설 및 시립 어린이집 부족 등의 문제들이었다. 이러한 문제를 해결하기 위해서 과천의 보육 문제에 대한 운동본부를 중심으로 보육의 공공성을 확보해야 한다는 인식이 형성되었다.

2. 보육조례개정운동의 참여자

이 운동의 이슈 주창자는 시민자치학교 수료생들인 주부 활동가들이었다. 그들은 한살림, 녹색가게, 환경운동연합, 민주노동당, 민예총 소속의 활동가들이다. 시민자치정책센터는 시민자치학교를 열어 시민단체 활동가와 주부 회원들을 대상으로 4주간 교육을 진행하였다. 이 과정을 이수한 주부들은 자신들의 일상생활에서 감지했던 문제인 '아이 키우기 좋은 과천 만들기'라는 목표를 정하고, 이러한 목표를 달성하기 위해 보육조례개정운동을 하기로 했다. 발기인 대회에서는 과천지역 3개 '공동육아협동조합 및 방과후공동육아협동조합', '과천동구나무어린이집'과 '민주노동당과천의왕지구당', '과천환경운동연합', '과천한살림'이 연대하였다.

3. 활동 내용

과천시는 주민발의안에 대해 부정적으로 방어하는 행태를 보였다. 이에 운동본부는 '보육발전기본계획 수립위원회'에 주민 참여를 확대하기 위하여 당초 청구한 조례안 중 제28조 1항의 보육위원회 위원이 보육발전기본계획 수립위원을 할 수 있게 한 단서 조항 삭제를 요구하였다. 한편 시의회 의원들의 대응은 시 공무원보다 긍정적이었다. 지역 주민의 여론을 무시할 수 없는 의원들은 주민발의안을 강하게 반대할 수는 없었다.

주민발의 요구가 수용되는 데에 결정적인 계기를 마련해 준 것은 양 진영 간의 의사소통이었다. 실제로 발의안이 의회에 상정되었다 하더라도, 시의원과 시 담당자를 대상으로 한 의사소통 과정이 없었다면 공적 권력(시와 의회)의 저항으로 발의안이 그 취지대로 통과되기는 어려웠을 것이다. 운동진영이 시의회와 의사소통할 수 있었던 이유는 과천지방의원 7명 중 2명이 시민자치학교의 강사로 활동하였고, 그중 한 사람이 간담회를 주선하는 등 의회와 운동본부 간의 소통에 중요한 역할을 했기 때문이다. 이와 더불어 지역사회 내부에서 운동진영에 반대하는 조직적인 대항운동이 없었다. 합리적인 정책 요구는 지역사회 내부의 반대 저항 없이, 공적 권력과의 의사소통 과정에서 유리한 입지를 점할 수 있게 한다는 것을 보여준다.

4. 지역사회개발 모델로서 과천시 보육조례개정운동에 대한 평가

과천시 보육조례개정운동은 부산, 여주, 수원, 군포 등의 지역으로 확산되어 전국적인 보육조례운동에 불을 지폈다. 이 운동은 간담회, 인터넷 카페, 미니포럼과 길거리 서명과 같은 면대면 소통을 위주로 하는 운동 방식을 취했다. 주민들이 생활 공간에서 얼굴을 맞대고 홍보하고 토론하고 의견을 모으는 활동이 이루어졌다.

과천시 보육조례개정운동은 주민이 지역사회 보육 문제 해결을 위한 주체가 되어 해결해야 할 문제(보육 문제)를 결정하고 대안을 찾는 과정이었다. 이러한 과정에서 지역사회개발 모델의 주요한 전략인 "모두 함께 모여서 의논해 보자"(Let's all together and talk this over)"는 방법이 사용되었다. 즉, 지역사회에서 보육 문제와 관련된 다양한 조직과 단체들이 함께 모여 문제 해결을 위한 활동을 진행하고, 공무원과 의회 의원 등 정치인을 포함하여 지역사회 전체가 보육조례 개정에 대해 합의하는 결과를 이끌어 낼 수 있었다. 운동의 주체 측면에서 지역사회 주민들이 직접 참여하여 면대면 의사소통을 하는 방식으로 주민 주체들의 의식화와 역량 강화가 자연스럽게 이루어졌으며, 공무원과 정치인에 대해서도 압력 전술보다는 대화를 통한 합의를 통해 자연스럽게 원하는 결과를 얻어낼 수 있었던 점은 지역사회개발 모델에서 중시하는 지역사회 주민의 능력 향상과 지역사회 통합이라는 가치를 실현한 것으로 평가할 수 있다.

출처: 박현희(2008). 한국의 참여민주주의 정치과정과 효과: "과천시보육조례개정운동"과 "전남학교급식조례제정운동" 사례 비교 연구. 기억과 전망, 18, 307-367.

(2) 사회계획(Social Planning/Policy)

① 정의

사회계획 모델은 지역사회의 다양한 욕구를 충족하고 문제를 해결하기 위한 기술적(technical) 문제해결 과정을 강조한다. 따라서 이 모델에서 중요한 것은 문제해결을 위한 합리적인 계획 수립과 이를 통한 변화이다.

② 특징

사회계획 모델은 지역사회의 문제를 해결하기 위한 전문가의 역할을 매우 중요하게 여긴다. 전문가의 역할은 자료를 수집, 분석하고 적절한 서비스나 프로그램 중 최선의 대안을 선택하는 것이다. 사회계획 모델에서 전문가는 대부분 정부나 민간 기관에 고용되어 있으므로 계획의 실행 과정 또는 결과를 평가하는 과정에 참여할 수도 있다. 사회계획 모델에서의 소위 '전문가'의 '문제해결' 과정은 시·군·구 행정기관의 사회복지 행정가와 사회복지조직에서 근무하는 사회복지 전문가들의 클라이언트와 주민들에 대한 서비스 제공 과정을 대표적인 예로 들 수 있다. 이 과정에서 지역 주민의 역할은 소비자나 고객 또는 수혜자로 인식되며, 전문가가 실천 과정을 주도하는 것이 대부분이다.

③ 전략과 전술

사회계획 모델의 기본적인 변화 전략은 전체 지역사회 또는 특정한 기능적 지역사회(다양한 이해 집단들)에 대한 사실 수집과 합리적 의사 결정이다. 사회계획 모델에서 전문가는 지역사회 진단, 사실 발견, 프로그램 운영과 결과 평가 등의 역할을 해야 하고, 여러 관료조직 및 여러 분야의 전문가들과 협업하는 등 보다 기술적이고 전문가적인 역할이 강조된다. 전문가로서 사회복지사에게 요구되는 역할은 지역사회 진단, 조사기술, 다른 지역사회에 대한 지식, 조직의 방법과 절차에 대한 충고, 기술상의 정보, 평가 능력 등이다(Ross, 1955).

④ 한계점

사회계획 모델에서 전문가는 문제 해결을 위한 대안을 제시하기 위해 필요한 모든 정보를 수집할 수 있는 시간과 자원을 가지고 있으므로 최선의 선택이 가능하다고 인식한다. 또한 선택된 대안이 논리적이고 합리적으로 결정되었으며 정치적 영향을 받지 않는다는 것을 전제한다. 그러나 정부나 민간 기관에 고용된 전문가들이 시간과 자원의 제한을 받지 않는 경우는 거의 없고, 대안을 선택하는 과정 또한 정치적 영향을 받을 가능성이 크다. 따라서 대안을 선택하는 과정에서 합의를 이끌어 내기 위해서는 이슈와 관련된 지역사회의 다양한 이해 집단들과 함께 작업하는 것이 오히려 도움이 될 수 있다(Forester, 1989).

(3) 사회행동(Social Action)

① 정의

사회행동 모델의 기본적 전제는 지역사회에서 부와 권력이 불평등하게 배분되어 있다는 것이다. 따라서 지역사회 내에는 부와 권력을 획득하지 못하고 오히려 차별로 인한 억압을 경험하는 집단이 존재한다. 예를 들어, 소수 민족 및 인종, 여성 및 성 소수자, 빈곤층, 주변부 노동자 집단 등이 이에 해당한다. 이들은 지역사회의 권력과 자원에서 배제되어 있으므로 불평등한 조건을 변화시키고자 한다.

② 특징

사회행동 모델은 의사결정 구조에서 배제된 소외계층에게 정치적 의사 결정권을 부여함으로써 불평등하게 배분되었던 기회와 자원을 균등하게 배분하고자 하는 목표를 가진다. 사회행동적인 전략을 추구하는 조직들은 그들이 대표하는 집단 구성원의 정치적 영향력을 증대시키려는 과정목표를 추구한다. 그러나 정치적 영향력 증대의 최종적인 목표는 결국 사회의 기존 체제를 변화시키는 것이라는 점에서 과정목표뿐 아니라 과업목표를 함께 추구한다고 할 수 있다.

③ 전략과 전술

사회행동 모델은 주로 갈등이나 대결 전술을 사용하는데, 정면 대결이나 실력행사 등의 방법을 사용하기 위해서는 다수 대중을 동원할 수 있어야 한다. 다수 대중을 동원하기 위해서는 우선적으로 지역 주민을 조직화해야 한다. 권력은 동원된 대중의 숫자 또는 응집력의 강도를 통해서 얻어지므로 보이콧이나 대중 동원 등을 통해서 힘을 획득하는 것이 중요한 전략이 된다. 이 과정에서 사회복지사는 억압받는 집단의 편에서 행동가와 옹호자로서의 역할을 수행한다.

④ 한계점

첫째, 사회행동 모델이 갈등이나 대결 전술을 사용한다는 점에서, 일부 사회복지사들의 실천 활동을 제한할 수 있다. 대부분의 사회복지사들이 정부의 보조금을 받는 사회복지기관에 고용되어 있기 때문이다. 이는 활동에 참여하는 집단이나 개인들을 양극화시킴으로써 원하는 결과를 달성하기 어렵게 할 수도 있다(Netting, Kettner, & McMurty, 1993).

둘째, 일부 조직가들과 주민들은 대결 전술을 사용하는 상황에 불편해할 수 있다는 점이다(Burghardt, 1979, 1982).

셋째, 한계는 윤리적 이슈와 연관되어 있다. 대결 전술을 실행했을 때 구성원들을 위험에 처하게 하거나 굴욕을 당하게 할 가능성이 있다. 또한 특정한 형태의 대결 전술은 불법적일 수도 있다. 따라서 대결 전술은 매우 긴급하고 제한된 상황에서만 사용되어야 하며, 모든 참여자에게 대결 전술의 위험성에 대해 충분히 알려야 한다.

〈표 4-1〉 로스만의 지역사회복지 실천 모델

구성 요소	지역사회개발	사회계획	사회행동
지역사회실천의 목표	지역사회 능력과 통합, 자조(과정목표)	지역사회 문제 해결(과업목표)	권력과 자원의 이동, 기본적인 제도적 변화(과업목표 또는 과정목표)
지역사회 구조와 문제에 대한 가정	지역사회의 혼란, 사회적 무질서, 인구학적 문제, 문제해결 능력의 부족, 정체된 지역사회	건강, 주거, 여가, 청소년 문제, 노인 문제 등의 사회 문제	차별받는 집단의 존재, 사회적 부정의, 박탈, 불평등
기본적인 변화 전략	문제를 확인하고 해결하는 과정에서 광범위한 지역사회 주민들을 포함하기	문제에 대한 데이터를 수집하고 가장 합리적인 문제해결 과정을 결정하기	이슈를 명료화하고 사람들을 표적체계에 대항해서 행동하도록 동원하기
특징적인 변화 전략 및 기술	지역사회 이해 집단들 사이의 의사소통, 집단 토론을 통한 합의	합의 또는 갈등	갈등을 직면하고 직접 행동, 협상에 나서기
사회복지사의 역할	가능하게 하는 촉매자, 조정자, 문제해결 기술과 윤리적 가치에 대한 교육자	사실 수집가, 분석가, 프로그램 실행자, 촉진자	활동가, 옹호자, 선동가, 중개자, 협상가, 당파적 지지자
변화의 매개체	소규모 과업 지향적 집단	공식적 조직 데이터 활용	대규모 조직과 정치적 과정
권력 구조에 대한 지향점	권력 구조의 구성원들을 문제해결 과정에 참여하는 협력자로 간주	권력 구조를 고용주와 후원자로 간주	권력 구조를 행동의 외부 표적 또는 이겨야 할 억압자들로 간주
수혜자 집단에 대한 경계 정의	지리적인 전체 지역	전체 지역사회 또는 지역의 일부	지역의 일부

지역사회 하위 집단의 이해 관계에 대한 가정	공통의 이익 또는 합의 가능한 차이	이익의 합의 또는 갈등	자원의 희소성으로 인한 쉽게 합의되지 못하는 이해의 충돌
수혜자의 개념	시민	소비자	희생자
수혜자의 역할	문제해결 과정의 참여자	소비자 또는 수혜자	고용주, 유권자, 회원
임파워먼트(Empowerment)의 사용	협력적이고 정보에 근거한 결정을 하기 위해 지역사회 능력을 개발; 주민들의 개인적 능력에 대한 인식을 향상	소비자의 서비스 욕구 발견; 소비자들이 서비스와 관련된 결정을 내릴 수 있는 정보를 제공	수혜자 집단이 목표한 힘을 성취하고 지역사회 의사 결정에 영향을 미칠 수 있는 권리와 수단; 참여자들의 개인적 능력에 대한 인식의 향상

출처: Rothman, J. (1996). The interweaving of community intervention approaches. *Journal of Community Practice*, *3*(3/4), 69-99.

(4) 로스만 모델의 수정: 혼합과 단계별 적용

로스만은 논문의 수정본에서 기존에 제시한 세 가지 유형의 모델이 전형화된 모델이 아니며, 세 가지 유형의 모델 간 전환은 지역사회복지 실천 과정에서 보편적으로 일어날 수 있다고 보았다. 그는 이를 모델의 '혼합과 단계별 적용'으로 표현하였다(Rothman, 1996).

〈예시〉

지역사회의 사회복지사가 노숙자 문제에 관심을 가지고 있을 때 노숙자들에게 서비스를 제공하기 위한 재원을 얻기 위한 방법으로 사회계획 모델을 활용해 노숙자들을 위한 주거 프로젝트를 진행할 수 있다. 또는 이 과정에서 잠재적 주거자들인 노숙자들이 스스로 '주거행동위원회'를 조직하고, 노숙자들의 주거권 보장을 위해 시위와 정부와의 협상 활동에 나설 수 있다. 이는 실제 현실에서 충분히 일어날 수 있는 상황으로 지역사회개발과 사회계획, 사회행동 모델이 혼합되어 실천이 이루어진다.

1. 지역사회개발/사회행동 모델의 예

풀뿌리 운동을 기반으로 한 여성주의 운동을 예로 들 수 있다. 여성주의는 운동의 방식과 내용을 결정할 때 합의를 중요시하고, 운동 과정에서 모든 참여자들의 적극적 참여와 헌신을 강조한다. 여성주의의 이러한 측면은 지역사회개발 모델의 능력 강화와 통합이라는 과정목표와 연관되어 있다. 동시에 여성주의자들의 조직화 활동은 가부장제의 소멸을 목표로 한다는 점에서 근본적이고 정치적인 변화를 요구할 수밖에 없으므로 사회행동적인 전략인 대항 활동을 사용할 가능성이 크다.

2. 사회행동/사회계획 모델의 예

행동과 계획 모델의 혼합은 다양한 소비자 보호 프로그램에서 찾아볼 수 있다. 특정 기업이나 상품에 대해 전문가들이 데이터를 분석한 결과를 토대로 리포트를 제시한다. 전문가들에 제시한 과학적이고 정확한 정보를 통해 소비자들은 특정 기업이나 상품에 대해 보이콧이나 캠페인을 진행할 수 있다.

3. 사회계획/지역사회개발 모델의 예

지역사회에서 사회적기업을 운영하는 것은 사회계획과 지역사회개발 모델의 요소를 포함하고 있다. 사회적기업은 지역사회 내에서 필요한 서비스를 제공함으로써 지역사회의 개발을 촉진하고 이 과정에서 사회적기업에 참여하는 주민들의 역량이 강화될 수 있다. 사회적기업을 운영하는 과정은 전문가들의 기술적인 과정, 예를 들어 사업계획 수립, 자원 동원, 실행 및 평가 등의 과정을 거친다는 점에서 사회계획 모델을 따른다.

출처: Rothman, J. (1996). "The interweaving of community intervention approaches". *Journal of Community Practice, 3*(3/4), 69-99.

혼합 모델을 사용하는 것과 더불어서 모델은 단계별로 전환되어 사용될 수도 있다. 특정한 이슈에 대한 개입은 하나의 모델로 시작되어 다른 모델로 전환될 수 있다. 예를 들어, 노숙자의 주거권 문제에 대한 지역사회 개입은 사회행동 모델로부터 시작되어 목표를 달성한 후 사회계획 모델로 전환되어 보다 효과적인 결과를 얻을 수 있다. 특정 이슈들이 해결되는 과정에서 조직의 규모가 커지면 관료화되고 좀 더 합리적인 기술을 사용할 가능성이 커지기 때문이다. 이 과정에서는 조직 행정 및 전문가들이 주도하는 사회계획 및 정책적 요소들이 좀 더 중요해진다. 이때 사회복지사들은 상황의 변화를 적절히 감지하고 실천 모델의 변화 지점을

조율하는 역할을 해야 한다(Rothman, 1996)

2) 테일러와 로버츠의 모델

테일러와 로버츠의 지역사회복지 실천 모델은 1985년에 펴낸 『지역사회사업의 이론과 실천(Theory and Practice of Community Social Work)』이라는 책에 실린 내용을 토대로 제안되었다(Taylor & Roberts, 1985). 테일러와 로버츠는 지역사회복지 실천 과정에서 후원자(sponsor)와 클라이언트(client) 사이의 긴장을 토대로 로스만의 세 가지 모델을 확장하였다. 실천 모델을 사용할 때 후원자와 클라이언트는 실천의 매개변수, 대안적 전략의 선택, 결정의 범위를 정하는 것에 영향을 미칠 수 있으며, 테일러와 로버츠는 후원자와 클라이언트의 결정 권한의 정도에 따라 모델을 5개로 구분하였다.

〈표 4-2〉 **테일러와 로버츠의 지역사회복지 실천 모델**

테일러와 로버츠의 모델	후원자와 클라이언트의 권한
프로그램 개발과 조정	후원자가 모든 것을 결정
계획	후원자가 의사 결정권의 7/8을 가짐
지역사회 연계	의사 결정권의 1/2이 후원자, 1/2이 클라이언트
지역사회개발	클라이언트가 의사 결정권의 7/8을 가짐
정치적 행동	클라이언트가 모든 것을 결정

(1) 프로그램 개발과 조정(Program development and coordination)

프로그램 개발과 조정 모델은 지역사회복지실천의 가장 오래된 전통인 인보관 운동 및 자선조직협회 사업으로부터 아이디어를 얻은 것이다. 즉, 프로그램과 서비스를 개발하고 제공하는 데 초점을 둔 인보관의 사업 특징과 서비스 조정과 사례관리를 특징으로 하는 자선조직협회의 활동이 지역사회복지실천의 기본적인 특성이라고 보았다. 이 모델은 공공부문의 조직들과 지리적 경계 내에서 서비스를 제공하는 사회복지 관련 민간 기관들, 이해관계에 기초한 기능적 지역사회, 협회나 위원회 등에서 수행되는 활동들에 주로 초점을 맞춘다.

(2) 계획(Planning)

로스만(Rothman & Zald, 1985)의 모델이 합리적 계획에 근거한 전문적 기술과 조사 전략을 강조한 것에 비해 테일러와 로버츠의 계획 모델은 로스만의 모델보다 정교하다. 테일러와 로버츠의 계획 모델은 사회계획 과정에서 지역사회 주민들과 다양한 전문가가 참여하는 상호작용을 중시하며, 지역사회 주민들에게 옹호적인 접근을 강조하고, 후원자 또는 사회복지기관의 기대를 좀 더 잘 반영할 수 있는 정치적인 접근을 시도한다. 계획 모델은 로스만의 사회계획 모델과는 달리 과정 기술 또한 강조한다. 즉, 사회복지조직 내에서 계획 수립을 위한 과정을 운영하고, 개인들을 조직화하는 과정적 기술을 과업 지향적 기술과 함께 사용한다.

(3) 지역사회 연계(Community liaison)

지역사회 연계 모델은 사회복지 서비스 기관에서 일하는 행정가 및 현장에서 직접 서비스를 제공하는 사회복지사들에 의해 수행되는 기능들로 구성된다. 이 모델에서 지역사회 연계 활동은 직접적으로 서비스를 전달하는 사회복지기관의 기능에 비해서 부차적인 기능일 수 있지만, 행정가들은 지역사회 내 조직 간 연계 및 지원 활동 등의 역할을 할 것이 기대된다. 반면에 직접 서비스를 제공하는 사회복지사들은 클라이언트 옹호, 욕구 사정, 프로그램 개발 등의 역할이 강조된다. 행정가들과 직접 서비스를 제공하는 사회복지사들은 모두 클라이언트와 함께 일할 수 있는 기술이 있어야 하고 표적 집단의 욕구에 맞는 프로그램을 채택할 수 있는 기술이 있어야 한다.

(4) 지역사회개발(Community development)

테일러와 로버츠의 책에서 라핀(B. Lappin)은 지역사회개발 모델의 특징으로 가능하게 하기(enabling), 리더십(leadership) 개발, 자조, 상호 부조, 지역사회의 문제 해결을 강조하였다. 특히, 지역사회개발에서 가장 중요한 특징은 조력자로서의 역할(enabling role)이다. 그는 지역사회의 자체적 역량을 개발하여 지역사회 문제를 스스로 해결할 수 있도록 지지하고 지원하는 것에 초점을 맞추어 지역사회 개발 모델을 설명한다. 지역사회개발의 핵심적 요소인 자조와 상호 부조에 의한 문제 해결은 과정목표를 추구하는 과정으로, 사회복지사는 지역사회 구성원들이 지역사회 문제해결 과정에 참여하도록 지원해야 한다(강철희, 정무성, 2006).

(5) 정치적 행동(Political action & Empowerment)

그로서와 몬드로스(C. F. Grosser & J. Mondros)에 의해 제안된 정치적 행동 모델은 로스만의 사회행동 모델과 연관되어 있다. 이 모델은 갈등이론을 토대로 다원론적 사회에서 다양한 이해관계가 경쟁하고 있다고 전제하며, 정치적 임파워먼트(political empowerment)를 위한 시민 참여를 강조한다. 지역사회복지실천의 목표 중 하나는 다원론적 민주주의가 침식되지 않도록 막는 것이다. 이를 위해 사회 체계에 대한 시민들의 참여를 보장하고 극대화해야 한다. 또한 의사결정 과정에서 배제된 취약계층들이 새로운 조직을 결성하여 참여를 위한 대안적 경로를 획득할 수 있다. 이러한 지역사회 실천 과정을 통해 시민 참여의 질과 영향력이 확대될 수 있다.

이 모델에서 사회복지사들은 교육자, 자원개발자, 활동가로서 주된 역할을 한다. 정치적 권력 관계를 변화시키기 위한 사회적 행동으로 네 가지 주요 단계를 제시할 수 있다: ① 사기 진작: 시민들과 조직들이 협력적 전략을 사용하여 사기를 진작시키기, ② 문제 해결: 새로운 서비스를 개발하기, 지역의 의사결정 기구를 설립하기, 협력적 전략을 통해 구체적인 변화를 시행하기, ③ 지지적 네트워크를 창출하거나 긴급 급여를 제공하거나 지역사회 소비자 신용조합이나 협동조합과 같은 대응적인 서비스를 창출하기, ④ 권력 이동–갈등 전략: 지역사회 수준에서 영향력 있는 대항 조직을 만들기(Grosser & Mondros, 1985).

테일러와 로버츠의 실천 모델은 지역사회복지 실천 과정에서 의사결정 권한에 대한 후원자와 클라이언트의 영향력의 상대적 크기에 따라 유동적으로 변화할 수 있다. 최근의 사회적 경향은 소비자 또는 서비스 이용자, 클라이언트의 의사결정 권한에 대한 요구가 점차 커지는 방향으로 변화하고 있다. 사회복지사는 이러한 사회적 변화를 수용하여 실천 과정에서 위원회 및 의사결정 기구 운영, 대중 토론회 운영 등 클라이언트의 참여 경로를 명확히 해야만 하고, 후원자와 전문가, 클라이언트의 의사결정 권한과 책임의 균형을 맞추는 역할을 해야 한다.

3) 웨일과 갬블의 모델

웨일과 갬블(M. O. Weil & D. N. Gamble)은 8개의 모델을 제안하였는데, 이들의 모델은 로스만(Rothman, 1968)의 모델을 기본으로 한 것이나 몇 가지 점에서 차이가 있다. 우선 이들의 모델은 지리적 지역사회와 기능적 지역사회를 구분한다. 기능적 지역사회는 민족이나 성별 등 공통의 특성이나 공통의 이슈를 기반으로 형성된다는 점에서 지리적 경계를 기준으로 하는 지리적 지역사회와 차이가 있다. 두 번째로 이들의 모델은 로스만의 사회행동 모델의 특성을 정치·사회적 행동, 연합, 사회운동의 세 가지 유형으로 세분화하였다. 세 번째로 로스만의 사회계획 모델과 연관하여 사회계획, 프로그램 개발과 지역사회 연계를 포함한다. 마지막으로 이들의 모델은 지역사회 사회·경제적 개발을 로스만의 지역사회개발과는 구분되는 독특한 모델로 설정하고 있다. 사회·경제적 개발은 지역사회 주민들이 그들의 능력과 기술을 개발하여 거주 환경을 향상하고 필요한 자원을 획득하는 등의 사회·경제적인 조건을 향상할 수 있도록 하는 과정에 초점을 둔다(Weil, 1996).

웨일과 갬블의 모델은 각 모델 간에 상호 배타적이라는 가정이 없다. 즉, 로스만의 수정 모델처럼 혼합적인 모델로 사용될 수 있다. 또한 조직이 확장되는 과정에서 단계적으로 사용될 수도 있다. 웨일과 갬블의 모델을 8개로 구성하는 요소들은 다음과 같다: 원하는 결과, 변화를 위한 표적체계, 주된 참여자, 관심 영역, 사회복지사의 역할.

(1) 근린지역사회조직(Neighborhood and community organizing)

근린지역사회조직 모델은 주민들이 지리적인 지역사회 내에서 삶의 질을 개선하는 것을 목적으로 한다. 주된 전략은 조직화와 목표 설정, 변화 전략 결정, 실행과 평가이다. 조직화는 지역 주민을 의식화하고 능력을 고취하고 기술을 향상시키기 위한 방법으로 사용된다.

사회복지사는 모든 실천 과정에서 참여적이고 민주적인 의사 결정이 이루어질 수 있도록 개입한다. 문제를 규명하거나 목표 및 전략을 수립하는 과정에서 협력이 이루어지기도 하지만 갈등이 발생하기도 하므로, 주민들 간의 갈등을 관리할 수 있어야 한다. 근린지역사회조직 모델에서 원하는 결과는 지역사회 능력 개발, 리더십 개발, 조직화, 문제 분석, 전략 선택, 실행, 평가와 관련된 기술을 개발하는 것이다.

(2) 기능적 지역사회조직(Functional community organizing)

이 모델은 공통의 정체성이나 이슈로 구성된 기능적 지역사회를 조직하는 데 초점을 둔다. 주된 목적은 특정 이슈를 옹호하기 위해 구성원들의 행동과 태도를 변화시키는 것이며, 이를 통해 사회적 변화를 이끌 수 있다. 이 과정에서 교육과 옹호가 주된 전략이 된다. 예를 들어, 장애아동에 대한 돌봄서비스를 개발하기 위해 기능적 지역사회조직 모델을 사용할 수 있다. 이 모델에서는 구성원들이 지리적으로 분산되어 있으므로 의사소통을 위한 기술, 예를 들어 인터넷이나 SNS의 사용 등이 중요하고 외부적 의사소통과 교육이 중요하다. 사회복지사는 장애아동 돌봄 실태에 대한 조사를 수행하고, 이와 관련된 교육을 조직하고 장애아동 돌봄 서비스를 도입하기 위한 캠페인을 진행할 수 있다.

(3) 지역사회 사회 · 경제적 개발(Community social and economic development)

이 모델은 사회개발과 경제개발을 통합한 것이다. 취약한 지역사회는 사회적 영역과 경제적 영역 모두에서의 변화가 필요하기 때문이다. 모델의 목표는 지역사회 주민들이 스스로 지역사회개발을 위한 프로젝트를 계획하고 시작할 수 있도록 능력을 강화하는 것이다. 사회복지사는 지역사회에서 코치(coach) 또는 교육자로 주민들을 교육한다.

(4) 사회계획(Social planning)

사회계획 모델은 정부와 지역사회 기관들을 연합하여 서비스를 조정하거나 계획에 참여시킨다. 전문가에 의한 조사, 데이터 활용, 합리적 의사 결정을 강조한다는 점에서 로스만의 사회계획 모델과 유사하다. 사회계획 모델은 공공조직과 민간의 사회복지조직이 주요 참여자가 된다. 사회계획 모델을 통해 사회적 욕구를 통합하기 위해서 민간의 사회복지조직과의 네트워크가 강조된다.

(5) 프로그램 개발과 지역사회 연계(Program development and community liaison)

이 모델은 테일러와 로버츠의 프로그램 개발과 조정 모델과 지역사회 연계 모델을 통합한 것으로, 그 이유는 지역사회 연계 활동이 프로그램 개발을 위해 필수적이기 때문이다. 모델의 목적은 새로운 서비스를 창출하고 확대하는 것이다. 클라이언트와 잠재적 클라이언트, 지역사회 구성원들의 욕구를 평가함으로써 서비스를 수정할 때도 유용하게 사용될 수 있다. 사회복지사들은 대부분 기관에 소속되어 있으므로 프로그램이 개발된 후에는 프로그램 운영자, 모니터링과 평가자의 역할을 하게 된다.

(6) 정치 · 사회적 행동(Political and social action)

정치 · 사회적 행동 모델의 목표는 취약계층이 사회적 정의를 위한 행동에 나서게 함으로써 정책을 변화시키거나 정책 결정자의 태도와 행동을 변화시키는 것이다. 이 모델은 취약계층이 교육, 취업, 복지 등의 기회를 제한하는 불평등에 도전하고 직접적인 행동에 나서는 전략을 사용한다. 변화를 위한 행동에 참여하는 과정을 통해서 구성원들은 조직화되고 리더십 기술을 발전시킬 수 있다. 이때 공무원들이나 기업들은 정치 · 사회적 행동의 변화 표적이 된다. 직접적 행동에 나서게 하는 동기는 매우 다양하지만, 대부분의 구성원들은 정치적 권력을 획득하는 것과 사회적 정의를 달성할 수 있도록 제도적인 변화를 이루고자 한다. 이 모델에서 사회복지사는 옹호자, 조직가, 조사자, 조정자의 역할을 수행한다.

(7) 연합(Coalitions)

연합의 목적은 다양한 조직들이 자율성을 유지하면서 공통의 이슈에 대해 영향력을 미치기 위해 노력하는 것이다. 연합을 통해 충분한 다조직적(multiorganizationl) 힘을 만들 수 있게 되고, 이를 통해 이슈에 영향을 미칠 가능성이 커진다. 하지만 연합을 형성하기 위해서는 많은 시간과 노력이 필요하며, 반면에 연합은 이슈와 관련된 활동을 하는 동안만 지속할 가능성이 크다. 중요한 이해관계자들이 참여하기 때문에 연합을 형성하고 유지하는 데 많은 헌신이 필요하지만, 연합을 통해 정치적 힘을 형성하고 제도적 변화가 이루어질 가능성이 커진다. 사회복지사들은 연합의 리더 또는 대변인으로 역할을 한다. 연합을 유지하기 위해서 중재와 협상 기술을 통해 긴장의 균형을 찾고 초점을 유지할 수 있다.

(8) 사회운동(Social movements)

사회운동은 민주주의, 개인의 존엄, 소수자의 권리, 빈곤층의 권리, 지속 가능한 개발, 인간의 발전과 자유라는 광범위한 목표를 지지하는 행동에 참여하는 것이다. 우리나라에서는 1980년대부터 시작된 민주화 운동을 정치와 경제의 전 영역에서 민주화를 성취하기 위한 사회운동으로 볼 수 있다(김범수, 2010). 변화를 위한 표적은 일반 대중, 미디어, 정치제도 등이 될 수 있다. 사회복지사들은 사회운동에 자원봉사자 또는 직원으로 참여해 왔다. 사회복지사는 사회운동에서 옹호자이며 촉진자의 역할을 수행한다.

〈표 4-3〉 **웨일과 갬블의 지역사회복지 실천 모델**

모델	원하는 결과	변화를 위한 표적체계	주된 참여자	관심 영역	사회복지사의 역할
근린 지역사회 조직	구성원들의 조직화 능력을 개발; 외부적 개발과 계획의 부정적 영향을 변화시키기	지방정부; 외부 개발자들; 지역사회 구성원들	지역사회주민들	지리적 지역사회에서의 삶의 질	조직가 교육가 코치 촉진자
기능적 지역사회 조직	옹호에 초점을 두고 사회정의를 위한 주민들의 행동과 태도를 변화시키기; 서비스 제공	일반 대중; 정부 조직	지역사회에서 같은 의견을 가진 사람들	특정한 이슈 또는 인구 집단에 대한 옹호	조직가 옹호자 집필가 의사소통자 촉진자
지역사회 사회·경제적 개발	주민의 관점에서 지역사회 개발을 진행; 주민들이 사회·경제적 투자를 활용할 수 있도록 역량 강화	은행; 재단; 외부의 개발 관련 단체; 지역사회 주민들	저소득, 주변부 집단 또는 억압받는 계층	소득, 자원, 개발에 대한 사회적 지지; 기초 교육 수준과 리더십 기술 향상	협상자 촉진자 교육자 계획가 관리자
사회계획	선출된 조직 또는 휴먼 서비스 조직에 의한 계획	지역사회 지도자들의 관점; 휴먼서비스 지도자들의 관점	선출직 공무원들; 지역사회 조직 및 협의회 등	지역사회 계획을 통해 사회적 욕구를 통합; 휴먼서비스 네트워크 조정	조사가 제안서 작성자 의사소통자 관리자
프로그램 개발과 지역사회 연계	지역사회 서비스의 효과를 증진시키기 위한 조직의 확대와 방향 재설정; 신규 서비스의 조직	기관 프로그램 후원자들; 기관 서비스의 수혜자들	기관 이사회 또는 행정가들; 지역사회 대표자들	특정 인구 집단을 위한 서비스 개발	대변인 계획가 관리자 제안서 작성자
정치·사회적 행동	정책 또는 정책 결정자들의 변화에 초점을 둔 사회적 정의를 위한 행동	유권자들; 선출직 공무원들; 잠재적 참여자들	정치적 권리를 가진 시민들	정치적 권력의 형성; 제도적 변화	옹호자 조직가 조사자 조정가
연합	정책의 방향 설정 또는 자원에 영향을 미칠 정도로 충분한 다조직적 권력을 구축하기	선출직 공무원들; 재단; 정부기관	특정한 이슈에 대한 권한을 가진 조직들	사회적 욕구 또는 관심과 연관된 특정 이슈	중재자 협상가 대변인

사회운동	특정한 인구 집단 또는 이슈에 대해 새로운 패러다임을 제공하는 사회적 정의를 위한 행동	일반 대중; 정치 제도	새로운 비전과 이미지를 창출할 수 있는 조직과 리더들	사회적 정의	옹호자 촉진자

출처: Weil, M. O. (1996). "Model development in community practice: An historical perspective". *Journal of Community Practice, 3*(3/4), 5-67.

4) 포플의 모델

포플은 영국의 경험을 바탕으로 8개의 지역사회복지 실천 모델을 제시하였다. 포플 또한 모델들이 완전히 구분될 수 있는 것이 아니고, 오히려 모델들 사이에 어느 정도 중복된 부분이 있다고 본다. 포플의 모델은 '보호'를 강조한 모델부터 '행동'을 강조한 모델까지 일련의 연속선상에 있는 것이 특징이다.

(1) 지역사회보호(Community care)

지역사회보호 모델은 노인이나 장애인, 아동 등 돌봄이 필요한 대상을 위해 네트워크를 형성하고 자원봉사서비스를 제공한다. 지역사회 내에 존재하는 돌봄에 대한 욕구에 대해 자조의 개념을 통해 접근하며 주민들이 자원봉사활동을 통해 지역사회 돌봄 활동에 참여하도록 한다.

지역사회보호 모델에서는 돌봄 활동이 일반 주민인 자원봉사자들에 의해 수행되기 때문에 자원봉사자들에 대한 훈련을 통해 돌봄을 제공할 때 신뢰성을 유지할 수 있도록 해야 한다. 또한 대부분의 돌봄 자원봉사활동이 가족이나 이웃, 친구에 의해 이루어지고, 무급으로 돌봄 대상자의 가정 내에서 이루어진다는 점에서, 무급노동에 참여하는 자원봉사자에 대한 보상과 근무 환경에 대해서도 관심을 기울여야 한다. 지역사회보호 모델은 가족주의 이데올로기를 따른다는 점에서 비판을 받아 왔으나 영국에서는 지역사회복지실천의 역사에서 중요한 실천 모델의 하나로 자리매김되어 왔다.

(2) 지역사회조직(Community organization)

지역사회조직 모델은 다양한 사회복지기관들 사이의 조정을 위한 수단으로 사용된다. 서비스 제공 기관들 사이의 조정을 통해 서비스의 중복을 막고 자원의 부족을 예방할 수 있으며, 이를 통해 보다 효과적이고 효율적인 복지서비스 제공이 가능하다. 예를 들자면 지역사회보장협의체 내에서 사회복지기관들이 서비스를 조정하고, 클라이언트와 서비스 명단을 공유하는 것 등이 해당될 수 있다.

(3) 지역사회개발(Community development)

지역사회개발 모델은 지역사회 주민들의 삶의 질을 개선하기 위한 기술과 자신감을 획득할 수 있도록 돕는 것과 관련되어 있다. 이 모델에서는 교육을 통해 자조를 촉진하는 것을 강조한다. 지역사회 주민들은 지역사회가 경험하고 있는 문제와 욕구를 확인하고, 이 과정에서 문제 해결을 위한 행동에 나설 수 있다.

(4) 사회 · 지역사회계획(Social·community planning)

사회 · 지역사회계획 모델은 국가와의 파트너십을 통해 지역사회를 더 나은 상태로 만들고자 한다. 사회계획을 통해 지역사회에 도움이 되는 프로그램과 정책을 개발할 수 있지만, 의사 결정자들이 합리적인 방식으로 지역사회 구성원들에게 이익이 되는 선택을 하지 않을 가능성이 있다는 한계를 지적할 수 있다.

(5) 지역사회교육(Community education)

지역사회교육 모델은 교육과 지역사회를 좀 더 가깝고 평등한 관계로 만들고자 하는 시도로, 브라질의 교육사상가인 파울 프레이리(Paul Freire)의 영향을 받아 발전되었다. 프레이리는 교육을 통해 사람들이 자신의 경험, 꿈, 가치, 역사를 의미있게 하고 그들이 처한 상황에 대한 근본적인 변화를 이끌 수 있다고 보았다. 교육의 과정은 '문제 해결'보다는 '문제를 인식'하는 과정에 가깝다. 주민들은 교육을 통해 자신이 처한 상황을 인식하고, 그들이 처한 사회적 관계를 변화시키기 위한 힘과 능력을 가질 수 있다(Freire, 1981).

(6) 지역사회행동(Community action)

지역사회행동 모델은 지역사회에 계급 갈등이 존재한다고 전제하며, 권력자들과 협상하기 위해서 갈등과 직접행동 및 대결 전략을 사용한다. 지역사회행동 모델은 국가와 긴장 관계를 형성할 수밖에 없으나, 대다수의 사회복지사들이 국가에서 보조금을 받는 기관에 고용되어 있기 때문에 지역사회행동 활동가의 역할과 사회복지사의 역할이 융합되기 어렵다(Tomas, 1983).

(7) 여성주의 지역사회사업(Feminist community work)

여성주의 지역사회사업은 1960년대 이후 여성주의 이론을 통해 발전되었다. 여성주의 지역사회사업은 여성의 복지를 향상시키고 성별 불평등을 가져오는 사회적 요소들을 변화시키는 것을 목표로 한다. 많은 사회복지실천이 개인적이거나 지역적인 이슈에 초점을 두는 반면, 여성주의 지역사회사업은 좀 더 넓은 범위에서의 여성주의적인 실천과 이론적 관심에 초점을 둔다.

(8) 인종차별철폐 지역사회사업(Black and anti-racist community work)

지역사회에서 흑인 등 유색인종에 대한 차별은 교육, 주거, 건강, 고용 등과 관련된 다양한 영역에서 일어난다. 인종차별철폐 지역사회사업은 캠페인이나 자조집단 구성, 직접행동, 보충적인 지원을 제공함으로써 유색인종들로 구성된 지역사회의 욕구를 충족시키고 인종차별에 도전한다.

〈표 4-4〉 **포플의 지역사회복지 실천 모델**

모델	전략	사회복지사의 역할
지역사회보호	지역사회 네트워크와 자원봉사 서비스 개발 자조 개념을 발전시키기	조직가 자원봉사자
지역사회조직	다양한 사회복지기관들 사이의 조정	조직가 촉매자 관리자

지역사회개발	삶의 질을 향상시키기 위한 기술과 자신감을 획득하기 위한 집단을 유지하기 활동적 참여	조력자 지역사회 활동가 촉진자
사회 · 지역사회 계획	사회적 조건, 목적, 우선순위에 대한 분석, 서비스와 프로그램 적용과 평가	조력자 촉진자
지역사회교육	교육을 통해 지역사회를 좀 더 가깝고 평등한 관계로 만듦	교육자 촉진자
지역사회행동	계급에 기초하고, 갈등에 초점을 둔 직접적 행동	활동가
여성주의 지역사회사업	여성의 복지 향상 여성에 의해 불평등을 제거하고 도전하기 위한 집합적인 복지행동	행동가 조력자 촉진자
인종차별철폐 지역사회사업	유색인종의 욕구를 지원하기 위한 집단을 설립하고 운영 인종차별에 도전	행동가 자원봉사자

출처: Popple, K. (1996). Community work: British models. *Journal of Community Practice, 3*(3/4), 147-181.

3. 지역사회복지 실천 모델의 활용

앞서 제시한 지역사회복지 실천 모델들은 대표적이고 주요한 실천 모델의 내용만을 다루고 있다. 그러나 로스만이 지적한 것처럼 실제 지역사회복지 실천현장에서는 다양한 모델들의 조합이 필요할 수도 있고, 모델들이 실천의 단계별로 적용될 수도 있다. 즉, 실천 모델들은 지역사회복지실천을 위한 방법을 안내할 수는 있으나, 특정한 상황에서 사용하는 모델이 고정되어 있지 않다(Rothman, 1979). 지역사회복지 실천 모델을 실제 지역사회에서 활용할 때 고려해야 할 점은 다음과 같다.

첫째, 사회복지사는 지역사회복지 실천 과정을 성공적으로 이끌기 위해서 혼합적 접근을 사용할 수 있는 전문가일 필요가 있다. 일반적으로 사회복지사는 본인이 속해 있는 조직의 철학이나 사명에 따라 실천 모델을 결정하게 된다. 본인이 속해 있는 조직이 사회운동을 사명으로 하는 경우 대항 전략을 주로 사용하는 사회행동 모델을 사용할 가능성이 클 것이다. 조직의 철학이나 사명을 고려하지 않아도 되는 상황이라면, 구성원들의 선호나 문화적 가치, 이슈의 종류, 윤리적 문제 등을 고려하여 적절한 실천 모델을 선택하게 된다. 사회복지사는 실천 모델을 선택할 때 다음의 요소들을 고려할 수 있다(Hardina, 2002).

① 구성원들의 선호: 구성원들의 욕구와 문화적 가치
② 사회복지사 개인의 선호: 사회복지사가 가진 이론적 틀, 사회복지사 자신의 개성
③ 이슈 또는 상황: 지역사회의 문제 또는 상황
④ 다양한 전략과 전술을 사용하는 상황의 윤리적 문제: 실천 전략의 윤리적 영향

둘째, 앞서 실천 모델 선택 시 고려해야 할 요소에서도 언급했지만, 사회복지사는 실천 과정에서의 상황을 이해하고 행동을 제안하기 위해 사회 구조에 대한 이론적 견해를 가지고 있어야 한다. 체계이론이나 생태학적 이론에 익숙한 사회복지사들은 지역사회개발 모델을 선호할 것이다. 만약 데이터를 활용하여 합리적인 대안의 선택이 가능하다고 믿는다면 사회계획 모델이 최선의 선택이 될 것이다. 반면 사회가 쉽게 권력을 포기하지 않는 엘리트 집단으로 구성되어 있다고 믿는 사회복지사들은 사회행동 모델을 선택할 가능성이 크다.

〈표 4-5〉 **사회이론과 지역사회복지 실천 모델의 연결**

이론	체계이론 생태학적 이론	갈등이론 권력의존이론 사회운동이론	합리이론 문제해결 모델
모델	지역사회개발	사회행동	사회계획

출처: Hardina, D. (2002). *Analytical Skills for Community Organization Practice*. Columbia University Press를 수정.

셋째, 지역사회복지 실천 모델은 다양한 시대적 · 상황적 요구를 반영하여 조정되어야 한다는 것을 명심할 필요가 있다. 우리나라에서도 지역사회복지 실천 모델의 사용은 역사적으로 사회적 · 정치적 환경의 변화에 따라서 영향을 받아 왔다. 우리나라에서 한국전쟁 이후 1970년대까지는 전후의 경제적 위기를 극복하기 위해 지역사회개발 모델이 강조되었다. 예를 들어, 새마을운동은 주민 주도가 아닌 정부가 주도한 관 중심의 사업이었다는 점에서 한계가 있지만, 지역사회 주민의 의식개선 및 환경 개선을 목표로 하였다는 점에서 지역사회개발 모델의 한 형태로 볼 수 있다. 1980년대 이후에는 민주화 과정에서 비주류에 머물던 사회행동 모델이 우세해지고 각종 사회복지 운동단체들의 활동과 지역주민운동이 활성화되었다. 이때 시민사회의 다양한 이슈들, 예를 들어, 인권, 복지, 환경, 여성, 청소년 문제들이 공론화되고 사회행동적 전략을 사용한 활동을 통해 제도화되었다. 예를 들어, 1999년 「국민기초생활보장법」이 제정되어 우리나라 빈곤 정책에 획기적인 변화가 있었던 것도 사회복지 운동단체들의 사회행동 모델에 기반한 활동의 중요한 성과로 볼 수 있다. 최근에는 사회복지사업의 확대 경향과 더불어 공공전달체계의 개편 등 정부 주도의 사회복지사업이 확대되면서 공공조직의 행정가와 사회복지 전문가를 중심으로 하는 사회계획 모델이 강조되고 있다.

넷째, 지역사회복지 실천 과정에서 주민들과 이해관계자들의 적극적인 참여가 요구됨에도 불구하고, 전문가들에 의해 실천 모델이 일방적이거나 미리 결정되는 경우가 많다. 그러나 지역사회복지 실천 과정을 전문가들이 일방적으로 주도하는 것은 주민들의 참여를 최소화시키는 결과를 가져올 수 있다. 오히려 최근에는 지역사회 내에 다양한 이해단체들이 출현하면서 지역사회 실천 과정에 참여하고 의사결정 권한을 요구하는 경우가 많아지고 있다. 따라서 지역사회복지 실천 모델을 선택할 때에는 다음과 같은 원칙을 준수해야 한다(Boehm & Cnaan, 2012).

① 지역사회의 변화 과정을 안내하는 실천 모델은 현실을 반영한 것이어야 한다.
② 실천 모델의 주요 구성 요소들은 '이미 결정된 선택(off the shelf package)'이

기보다는 지역사회에 대한 지식과 조사를 통해서 획득되어야 한다.

③ 실천 모델은 모든 지역사회 이해관계자가 참여하는 토의 과정을 통해서 도출되어야 한다.

④ 실천 모델은 지역사회의 지식과 실천 경험에 기초한 담론적이고 성찰적인 과정이어야 한다.

⑤ 실천 모델은 유연해야 하고, 적용 과정에서 필요하다면 역동적 변화를 허용해야 한다.

⑥ 실천 모델에는 지역사회 변화에 대한 모든 이슈가 포함되어야 한다.

참고문헌

강철희, 정무성(2006). **지역사회복지실천론**. 경기: 나남출판.

김범수(2010). **지역사회복지론**. 경기: 학현사.

김욱진(2011). 한국 지역복지사업의 어제와 내일: 산업화, 민주화에서부터 신자유주의까지. **상황과 복지 31**, 7-46.

박현희(2008). 한국의 참여민주주의 정치과정과 효과: "과천시보육조례개정운동"과 "전남학교급식조례제정운동" 사례 비교 연구. **기억과 전망**, 18, 307-367.

함철호(2019). **한국지역사회복지론: 이론과 사례**. 서울: 학지사.

Boehm, R. A., & Cnaan, R. A. (2012). "Towards a practiced-based model for community practice: Linking theory and practice". *Journal of Sociology & Social Welfare*, *XXXIX*(1), 141-168.

Burghardt, S. (1979). Tactical use of group structure and process in community organizations. In F. Cox, J. Erlich, J. Rothman, & J. Tropman (Eds.), *Strategies of community organization* (3rd ed., pp. 112-137). Itasca, IL: Peacock Press.

Burghardt, S. (1982). *The other side of organizing*. Cambridge, MA: Schenkman.

Forester, J. (1989). *Planning in the face of power*. Berkeley: University of California Press.

Freire, P. (1981). *Pedagogy of the oppressed*. New York: Continuum Press.

Grosser, C. F., & Mondros, J. (1985). Pluralism and participation: The political action approach. In Taylor and Roberts (Eds.), *Theory and practice of community social work*. New York: Columbia University Press.

Hardina, D. (1997). "Empowering students for community organization practice: Teaching confrontation tactics". *Journal of Community Practice, 4*(2), 51-63.

Hardina, D. (2002). *Analytical Skills for Community Organization Practice*. Columbia University Press.

Hyde, C. (1989). "A feminist model for macro-practice: Promises and problems". *Administration in Social Work, 13*, 145-181.

Hyde, C. (1994). "Commitment to social change: Voices from the feminist movement". *Journal of Community Practice, 1*(2), 45-63.

Mondros, J., & Wilson, S. (1994). *Organizing for power and empowerment*. New York: Columbia University Press.

Netting, E., Kettner, P., & McMurty, S. (1993). *Social work macro practice*. New York: Longman.

Popple, K. (1996). "Community work: British models". *Journal of Community Practice, 3*(3/4), 147-181.

Rivera, E., & Erlich, J. (1998). *Community organizing in a diverse society* (3rd ed.). Boston: Allyn & Bacon.

Ross, M. G. (1955). *Community organization: Theory and principles*. New York: Harper & Brother.

Ross, M. G., & Lappin, B. W. (1967). *Community Organization: Theory, Principles, and Practice*. New York: Harper & Row.

Rothman, J. (1968). *Three models of community organization practice*. New York: Columbia University Press.

Rothman, J. (1974). *Planning & organizing for social change: Action principles from social science research*. New York: Columbia University Press.

Rothman, J. (1979). Three models of community organization practice: Their mixing and phasing. In F. M. Cox, J. L. Erlich, J. Rothman, & J. E. Tropman (Eds.), *Strategies of community organization* (4th ed., pp. 25-45). Itasca, IL: F.E. Peacock.

Rothman, J. (1996). "The interweaving of community intervention approaches". *Journal of Community Practice, 3*(3/4), 69-99.

Rothman, J., & Zald, M. N. (1985). Planning theory in social work community practice. In Taylor & Roberts (Eds.), *Theory and practice of community social work* (pp. 125-133). New York: Columbia University Press.

Taylor, S. H., & Roberts, R. (1985). *Theory and practice of community social work*. New York: Columbia University Press.

Thomas, D. N. (1983). *The Making of Community Work*. London: George Allen & Unwin.

United Nations (1955). *Social Progress through Community Development*. New York: United Nations.

Warren, R. (1971). Types of purposive social change at the community level. In R. Warren (Ed.), *Truth, love, and social change* (pp. 134-49). Chicago: Rand McNally.

Weil, M. O. (1996). "Model development in community practice: An historical perspective". *Journal of Community Practice, 3*(3/4), 5-67.

Weil, M. O., & Gamble, D. N. (1995). Community practice models. In R. L. Edwards & J. G. Hopps (Eds.), *Encyclopedia of Social Work* (19th ed., pp. 577-593). Washington, DC: NASW.

제5장

지역사회복지 실천 과정

지역사회복지 실천 과정은 사회복지사가 체계적으로 개입하여 지역사회 문제를 발견하고 해결하는 과정(problem-solving process)이다. 이 실천 과정은 다양한 이론적 기반을 토대로 하며, 실천 과정의 각 단계는 복잡하고 다양한 접근법을 포함한다. 이를 이해하는 것은 성공적인 지역사회복지실천에 필수적이라 할 수 있다. 사회복지사는 구체적인 단계와 활동을 통해 지역사회의 변화를 추구한다. 지역사회복지 실천 과정에 관한 이론은 Dunham, Perlman과 Gurin(홍현미라 외, 2010), Kettner 외(1985) 등이 있는데, 이 책에서는 여러 학자의 이론을 재구성하여 단계를 총 네 단계로 구분하였다.

사정 단계	계획 단계	실행 및 점검 단계	평가 및 종결 단계
• 주민 욕구 조사 • 환경에 대한 조사 • 문제 정의 • 문제 원인 분석	• 문제 및 개입의 우선순위 결정 • 목적 및 목표 설정 • 활동 계획서 작성 • 전략 및 해결 방법론 선택 • 자원 및 예산 계획 • 협력체계 구축	• 계획된 프로그램/서비스 제공 • 인적 · 물적 · 재정 자원 동원 • 참여자와 상호작용 • 협력 및 파트너십 강화 • 갈등 조종 및 관리 • 모니터링과 피드백	• 평가 • 결과 보고 • 종결

[그림 5-1] 지역사회복지 실천 과정

첫 번째 단계는 사정 단계(문제 정의 및 원인 분석)이고, 두 번째 단계는 계획 단계(목적 및 목표 설정, 실행 계획, 자원 및 예산 계획)이다. 세 번째 단계는 실행 및 점검(monitoring) 단계이며, 네 번째 단계는 평가 및 종결 단계이다. 각 단계를 더 구체적으로 설명하면 다음과 같다.

1. 사정 단계

지역사회복지실천의 사정(assessment) 단계는 지역사회 문제를 깊이 이해하고, 이를 해결할 수 있는 구체적인 자원과 전략을 수립하기 위한 기초 작업이라 할 수 있다. 우선 발견한 지역사회 문제를 명확히 규명하고, 그 문제에 대한 원인 분석, 이를 해결하기 위한 자원과 요구를 분석하는 중요한 지역사회복지실천의 출발점이라 할 수 있다. 이 단계는 지역사회 욕구 사정을 통해 지역사회계획의 구조와 의사 결정의 방향성을 제시할 수 있다는 점에서 매우 중요하다(Lamnert & Black, 2001).

정확하고 철저한 사정은 이후의 모든 개입 과정에서 실질적인 개입 방향이 결정되므로, 중요한 역할을 하게 된다. 더 나아가 문제 해결의 성공 여부를 좌우할 수 있다. 이를 위해 사회복지사는 지역사회의 자원과 강점, 문제점 및 욕구를 조사하고 분석한다. 이를 위해 인터뷰, 설문조사, 포커스 그룹, 자료 분석 등의 다양한 방법을 사용할 수 있다.

1) 사정의 목적

사정의 목적은 지역사회 구성원의 관심사, 자원 상태, 현존하는 서비스 전달체계 현황 등(Lamnert & Black, 2001) 지역사회 문제 해결에 필요한 자원 및 강점, 그리고 문제와 관련한 주민(구성원)의 욕구를 파악하는 것이다. 사회복지사는 사정 활동을 통해 지역사회 내에서 어떤 문제를 해결해야 하는지, 어떤 자원을 활용할 수 있는지에 대한 명확한 이해를 제공하여야 한다.

2) 문제 정의

문제 정의는 지역사회 내 바람직하지 못한 사회적 조건, 그 사회적 조건과 관련한 사람들의 욕구를 조사하여 문제의 특성을 파악하는 것이다. 문제 정의에 필요한 내용은 문제와 관련된 사람, 문제의 범위, 문제의 특성 등이다.

(1) 관련된 사람의 파악

사회복지사는 문제와 관련된 당사자들과 폭넓게 대화를 나누어야 한다. 개입하게 될 문제에 얽힌 여러 집단의 이해관계나 주관적인 인식 및 해석 등을 파악함으로써 문제를 정의할 수 있다(Kettner et al., 1985). 홍현미라(2016) 연구의 C재단에서 진행한 어촌 지역 '구룡포 마을' 사례에서 보면, 구룡포 마을 대부분의 주민이 불규칙한 어업에 종사하고 일용직 생계형 세대수 비율이 높아 자신의 자녀 양육을 개인적으로 해결하기 힘든 상황이었다. 이에 사회복지사는 아동 발달 지원을 위한 '아동복지위원회'를 조직하였다. 위원회에서는 '우리 아이는 우리가 지킨다'는 슬로건하에 아동복지위원으로 수협 조합원, 어판장 중매인, 농장 대표 등 구룡포 마을의 토착민으로 구성하였다.

(2) 문제의 범위 설정

이 시기 사회복지사는 드러난 문제의 경계를 정하고 개입할 수 있는 범위를 설정해야 한다. 문제 범위의 내용으로는, 첫째, 문제 해결의 지리적인 단위 결정(조직, 기초 단위, 광역 단위 또는 전국 단위 중 결정), 둘째, 문제 해결의 차원(개인적 문제, 집단 간 문제, 사회, 제도적 문제 중 결정), 셋째, 상황의 결정적인 변수 파악, 넷째, 구체적인 표적체계(조직들, 지역사회 체계, 또는 하부 체계 등) 등이다(Kettner et al., 1985). 초기의 범위 설정은 융통성 있고 개방적으로 하는 것이 바람직하다. 쿠비쉬(Kubisch, 2005)는 빈곤아동의 문제 사정 시, 근린지역사회 단위 설정, 가족의 빈곤소득, 지역사회 수준에서의 안정성 문제 등을 사정하였다. 따라서 변화 목표를 거주하는 근린지역사회 내의 가족체계의 소득 향상, 지역사회 체계에서의 사회자본 향상을 통한 안전성 확보 등으로 설정하였다.

(3) 문제의 특성 파악

지역사회 내에서 어떤 문제가 발생하고 있는지, 그 문제의 범위와 심각성은 어느 정도인지 파악하는 것이 핵심이다. 문제의 특성을 파악하기 위해서는, 첫째, 문제의 복잡성 정도, 둘째, 문제에 대한 감정적 개입의 정도, 셋째, 문제의 확산 정도, 넷째, 문제 해결의 긴급성, 다섯째, 문제의 지속성 등을 알아야 한다(Kettner et al., 1985).

3) 문제 원인 분석

사회복지사는 문제의 원인과 역동성 및 의미를 명확히 밝혀내야 한다. 문제 원인은 문제가 지닌 기술적 측면과 대인관계적 측면에서 분석되어야 한다.

(1) 기술적 측면에서의 원인 분석

사회복지사는 문제에 내재된 논리를 밝히는 기술적 측면(technical aspects)의 과업을 수행해야 한다. 이 과업은 문제 원인의 체계성과 합리성에 초점 두고 문제와 관련한 인과관계를 밝히는 것이다. 이때 문제 원인이 개인적 차원인지, 지역사회 차원인지, 사회 · 구조적 차원인지를 명확히 하여야 한다. 기술적 측면에서 문제의 원인을 분석하는 데는 이론적 틀이 필요하다(홍현미라 외, 2010).

- 선택한 이론이 문제와 관련한 자료를 수집하도록 현실 가능한가?
- 실증적 검증이 가능한가? 가능하다면 그 내용은 무엇인가?
- 활용 가능한 이론적 틀 중 어떤 것이 참가자들의 가장 중요한 가치, 신념, 그리고 조직이나 지역사회의 지각, 참가자들의 변화 등과 가장 잘 어울릴 수 있는가?
- 어떠한 틀이 상황의 중요한 측면들을 제기할 수 있도록 하는 광범위한 사건

들에 적용 가능한가?

- 활용 가능한 이론적 틀 중 어떤 것이 생산적인 개입을 이끌어 낼 수 있는가?
- 어떤 틀이 가장 단순하고 논리적인 설명을 제공하는가?
- 어떤 틀이 내적인 일치성을 가지는가?

(2) 대인관계적 측면에서의 원인 분석

문제 원인을 대인 관계적 측면에서 분석한다는 것은 문제의 가치와 선호를 고려하여 곧 실행하게 될 실천에 대해서 문제 관련한 사람들이 지지할 것인지 반대할 것인지를 예측하는 작업이다. 또한 정치적 · 경제적 사항을 살펴보아야 한다(Kettner et al., 1985). 자원의 이용 가능성, 정치적 분위기, 일반 대중과 지도자의 인식 정도 등은 문제의 분석과 그 함의를 수용하는 데 많은 영향을 끼친다. 이를 위해서, 첫째, 제안된 변화가 다른 체계들에 불러일으킬 파급에 대한 사정을 해야 한다. 둘째, 사회적 재가(sanction)의 획득에 대한 사정을 해야 한다. 셋째, 경제적 자원에 관한 사정도 하여야 한다. 마지막으로, 지지의 구축과 반대의 최소화해야 한다.

4) 주민의 욕구 조사

지역사회의 문제 당사자에 대한 욕구를 체계적으로 조사하고, 이로부터 긴급한 문제와 장기적으로 해결해야 할 문제를 파악한다. 이들이 직접적으로 겪는 어려움과 욕구를 구체적으로 확인하고, 이를 해결 방안을 모색한다. 주민의 욕구 조사(needs assessment)는 단순히 자료를 조사하는 것에 그치지 않고, 지역사회 기관이나 토착 지도자를 찾아 나서는 과정이며, 자신들의 존재를 알리고, 당사자의 목소리를 듣는 과정이어야 한다(홍현미라, 2016).

5) 환경에 대한 사정

(1) 자원 사정

지역사회 내의 인적·물적 자원을 확인하고, 이러한 자원을 어떻게 활용할 수 있을지를 분석한다. 중요한 것은 활용 가능한 자원인지를 파악하는 것이다. 이런 의미에서 자원 사정(resources assessment)은 문제 해결에 필요한 자원을 효과적으로 동원하기 위해 필수적이라 할 수 있다. 예를 들어, 공공 기관, 비영리 단체, 자원봉사자, 지역 내 사업체 등에 대한 내용이 포함될 수 있다.

(2) 환경 분석

문제에 영향을 미치는 지역사회를 둘러싼 물리적·정치적·경제적 및 사회적·문화적 환경을 분석하여 문제의 원인을 보다 깊이 이해한다(Kettner et al., 1985; Ronnby, 1995).

① 물리적 환경

공원이나 주택 유형 또는 도로 등의 지역사회의 공공 인프라 상태를 분석하여 물리적 환경이 지역사회 문제에 미치는 영향을 조사한다. 예를 들어, 주택 부족 문제나 열악한 주거환경은 가정 내 갈등 문제와 밀접한 관련이 있을 수 있다.

② 정치적 환경

지방정부의 정책, 예산 편성, 법적 제약 등을 분석하여 지역사회 문제 해결에 어떤 정치적 요인이 작용하고 있는지 평가한다.

③ 경제적 환경

실업률이나 빈곤율과 같이 지역사회의 경제적 상태를 파악하고 그로 인해 발생하는 문제, 즉 저소득 가구의 생활 문제 등을 분석한다.

④ 사회적 · 문화적 환경

지역사회의 오래된 전통이나 관습 등 사회적 · 문화적 특성을 조사하여 사회문제 해결에 영향을 미치는 요소를 분석한다.

6) 사정의 주요 방법

(1) 자료 수집 방법

사회복지사는 다양한 자료 조사 방법을 통해 객관적인 자료를 확보해야 한다. 자료 수집 방법으로는 주요 정보제공자(key informants approach) 인터뷰, 지역사회 공청회(community forum), 사회지표(social indicators) 활용, 설문조사(community survey)(홍현미라 외, 2010), 포커스 그룹(focused group) 인터뷰, 기존 통계 자료 활용 등이 있다.

① 1차 자료

사회복지사가 직접 조사한 자료로, 지역사회 주민들과의 인터뷰, 포커스 그룹 인터뷰, 설문 조사 등을 통해 수집된다.

- 인터뷰: 주민, 지역 내 기관 관계자, 전문가들과의 인터뷰를 통해 직접적인 문제와 요구 사항을 파악할 수 있다.
- 포커스 그룹(focus group) 인터뷰: 여러 주민이 참여하는 그룹 인터뷰 방식으로, 특정 문제에 대한 다양한 의견을 수집하고 종합적으로 분석한다.
- 설문조사: 다수의 주민에게 설문을 통해 문제 인식, 욕구, 기대 등을 조사할 수 있다. 이는 특히 표준화된 자료를 수집하고 싶을 때 유용하다.
- 욕구사정: 지역사회 주민들이 필요로 하는 서비스나 자원의 종류와 수준을 조사하고 분석하는 과정이다.
- 주민 회의 및 공청회: 주민들이 한자리에 모여 문제를 논의하고 의견을 나눌 수 있는 공개 회의를 개최한다. 이는 다양한 목소리를 수렴하는 중요한 기회

가 될 수 있다.

- 커뮤니티 지도 제작(Community Mapping): 주민들이 직접 자신의 지역사회 문제와 자원을 지도에 표시하고 시각화하여, 문제의 지리적 분포를 파악한다. 이는 특히 자원 부족 지역이나 서비스 취약 지역을 찾는 데 유용하다.

② 2차 자료

기존에 수집된 자료나 통계 데이터를 분석하는 방법이다. 예를 들어, 정부 기관, 지역사회 연구소, 비영리 단체가 제공하는 데이터베이스, 통계 자료, 보고서 등이 있다.

- 통계 자료: 인구학적 통계 자료, 경제 상황에 대한 지표, 교육 수준, 범죄율, 건강 지표 등을 분석하여 지역사회의 전반적인 상황을 파악한다.
- 기존 연구 및 보고서: 유사한 지역사회 문제를 다룬 연구나 보고서를 분석하여, 문제 해결에 대한 선례나 전략을 참고할 수 있다.
- GIS(지리정보 시스템) 활용: 문제의 공간적 분포를 시각적으로 파악하기 위해 GIS 데이터를 사용한다. 예를 들어, 범죄율이 높은 지역이나 저소득층이 집중된 지역을 시각적으로 표시하여, 문제의 지리적 범위를 명확히 규명할 수 있다.

7) 사정 결과의 활용

사정 활동이 완료되면 그 결과를 바탕으로 개입하고자 하는 문제의 우선순위를 설정하고, 어떤 문제를 가장 먼저 해결할지, 어떤 자원을 동원할지 등을 결정하게 된다. 사정 결과는 다음 단계인 계획(Planning) 단계로 이어지며, 구체적인 실천 전략을 수립하는 데 중요한 자료로 활용될 것이다. 또한 사회복지사가 사정 결과를 주민들과 공유하여, 주민들이 문제해결 과정에 더 깊이 관여하도록 주민 참여를 촉진할 수 있다.

저소득층 청소년 문제 해결을 위한 사정 사례

- 상황: A 지역사회에서 저소득층 청소년들이 학교에서의 성취도가 낮고, 방과 후에 안전한 환경을 제공받지 못해 비행 행동을 보이는 사례가 빈번하게 발생하였다.
- 사정 활동
  - 자료 수집: 청소년, 학부모, 학교 관계자와의 인터뷰를 통해 청소년들이 방과 후에 갈 곳이 없다는 사실을 발견하였다. 또한 지역 내 통계 자료를 분석한 결과, 저소득층 가정의 경제적 어려움과 방과 후 프로그램 부족이 문제가 되고 있다는 것을 확인하였다.
  - 욕구 사정: 지역사회 청소년들이 방과 후에 의미 있게 시간을 보낼 수 있는 안전한 공간과 교육적 지원이 필요하다는 욕구가 도출되었다.
  - 자원 사정: 지역사회에 비영리 단체가 운영하는 커뮤니티 센터가 있었으나, 인프라와 자원이 부족해 충분한 서비스를 제공하지 못하고 있었다.
- 결과: 이 단계에서 청소년들이 방과 후에 참여할 수 있는 프로그램이 부족하고, 경제적 자원이 부족한 가정에서 교육적 지원이 필요하다는 결론이 도출되었다. 이를 해결하기 위한 개입이 필요하다는 점이 명확해졌다.

도시 빈민 지역에서의 주거 문제 사정

- 사정 목표: 저소득층 거주 지역에서 주택 문제를 해결하기 위한 사정.
- 사정 방법: 주민 인터뷰, 설문조사, 지역 정부의 주택 통계 자료 분석, GIS를 통해 주거 환경과 주택 상태를 시각적으로 분석.
- 주요 발견: 주택 노후화, 빈집의 증가, 저소득층 가구의 주택 유지 보수 비용 부담 증가 등 나타남. 또한 주민들이 정부 주택 지원 프로그램 정보가 부재함.
- 사정 결과: 지역사회 내에서 주거 환경 개선이 가장 시급한 문제로 도출되었고, 이를 해결하기 위한 공공 프로그램 홍보와 주택 보수 자금 지원 프로그램의 필요성이 확인됨.

2. 계획 단계

지역사회복지실천에서 계획(Planning) 단계는 사정 단계에서 수집한 정보를 바탕으로 문제 해결을 위한 구체적인 목표를 설정하고, 이를 달성하기 위한 전략과 방법을 수립하는 단계이다. 이 단계는 지역사회의 요구에 맞춘 적절한 개입 방안을 수립하는 데 중요한 역할을 하며, 모든 이해관계자가 참여하고 협력 방안을 마련해야 할 것이다. 계획 단계는 실천 과정의 핵심적인 부분으로, 이후 개입의 성공 여부에 큰 영향을 미칠 수 있다.

1) 문제 및 개입의 우선순위 결정

사정 단계에서 도출된 여러 문제 중, 먼저 해결해야 할 것이 무엇인지 결정해야 한다. 문제의 심각성, 해결 가능성, 자원의 가용성 등을 고려하여 우선순위를 결정한다. 이 과정에서 주민의 참여와 협력이 필수적이기 때문에 사회복지사는 주민들이 느끼는 문제의 긴급성과 중요성을 반영하도록 노력해야 할 것이다.

2) 목적 및 목표 설정

(1) 목적 및 목표 정의

모든 문제해결 과정이란 결국 어떤 목표를 세우고 그 목표를 달성할 최적의 수단을 찾고 실행하는 과정이기 때문에 목적과 목표를 설정하는 단계는 매우 중요하다. 바람직한 미래의 상태, 즉 실천의 방향을 제시해야 하는 목적(goals)은 목표(objectives)보다 광범위하고 추상적으로 서술한다. 이에 비해 목표는 좀 더 구체적이며 측정이 가능한 예측된 결과를 반영하여 서술한다. 목적은 포괄적인 진술로 표현하고 목표는 가시적인 결과를 현실화할 수 있도록 여러 요소를 포함하여야 한다(Kettner et al., 1985).

(2) 목표의 작성 방법

최근 목표를 작성할 때 'SMART' 기법을 많이 사용한다. SMART란 구체적이고(Specific), 측정 가능하며(Measurable), 달성 가능해야 하고(Achievable), 현실적이어야(Realistic), 시간적 틀(Time-frame)을 가져야 한다는 의미를 담는 약자로 구성된 경영기법을 말한다.

- 구체적(Specific): 목표가 명확하고 구체적으로 정의되어 있어야 한다. 예를 들어, '청소년 비행을 줄인다'가 아니라 '1년 내에 청소년 비행률을 10% 줄인다'와 같이 구체적으로 표기하는 것이 보다 정확하다고 할 수 있다.
- 측정 가능(Measurable): 목표 달성 여부를 평가할 수 있는 지표가 있어야 한다. 예를 들어, '참여한 청소년들의 학업 성취도를 5% 향상시키겠다'와 같이 수치적 목표로 표현해야 한다.
- 달성 가능(Achievable): 지역사회의 자원과 역량을 고려하여 달성할 수 있는 목표를 설정해야 한다.
- 현실적(Realistic): 지역사회의 현실과 자원, 참여자의 능력 등을 고려하여 현실적인 목표를 수립한다.
- 시간적 틀(Time-frame): 목표를 달성해야 하는 시점을 명확히 설정해야 한다. 예를 들어, '6개월 안에 프로그램을 시행하고 결과를 평가하겠다'와 같이 기술하는 것이 적절하다.

(3) 목표의 유형

목표는 결과목표(Outcome objectives)와 과정목표(Process objectives) 두 가지 형태로 나눌 수 있다(Kettner et al., 1985). 결과목표는 실천 참여자의 삶의 질에 관한 목표로 그들을 어떠한 상태로 향상시킬 것인가에 관한 내용으로 서술한다. 반면 과정목표는 결과목표를 달성하기 위해서 어떠한 것을 수행해야 하는지에 관한 목표를 말한다. 지역사회복지실천은 결과목표를 통해 측정 가능한 활동으로 재구성되고 외형화 할 수 있다.

3) 활동 계획서 작성

활동 계획은 활동 계획서를 작성하는 일에서부터 시작된다. 활동 계획서에는

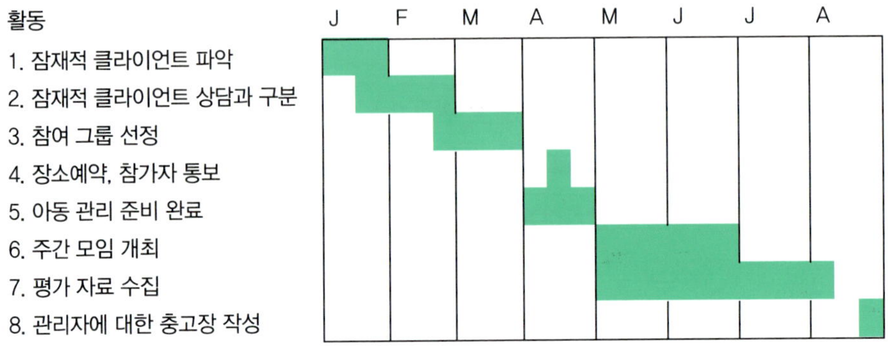

[그림 5-2] **갠트 차트 예시**

앞으로 어떠한 실천을 해야 하는지에 대한 내용이 상세히 기록되어야 한다. 활동 계획서의 형식으로 사회복지계에서 많이 사용하고 있는 것이 갠트 챠트(Gantt chart) 이다. 갠트 차트는 활동과 시간 구조, 두 가지 변수를 X와 Y축으로 구성한다. 보통의 경우 X축에는 시간 구조를, Y축에는 활동 내용을 표시함으로써 활동과 시간에 대한 입체적 사고가 가능해진다. 때로는 X축과 Y축을 바꿔서 표기하기도 하는데 이런 경우 목표 달성의 경로를 보는 데 도움이 된다(Kettner et al., 1985; 홍현미라, 2010 재인용).

4) 전략 및 방법론 선택

사회복지사는 목표를 달성하기 위한 구체적인 방법을 수립해야 하는데 이는 개입 전략을 선택하고, 실행 방법을 구체적으로 계획하는 단계라 할 수 있다. 우리가 하고자 하는 지역사회복지실천이 예방적 접근일지, 문제 해결적 접근일지, 지원적 접근일지 등 주요한 실천 전략을 결정해야 한다. 예를 들어, 청소년 비행 문제를 예방하기 위한 프로그램을 설계할 것인지, 이미 발생한 문제를 해결하기 위한 서비스 제공에 집중할 것인지 등을 결정해야 한다.

지역사회복지 실천 전략으로는 정책 접근 전략, 프로그램 접근 전략, 프로젝트 접근 전략 등이 있다(Kettner et al., 1985).

(1) 정책 접근 전략

정책 접근(Policy Approach) 전략은 자원의 재분배와 관련되기 때문에 중요하다. 특히, 지역사회 수준의 거시적 실천에서 행해지는 정책은 구의회, 시의회, 국회 등의 입법부에 의해 인정되므로 이들 기관의 정책 변화에 민감해야 한다.

최근에는 '마을 만들기'와 같이 지방자치단체의 조례 제정과 맥을 같이해야 하는 실천이 많이 시행된 경험이(민소영, 2013) 있어 정책 접근 전략이 주목받고 있다. 일본의 마치즈쿠리 운동이나 미국의 지역사회 역량 강화 프로젝트(Community Empowerment Zone Project) 등이 정책 접근 전략의 해외 사례이다(홍현미라, 2013).

정책 접근 전략에서는 정책 대상자, 정책 지급 유형, 정책 전달체계, 정책 실행 비용 등의 내용이 구체적으로 결정되어 명시되어야 한다.

(2) 프로그램 접근 전략

프로그램 접근(Program Approach) 전략은 사회복지사들이 가장 손쉽게 선택할 수 있는 전략이다. 이 전략에서는 특별한 욕구를 지닌 클라이언트 집단을 대상으로 개입하여 그들이나 그들의 환경의 변화를 이끌어 내는 방법이다. 따라서 프로그램의 요소에 해당하는 투입, 처리, 산출, 결과에 대한 상세하고 구체적인 실행 방법을 명시해야 한다.

- 투입: 클라이언트 집단에 대한 정의, 문제에 대한 기술 등. 적격성(eligibility), 자원 효용성(resource available), 적절성(appropriateness) 등 기술
- 처리: 제공하게 될 서비스에 대한 명확한 정의와 개입 방법, 서비스 질의 표준화, 서비스 단위 요소 등을 세밀하게 기록
- 산출: 무엇이 산출되는가의 내용
- 결과: 서비스 받은 클라이언트 삶의 질 측면에서 변화 측정

(3) 프로젝트 접근 전략

프로젝트 접근(Project Approach) 전략은 한정된 기간에 외부 자원의 지원을 받아 수행하는 실천 전략이다. 많은 사회복지기관에서 새로운 실천 변화를 만들고자 할 때 사회복지공동모금회와 같은 민간재단의 공모사업에 신청하는 방식으로 프로젝트 접근 전략을 시도한다.

프로젝트 접근 전략은 단기적이고 결과 중심적인 활동으로(Kettner et al., 1985), 1년에서 3년 정도의 계약 기간을 거쳐 구체적인 특정 대상을 변화시키고자 계획하는 방법이다.

5) 자원 및 예산 계획

사회복지사는 지역사회복지실천에 앞서 어떤 자원을 활용할 것인가를 검토하고 계획해야 한다. 이는 지역사회 내에서 활용 가능한 인적 자원, 재정 자원, 물리적 자원을 분석하고 이를 어떻게 동원할지 계획하는 활동을 말한다. 예를 들어, 자원봉사자, 정부 보조금, 지역 기업의 후원 등을 고려할 수 있다.

(1) 자원계획

① 자원계획의 정의

자원 계획 과정은 예산계획서 또는 자원 계획서의 형태로 가시화될 수 있다. 이는 계획을 실행하기 위해 구체적인 자원을 어떻게 얻고 어떻게 사용할 것인가에 대한, 참여자들의 동의가 반영된 문서이다.

② 자원계획의 목적

첫째, 변화 목표와 자원의 연결이 적절하게 설정되었는지 점검

둘째, 지역사회 변화 과정과 같이 거시적 실천 과정에 이용 가능한 자원 안내

셋째, 자원계획을 문서화

넷째, 재정적 관점에서 점검과 평가를 위한 자료 제공

③ 자원계획의 내용

- 자원 계획서에는 우선 변화 목표 달성에 필요한 자원의 종류에 대한 목록
- 필요한 '자원의 적당한 비용'과 같이 각 자원의 종류에 대해서 계량화된 내용 기재

(2) 자원계획 개발 과정

캐트너(Kettner et al., 1985)는 자원계획 개발 과정은 다음과 같이 제시하였다.

① 필요한 자원의 종류 확인

필요한 자원을 분류하고 범주화하여 확인한다. 사회복지사는 가능한 모금 출처와 같은 재정적 정보와 필요한 자원을 어디에서 보유하고 있는지 등을 사전에 확인하여야 한다.

② 필요한 자원의 측정

필요한 자원의 양을 측정하고 확인한다. 여기서 중요한 것은 적정성인데, 이러한 적정성은 항상 정확하고 산출 근거가 있어야 하며 정밀하게 구성되어야 한다.

③ 비용설계

비용설계를 구성하는 항목은 통신비나 주차 요금과 같이 '계산되는 항목'과 자동차 유지 비용이나 프로젝트 장비 사용료와 같이 '추정되는 항목'으로 나눌 수 있다. 이 두 항목 모두에 대한 비용을 구체적으로 산출하여 비용설계를 정확히 하여야 할 것이다.

④ 예산에 대한 조정

합리적인 제한 범위 내에서 다른 항목의 자원을 이용하고 조정할 수 있어야

한다.

⑤ 정당화

구체적인 항목에 대한 자세한 욕구에 대해 '왜 이러한 예산을 산출하였는지', '어떻게 비용이 산출되었는지'를 설명하는 것이 필요하다. 이는 지출의 적합성 여부를 결정하는 근거가 될 것이다.

⑥ 자원 제공자 확인

필요한 자원에 대한 제공자가 누구인지를 정해야 한다. 내부 자원으로 할 것인지(자부담 형태), 아니면 외부 자원으로부터 지원을 받을 것(신청 금액 형태)인지를 정해야 한다.

⑦ 자원 획득

자원 제공자의 요구, 선호, 욕구를 감안하여 그들의 결정에 영향을 미칠 수 있는 자원 계획안(proposal)을 작성한다. 그리고 계획안을 제출한 대상, 즉 자원을 제공할 가능성이 있는 대상들을 검토하여 결정한다.

⑧ 자원활용 계획

계획한 자원의 종류와 양이 현실적으로 타당하지 못할 경우 조정이 필요하다. 새로운 자원을 다시 찾기도 하고 실천가나 클라이언트 또는 자문가로부터 피드백(feedback)을 받아 다시 고안하여야 한다.

(3) 예산 계획 및 자원 확보

계획된 개입을 성공적으로 실행하기 위해서는 적절한 예산과 자원 배분이 필요하다. 사회복지사는 이를 위해 예산을 구체적으로 수립하고, 필요한 자원을 확보 방안을 마련하여야 한다.

① 예산 수립

사회복지사는 앞서 자원계획을 수립하였다면 이제 프로그램 운영에 필요한 재정을 구체적으로 산출하여 예산을 수립하여야 한다. 예를 들어, 자원봉사자의 식비, 학습 교재 비용, 장소 대여비 등을 포함한 예산을 수립한다.

② 자원 확보

정부 보조금, 지역사회 후원, 기부 등을 통해 필요한 자금을 확보하는 방안을 마련한다. 자금이 부족할 경우, 이를 보완할 수 있는 자원봉사자나 협력 기관을 활용할 수도 있다.

6) 파트너십 구축 및 협력체계 마련

계획 단계에서는 지역사회의 다양한 이해관계자들과의 협력체계를 구축하는 것이 필수적이다. 따라서 이 단계에서는 다양한 배경을 가진 사람들의 관여, 비전과 미션 및 목표를 명확화하여야 한다(Fawcett et al., 2001).

사회복지사는 지역 내 공공기관, 비영리 단체, 학교, 기업 등과의 협력을 통해 자원을 공유하고, 공동으로 문제 해결에 나설 수 있는 기반을 마련하여야 할 것이다.

(1) 협력 기관 및 파트너(partner) 선정

지역사회 내에서 관련 문제 해결에 도움을 줄 수 있는 기관이나 조직을 파트너로 선정하고 협력 관계를 구축한다.

(2) 협력체계 구성

지역사회복지기관, 주민조직, 자원봉사단체 등과 협력체계를 구성하여 각자의 역할과 책임을 명확히 한다. 예를 들어, 학교는 장소를 제공하고, 비영리 단체는 프로그램 운영을 맡는 식으로 협력할 수 있다.

파트너십 구축 및 협력체계 마련에 필요한 구체적인 기법은 네트워킹 기법을 참조하면 도움이 될 것이다.

A 지역의 청소년 비행 문제 해결을 위한 계획 수립 단계의 사례

- 문제: A 지역사회에서 청소년 비행 문제가 증가.
- 목표: 1년 내에 청소년 비행률을 10% 감소시키고, 50명의 청소년에게 방과 후 학습 지원과 멘토링을 제공.
- 전략: 방과 후 프로그램 운영을 위한 지방자치단체의 지원 정책 신청, 기관 자체적인 멘토링 프로그램 제공, 청소년 자원봉사 기회 확대.
- 세부 실행 계획
  - 프로그램 운영: 지자체 지원을 받아 지역 커뮤니티 센터에서 주 3회 방과 후 프로그램 운영. 자원봉사자 10명을 모집하여 학습 지원 및 스포츠 활동 제공.
  - 멘토링: 지역 대학교 학생들과 연계하여 주 1회 멘토링 시간을 제공. 청소년들의 롤모델과 대화할 기회를 제공.
  - 자원봉사 기회: 자원봉사센터를 통해 지역 내 청소년들이 자원봉사활동에 참여하도록 독려하고, 봉사활동을 통해 긍정적인 사회적 경험을 쌓게 함.
- 예산: 프로그램 운영 비용(장소 대여, 교재비, 자원봉사자 식비 등) 총 500만 원의 예산 수립. 지원 기업 두 곳의 후원으로 재정 지원을 받고, 나머지는 지역사회 기부와 지자체의 예산을 활용함.

3. 실행 및 점검 단계

지역사회복지실천에서 실행(Implementation) 단계는 계획 단계에서 수립한 목표와 전략을 실제로 실행하는 단계이다. 이 단계는 계획된 프로그램이나 서비스를 제공하며, 지역사회의 문제 해결을 위한 구체적인 활동이 이루어지는 과정이다. 실행 단계의 핵심은 지역사회 구성원, 지역 기관, 사회복지사 등이 협력하여 계획된 활동을 실천에 옮기고, 프로그램의 효과를 극대화하기 위해 지속적으로 조정하고 개선하는 것이다.

1) 실행 단계의 목적

실행 단계의 목적은 실제 문제를 해결하는 것이다. 계획된 프로그램과 활동을 통해 지역사회 문제를 직접적으로 해결하거나 완화한다.

(1) 목표 달성

실행 단계에서는 계획 단계에서 설정한 구체적인 목표를 실행에 옮기고, 목표 달성을 위해 자원과 노력을 집중한다.

(2) 피드백과 조정

개입 과정에서 발생하는 문제나 예상치 못한 상황에 대응하여, 프로그램을 조정하고 개선하는 과정도 이 단계에 포함된다.

2) 실행 단계의 주요 요소

(1) 프로그램 실행

사회복지사는 계획 단계에서 수립된 프로그램을 실행하여야 한다. 이는 프로그램이 원활하게 운영되도록 모든 자원을 투입하고, 실행 과정에서 목표한 대로 프로그램이 진행되는지를 점검하며 조정하는 과정이다. 프로그램이 설계된 대로 운영되는지 확인하기 위해 사회복지사는 지속적으로 모니터링해야 한다.

① 프로그램 시작

프로그램이 시작되면, 참여자 모집, 프로그램 홍보, 일정 조율 등의 활동이 이루어진다. 예를 들어, 방과 후 학습 지원 프로그램을 운영하는 경우, 참여할 아동을 모집하고, 학습 장소와 시간을 확정하며, 필요한 자원을 준비한다.

② 자원 배분

사회복지사는 프로그램이 원활하게 진행될 수 있도록 필요한 재정, 인력, 물품 등의 자원을 적절히 배분한다.

③ 참여자 관리

사회복지사는 참여자들이 프로그램에 적극적으로 참여할 수 있도록 지원하고, 참여 동기를 강화하며, 지속적으로 관심을 유지하도록 관리한다. 참여자의 출석률, 만족도 등을 확인하며 필요시 개입해야 한다.

(2) 자원 동원

실행 단계에서 필요한 인적・물적・재정적 자원을 적절히 동원한다. 프로그램 실행을 위해 다양한 자원을 관리하고, 추가적인 자원이 필요할 경우 이를 확보하기 위한 노력이 추가적으로 필요할 것이다.

① 인적 자원 동원

사회복지사는 자원봉사자, 전문가, 사회복지사, 주민 등 다양한 인적 자원이 참여하여 프로그램을 운영할 수 있도록 지원하여야 한다. 예를 들어, 청소년 비행 예방 프로그램에서는 멘토로서 대학생을 모집하거나, 전문가 강연을 주선할 수 있다.

② 재정 자원 관리

사회복지사는 프로그램에 필요한 비용을 관리하며, 추가적인 후원이나 지원금을 확보할 수 있도록 노력해야 한다. 정부 지원금, 민간 후원, 지역사회 기부 등을 통해 재정 자원을 확보할 수 있다.

③ 물적 자원 확보

사회복지사는 프로그램에 필요한 물리적 자원(예: 장소, 교재, 장비 등)을 관리하고, 부족한 자원이 있을 경우 이를 추가로 조달해야 한다.

(3) 참여자와의 상호작용

참여자들과의 적극적인 상호작용이 실행 단계에서 매우 중요하다. 참여자들이 프로그램에 능동적으로 참여하고, 프로그램이 실질적인 효과를 발휘할 수 있도록 사회복지사는 참여자와 신뢰 관계를 형성하고, 그들이 프로그램의 혜택을 최대한 누릴 수 있도록 지원해야 한다.

① 신뢰 형성

사회복지사는 참여자들과의 신뢰 관계를 구축하여, 그들이 프로그램에 지속적으로 참여하고 성과를 얻을 수 있도록 돕는다.

② 참여 유도

참여자의 참여도를 높이기 위해 사회복지사는 프로그램 내용과 방식을 지속적으로 개선하고, 그들의 피드백을 반영하여 프로그램의 흥미와 효율성을 높인다.

③ 참여자 적응시키기

사회복지사는 오리엔테이션 시간을 통해 참여자 간의 관계를 형성할 수 있도록 도와야 하며 필요한 정보를 제공하고 서로 질문할 수 있도록 하여야 한다(홍현미라 외, 2010).

④ 참여자 적응과 조정을 촉진

사회복지사는 계획이 제대로 실행되도록 적응하고 필요시 계획을 조정할 수 있어야 한다. 적응과 조정은 실행 계획에서 근본적인 결함이 발견되었을 경우에 필요한 조치이다(홍현미라 외, 2010).

⑤ 지지 및 격려 제공

참여자들이 어려움을 겪을 경우, 사회복지사는 정서적 · 심리적 지원을 제공하고, 그들이 문제 해결에 긍정적으로 참여할 수 있도록 격려한다.

(4) 협력 및 파트너십 강화

사회복지사는 지역사회 내 다양한 조직, 기관, 이해관계자들과의 협력을 통해 자원을 공유하고 프로그램의 성공 가능성을 높여야 한다. 실행 단계에서는 파트너십을 유지하고 강화하는 것이 중요하다.

① 협력 강화

사회복지사는 지역 내 다양한 기관들과 지속적으로 협력하여 프로그램이 원활하게 운영되도록 하여야 한다. 예를 들어, 교육 기관, 의료 기관, 지역 기업 등과 협력하여 프로그램의 효과성을 높일 수 있다.

② 네트워크 형성

프로그램의 성공을 위해 지역사회 내 다양한 조직과 네트워크를 형성하고, 협력적 관계를 유지하여 문제 해결에 필요한 자원을 제공받고 또 우리 기관도 네트워크 형성하고 있는 기관에 필요한 자원을 제공할 수 있어야 한다.

(5) 갈등 조정 및 관리

개입 과정에서 예상치 못한 문제가 발생할 수 있으며, 이를 해결하기 위한 유연한 대처가 필요하다. 프로그램이 제대로 실행되지 않거나, 참여자들의 요구가 변경될 경우, 프로그램을 조정하고 개선할 수 있어야 한다.

① 프로그램 조정

프로그램이 계획대로 진행되지 않거나 참여율이 낮은 경우, 사회복지사는 그 원인을 분석하고 프로그램을 개선하여 문제를 해결하여야 한다.

② 위기 대응

프로그램 진행 중 발생하는 위기 상황에 사회복지사와 기관은 신속하게 대응하여 문제를 해결하여야 한다. 예를 들어, 프로그램 운영 중 재정 부족이나 인력 문제가 발생할 경우, 즉각적으로 후원자를 찾거나 자원봉사자를 모집하는 등의 조치가 필요할 것이다.

③ 참여자의 저항 관리

클라이언트의 저항이 발생하는 원인은 사회복지사의 전문적인 기술이 부족하거나 격려나 보상이 부재한 것에서 기인하는 경우가 많다. 참여자 저항에 대한 대처 방법은 저항을 예측하고 직접적이고 분석적으로 접근하는 것이다(Kettner et al., 1985).

④ 참여자의 갈등 관리

참여자 간의 갈등이 발생하는 이유는 제공되는 자원이 부족하거나 기대가 불분명한 것에서 기인한다. 참여자 간 갈등 대처 방법은 행정 명령 및 규정(규칙) 등과 같은 권위와 힘을 사용하여 상호 간의 합의를 이끌어 내는 것이다(Kettner et al., 1985).

3) 모니터링과 피드백

실행 단계에서 지속적인 모니터링(monitoring)과 피드백(feedback)을 하는 것은 목표한 성과를 달성하는 데 매우 중요하다. 사회복지사는 프로그램이 예상대로 진행되고 있는지, 목표에 도달하고 있는지 확인하기 위해 모니터링을 통해 성과를 점검하고, 개선할 부분을 파악해야 한다.

(1) 모니터링의 정의

모니터링은 평가가 아님을 명심해야 한다. 모니터링의 목적은 실행과 결과를 추적함으로써 프로그램의 양적 · 객관적 진척도를 파악하는 것이다. 모니터링은 주로 주기적으로 현장 방문을 하는 과정을 통해 이루어진다(홍현미라 외, 2010).

(2) 모니터링을 위한 정보 관리 프로그램의 활용

대부분의 사회복지 기관은 모니터링이나 평가를 위한 정보 관리 프로그램을 사용한다. 일반적으로 이 프로그램은 투입, 처리, 산출, 결과 등의 항목으로 구성된다. 투입에는 클라이언트의 욕구와 문제 및 신상 명세의 내용을, 처리에는 서비스의 비용과 효과, 서비스 형태 등이 기술되어 있다. 산출에는 서비스 받은 클라이언트의 숫자와 유형, 결과 등 서비스 제공 결과가 기록되어 있다(Kettner et al., 1985). 실행 단계를 진행하는 사회복지사는 이러한 정보 관리 프로그램을 활용하여 실천의 모니터링을 하여야 할 것이다.

(3) 피드백의 사용

사회복지사는 참여자와 이해관계자로부터 피드백을 수집하여 프로그램의 문제점을 개선하고, 참여자들의 요구를 반영하여 프로그램을 수정할 수 있어야 한다. 실천 결과에서 오는 성과에 대한 피드백은 사회복지사의 실천 결과를 가시적으로 확인할 수 있는 과정이며 또한 실천가를 격려하는 과정이기도 하다. 더 나아가 자신이 하는 실천에 대한 확신과 신념을 다져나가는 과정이기도 하다. 이런 의미에서 피드백은 기관 차원의 과제 이다(홍현미라, 2016).

4) 실행 단계의 성공 요인

(1) 지속적인 모니터링

실행 과정에서 프로그램의 진행 상황을 지속적으로 점검하고, 필요시 즉각적으로 조정한다.

(2) 유연성

프로그램 실행 중 발생하는 다양한 문제에 유연하게 대응하고, 프로그램의 방향을 필요에 따라 조정할 수 있는 능력이 필요하다.

(3) 협력적 관계

지역사회 내 다양한 기관 및 이해관계자들과의 협력 관계가 원활하게 유지될 때 프로그램의 성공 가능성이 높아질 것이다.

(4) 참여자의 적극적 참여

참여자들의 요구를 반영하고, 그들이 프로그램의 성공에 기여할 수 있도록 적극적으로 지원한다.

저소득 가정을 위한 푸드 뱅크 프로그램

- 문제: A 지역사회에서 저소득 가정들이 식량 부족을 겪고 있어 이를 해결하기 위한 프로그램이 필요.
- 목표: 6개월 동안 저소득 가정 100가구에 매주 식품을 제공하여 식량 부족 문제를 완화.
- 실행 과정:
  - 참여자 모집: 지역사회 저소득 가정 중 지원이 필요한 가구를 선별하고, 프로그램에 참여할 수 있도록 신청을 받음.
  - 자원 확보: 지역 기업과 협력하여 식료품 기부를 받고, 지역 봉사 단체와 연계하여 자원봉사자 모집.
  - 프로그램 실행: 매주 푸드 뱅크에서 식료품을 배분하고, 배분 과정을 모니터링하여 문제가 발생하지 않도록 관리.
  - 참여자 상호작용: 참여 가구와의 신뢰 관계를 형성하여, 그들이 필요한 식료품을 충분히 제공받고 있는지 지속적으로 확인.
  - 문제 해결: 식료품 기부가 부족할 경우 추가적으로 후원자를 모집하거나 지역사회의 기부 활동을 활성화.
  - 성과 모니터링: 매달 프로그램의 성과를 평가하고, 가구들이 식량 부족 문제를 해결하고 있는지 조사하여 프로그램의 효과성을 확인.

4. 평가 및 종결 단계

지역사회복지실천에서 평가 단계는 실천 과정이 끝난 후, 프로그램이나 개입이 효과적이었는지를 분석하고, 목표를 얼마나 달성했는지를 확인하고 판단하는 사회적 과정이다. 이를 통해 개입의 효과성 여부를 판단하고, 향후 유사한 프로그램을 개선할 수 있는 기초 자료를 마련한다. 평가 단계는 지역사회복지실천에서 매우 중요한 단계로, 효과적인 문제 해결을 위한 지속적인 개선을 목표로 한다.

1) 평가 단계

(1) 평가의 목적

평가는 프로그램의 성과와 효과를 측정하고, 결과를 분석하여 향후 개선 방안을 도출하는 데 중점을 둔다. 평가를 통해 프로그램의 강점과 약점을 파악할 수 있으며, 이를 바탕으로 다음 실천 과정에서 개선할 부분을 찾아낼 수 있다.

① 목표 달성 여부 확인

사전에 설정한 목표가 얼마나 달성되었는지를 확인한다.

② 프로그램 효과성 확인

프로그램이 지역사회의 문제 해결에 어떤 영향을 미쳤는지, 실질적인 변화를 일으켰는지를 평가한다.

③ 자원 활용도 확인

투입된 자원(재정, 인력, 시간)이 효율적으로 사용되었는지 확인한다.

④ 참여자 만족도 확인

프로그램에 참여한 대상자들의 만족도 평가를 통해, 프로그램이 그들에게 어떤 긍정적인 영향을 미쳤는지 확인한다.

⑤ 향후 개선점 도출

평가 결과를 바탕으로 프로그램의 약점을 파악하고, 향후 프로그램 개선 방안을 마련한다.

(2) 평가의 영역

평가의 영역은 노력 및 활동, 성과 또는 결과, 성과의 적절성, 효율성 및 효과성 등이 있다(Kettner et al., 1985).

① 노력 및 활동

프로그램 결과에 구애받지 않고 투입 요소와 처리 요소를 단순하게 측정하는 평가의 가장 기본적인 형태이다. 이 부분은 활동을 통제하거나 자원을 배분하기 위한 토대를 형성해 준다.

② 성과 또는 결과

실천의 결과 만들어지는 클라이언트 삶의 질 개선을 보고자 한다. 이에 대한 평가는 자원 활용의 합리적 토대를 제공해 준다.

③ 성과의 적절성

적절성 평가란 프로그램 개입에 의해 충족된 욕구를 계획 과정 초기 욕구 사정에서 파악된 기존 욕구와 비교 측정하는 것을 말한다.

④ 효율성 및 효과성 평가

효율성(Efficiency) 평가는 개입의 투입(자원)에 대한 개입의 산출과 결과(산출물, 성과)의 비율을 평가하는 것이다. 효율성은 투입 요소 대비 서비스 산출 단위의 비교량으로 표시한다. 반면, 효과성(effectiveness)은 개입의 투입과 결과를 비교하는 것이다. 효과성은 실천에서 의도한 목표가 이루어졌는지를 그 변화를 보는 것이다.

(3) 평가의 종류

평가 단계에서는 다양한 방법으로 프로그램의 성과와 효과를 평가할 수 있으며, 이를 형성적 평가와 결과 평가로 나눌 수 있다(이봉주 외, 2019).

① 형성평가

형성평가(Formative evaluation)는 프로그램 진행 중에 이루어지는 평가로, 프로그램이 효과적으로 운영되고 있는지, 계획대로 실행되고 있는지를 점검하는 역할을 한다. 이 평가를 통해 프로그램 중간에 발생하는 문제를 신속하게 발견하고, 필요시 수정 및 보완할 수 있으며 궁극적으로 개입을 향상시킬 수 있다.

② 총괄평가

총괄평가(Summative evaluation)는 프로그램이 완료된 후에 수행하는 평가로, 프로그램이 목표한 바를 달성했는지, 문제 해결에 기여했는지를 평가하는 것이다. 이는 프로그램의 종합적인 효과성과 성과를 분석하는 데 중점을 둔다.

(4) 결과 보고

평가 단계의 주요한 과업 중 하나는 결과 보고를 하는 것이다. 평가 결과를 정리하고, 프로그램 운영자, 참여자, 후원자 등 이해관계자에게 보고서 형태로 전달한다. 이 보고서는 프로그램의 성과와 효과를 객관적으로 보여 주며, 향후 유사한 프로그램을 설계할 때 중요한 자료로 활용된다.

① 결과 보고서 작성

사회복지사는 평가 결과를 명확하게 정리하여 보고서를 작성한다. 여기에는 성과, 효과, 자원 활용, 참여자 만족도 등을 포함하여 종합적인 평가 내용이 담겨져야 한다.

② 피드백 제공

사회복지사는 프로그램에 참여한 주요 이해관계자들에게 피드백을 제공하고, 프로그램 개선을 위한 의견을 나눈다.

청소년 비행 예방 프로그램의 평가 사례

- 평가 목표: 청소년 비행률 감소 목표 달성 여부와 참여자들의 학업 성취도 향상 여부 평가
- 평가 기준: 청소년 비행률 10% 감소, 참여 청소년들의 학업 성취도 5% 향상
- 평가 방법:
  - 프로그램 전후의 청소년 비행률 통계 분석
  - 학업 성취도 비교를 위해 프로그램 참여 전후의 시험 성적 분석
  - 참여자들의 만족도와 프로그램 참여 경험을 알아보기 위한 설문조사, 심층 인터뷰 실시
- 데이터 수집: 지역 학교와 경찰서로부터 비행률 통계 자료를 수집, 프로그램 참여자들의 성적 데이터를 비교 분석. 프로그램 참여자들과 인터뷰를 통해 개인적인 경험과 변화를 수집
- 결과 분석: 프로그램 참여 청소년의 비행률이 15% 감소하고, 학업 성취도가 평균 7% 향상. 인터뷰 결과, 참여자들은 멘토링 프로그램이 비행 예방에 큰 도움이 되었다고 응답
- 결과 보고: 청소년 비행 예방 프로그램이 목표를 초과 달성했음을 보고서로 작성하여 후원자 및 지역사회에 공유하고, 향후 프로그램을 확장 방안 제시

2) 종결 단계

종결(Termination) 단계는 지역사회복지실천 과정에서 마지막 단계로, 프로그

램이나 개입 활동이 공식적으로 종료되는 과정이다. 종결 단계에서는 프로그램의 목표가 달성되었는지 확인하고, 참여자와의 관계를 마무리하며, 프로그램 종료 후에도 참여자들이 긍정적인 변화를 지속할 수 있도록 지원하는 것이 중요하다. 이 단계는 사회복지사와 참여자 모두에게 의미 있는 마무리를 제공하고, 향후 실천을 통해 이루어 낸 변화가 지속될 수 있도록 하는 단계이다.

(1) 종결의 목적

종결 단계는 단순히 프로그램을 끝내는 것을 넘어, 프로그램의 성과를 확인하고, 참여자들이 이후에도 프로그램의 성과를 유지하거나 발전시킬 수 있도록 돕는 데 중점을 둔다.

① 프로그램 목표 달성 확인

프로그램이 설정한 목표가 얼마나 달성되었는지, 참여자들에게 의미 있는 변화를 가져왔는지 확인한다.

② 참여자와의 관계 종결

프로그램이 끝나면서 사회복지사와 참여자 간의 관계를 자연스럽게 종료하고, 그 과정에서 정서적 지지와 종결 작업을 진행한다.

③ 변화 유지

프로그램 종료 후에도 참여자들이 문제 해결을 위해 스스로 자원을 활용하거나 해결할 수 있는 역량을 가질 수 있도록 돕는다.

④ 종결 이후 지원 가능성 안내

필요시 추가적인 자원이나 서비스로 연결하거나, 지역사회 내 다른 프로그램을 안내하여 지속적인 지원을 받을 수 있게 한다.

(2) 종결 단계의 과업

① 성과 검토 및 피드백

사회복지사는 참여자와 함께 프로그램을 평가하고, 프로그램이 제공한 혜택과 성과에 대해 논의한다. 예를 들어, 저소득 가정을 위한 푸드 뱅크 프로그램에서는 참여 가구의 생활 수준이 어떻게 변화했는지 평가한다.

또한 참여자에게 프로그램에 대한 피드백을 받아, 프로그램의 효과와 만족도를 확인하고, 향후 유사한 프로그램에 대한 개선점을 파악한다.

② 참여자와의 관계 종결

종결 단계에서는 사회복지사와 참여자 간의 전문적 관계를 종료하는 과정이 이루어진다. 이때, 참여자들이 갑작스러운 관계 단절로 인해 어려움을 겪지 않도록, 자연스럽게 관계를 마무리하는 것이 중요하다.

사회복지사는 종결의 의미를 설명하고 정서적 지지를 제공하여야 한다.

③ 자립 및 지속적 성장 지원

종결 단계에서는 프로그램 종료 후에도 참여자들이 독립적으로 문제를 해결할 수 있도록 자립 능력을 지원하는 활동이 이루어진다. 이를 통해 참여자들이 프로그램 종료 후에도 스스로 지역사회 자원을 활용하거나, 스스로의 문제를 해결할 수 있는 능력을 갖추도록 돕는다.

사회복지사는 참여자와 함께 자립을 위한 계획을 수립하고 종결 이후 사용할 수 있는 자원을 연계해 주어야 한다.

④ 성과 유지 전략 제공

프로그램 종료 후에도 참여자들이 성과를 유지할 수 있도록 구체적인 전략과 방법을 제공한다. 이는 프로그램 종료 후의 삶에서도 긍정적인 변화가 유지되도록 하기 위한 중요한 단계이다. 성과가 유지되기 위해서는 제도적 장치가 마련되어야 한다(Fawcett et al., 2001).

참여자들에게 프로그램에서 배운 기술이나 정보를 어떻게 지속적으로 활용할 수 있을지에 대한 구체적인 실천 방안을 제시해 주는 것도 도움이 될 것이다. 더 나아가서 지원 네트워크를 형성해 줄 수 있을 것이다.

종결 단계는 단순히 프로그램을 종료하는 것이 아니라, 참여자들이 자립할 수 있는 기초를 다지는 과정이다. 이 단계에서 성공적인 마무리를 통해, 참여자들이 프로그램을 통해 배운 기술과 지식을 일상생활에 적용할 수 있도록 하고, 그들이 스스로 문제를 해결할 수 있는 역량을 키우는 것이 중요할 것이다.

참고문헌

이봉주, 김기덕, 신원우(2019). **사회복지 프로그램 개발과 평가**. 서울: 도서출판 신정.

민소영(2013). 문화예술을 활용한 마을만들기의 경험: 광주시 시화문화마을 사례를 중심으로. **비판사회정책**, 40, 32-73.

홍현미라, 김가율, 민소영, 이은정, 심선경, 이민영, 윤민화(2010). **지역사회복지론**. 서울: 학지사.

홍현미라(2013). 지역사회복지 정체성 담론형성을 위한 시론연구: CO전략을 중심으로. **한국사회복지행정학**, 15(3), 263-283.

홍현미라(2016). 아동중심의 지역사회개발 실천연구: '포괄적 지역사회 계획(CCIs)' 관점 적용. **한국아동복지학**, 55, 57-86.

Fawcett, S. B., Colleagues. (2001). "Our Evaluation Model: Evaluating Comprehensive Community Initiatives". *Evaluation in health promotion: principles and perspectives*, 241-269.

Kettner, P. M., Daley, J. M., & Nichols, A. W. (1985). *The Community and Social Woker: Initiating Change in Organization and Communities*. Wadsworth, Inc.

Kubisch, A. C. (2005). "Comprehensive community building initiatives-ten years later: What we have learned about the principles guiding the work". *New Direction*

Youth Development, 106, 17-26.

Lamnert, S. F., & Black, M. M. (2001). "Comprehensive Community Initiatives: Expanded Roles for Developmental Scientists". *Children's Services: Social Policy, Research, and Practice, 4*(1), 25-29.

Ronnby, A. (1995). *Mobilizing Local Communities.* Avebury, Inc.

지역사회복지론

제3부

지역사회복지 실천 기법

제6장

지역사회 사정 기법

지역사회 사정이란 지역사회에서 나타나는 어려움을 파악하고 지역이 필요로 하거나 원하는 욕구를 살피며 이것을 해결할 수 있는 지역의 역량을 발견하는 것이다. 즉, 지역사회 문제 분석 및 욕구 사정, 그리고 자원 파악이 포함된다. 따라서 지역사회 사정의 범위는 지역사회 문제와 욕구를 해결할 수 있는 지역의 역량에 대해 정보를 수집하고, 분석하며, 보고하는 과정을 모두 포괄한다. 지역사회의 문제나 욕구를 파악하는 것에서 더 나아가 지역사회의 자원을 함께 파악하는 것이다.

지역사회의 문제를 이해하기 위해서는 무엇보다도 지역사회를 보다 면밀히 이해하려는 실천이 사전에 필요하다. 그렇다면 지역사회를 이해하려면 어떠한 방법이 있을까?

첫째, 지역사회의 지리와 모습에 익숙하려는 태도가 필요하다. 예를 들어, 지역사회 내 주택과 여러 기관의 위치라든지, 주변의 경관, 지역 안에서 지역사회라는 것이 어떠한 의미와 위치를 갖고 있는지, 또한 계절에 따라 지역의 모습은 어떻게 변화해 가는지를 살펴보면서 지역사회에 익숙해지는 것이 필요하다.

둘째, 지역사회의 여러 주민들을 이해해 보는 것이 필요하다. 예를 들어, 안산의 외국인 마을을 떠올려 보자. 지역 내에는 다양한 인종이나 국적을 가진 사람들이 살아가고 있을 것이다. 이 사람들은 한국의 문화에 적응해 나가고 있으나, 한편으로는 자신들이 살아왔던 나라의 문화나 관습에 따라 삶을 살아가고 있을 것이다. 이 속에서 때로는 우리가 서로 매우 다르거나 또는 매우 유사한 모습을 접할 수 있다.

셋째, 지역사회 내 다양한 조직이나 기관이 어디에 있는지 그리고 그 조직이나 기관들은 어떠한 기능을 하는지 살펴보는 것이 필요하다. 예를 들어, 복지관은 어디에 있는지, 그리고 복지관에서 지역사회 주민을 위해서 특별히 어떠한 프로그램을 운영하고 있는지 살펴보는 것이 필요하다.

넷째, 지역사회가 안고 있는 다양한 욕구나 문제가 무엇인지를 살펴보는 것이 필요하다. 예를 들어, 밤길이 어두워 다니기 힘들다든지, 한낮에 어른들이 놀이터에서 술을 마시며 화투를 치기 때문에 어린이들이 놀기 힘들다든지, 지역을 관통하는 개천에 쓰레기 더미가 쌓여 있어서 악취가 심하다든지 등등 지역 내 문제나 어려움이 어떤 것들이 있는지 살펴보는 것이 필요하다.

다섯째, 우리 지역만의 이해나 이익을 주장하는 모습이 나타나고 있는 것은 아닌지 뒤돌아보는 것도 필요하다. 예를 들어, 연립주택이 즐비한 지역 내 근처 아파트단지에 사는 사람들이 아파트 단지 내에 있는 놀이터를 연립주택의 저소득층 아이들이 와서 놀고 가는 것이 못마땅하다고 생각할 수 있다. 그래서 아파트 단지 주민들이 아파트 단지 내 아이들이 아니면 놀이터에서 놀지 못하도록 경비 아저씨에게 지키라고 요구할 수 있다. 과연 이러한 행위는 지역의 통합을 위하여 옳다고 생각할 수 있을까?

지금까지 지역사회를 이해하는 방법을 살펴보았다. 이러한 방법들을 실제로 실천에 옮겨 보기 위해서 지역을 걸어 다니면서 주민과 접촉하고 지역사회의 구석구석에 관심을 가져보자.

1. 지역사회 사정의 기본 관점

지역사회를 사정할 때 바탕이 되는 기본적 관점은 크게 두 가지로 언급될 수 있다. 하나는 결핍 혹은 전문가 관점이며 다른 하나는 강점 관점이다.

1) 결핍/전문가 모델

지역사회에 있는 문제나 욕구를 지역사회 내부에서 해결할 수 없기 때문에 외부 전문가의 도움이 필요하다고 주장하는 모델이다. 지역사회가 자신의 문제를 해결할 역량을 지니고 있지 못하다는 가정에서 출발하는 모델이다.

예를 들어, 빈곤한 지역의 변화는 지역 주민의 역량이나 노력만으로는 어렵고 외부의 재정적 또는 전문적 도움으로 가능하다고 생각하는 것이다. 그래서 지역의 변화를 위해서 지역 주민을 동등한 파트너로 참여시키는 것이 한계가 있다고 본다. 외부 전문가에 의해서 계획적이고 의도적으로 지역을 변화시키는 노력들이 여기에 해당된다.

2) 역량 모델(=강점 모델)

지역 주민의 역량을 평가절하하는 결핍/전문가 모델에 대하여 반발하는 관점이다. 이 관점에서는 지역사회의 자산과 자원을 강조한다. 지역사회가 문제 해결의 주체가 되어야 함을 강조한다. 역량 모델 또는 강점 모델이라고 부른다.

예를 들어, 지역 주민의 삶의 질 향상을 위하여 외부 전문가에 의존하기보다 지역 주민이 갖는 다양한 재능의 나눔 문화를 확산시키는 모습을 떠올려 볼 수 있다. 어떤 지역 주민은 시간이 있는가 하면, 어떤 지역 주민은 아이를 낮에 돌보아 줄 수 있는 사람이 없어 고민이다. 그런데 피아노를 칠 수 있다. 어떤 지역 주민은 자녀가 피아노를 배우고 싶어 하지만 금전적으로 가르칠 여력이 안된다. 이러한 다양한 능력과 요구들을 모아서 서로 나눔을 실천하는 문화를 지역 내에서 확산시키는 것은 지역의 자산과 자원을 강조하는 노력의 일환이라고 할 수 있다.

2. 지역사회 사정의 의의

지역사회 사정은 다음과 같은 의의를 갖는다.

첫째, 지역사회사업의 효과를 극대화하기 위해서는 지역사회사업을 시작하기 전에 지역사회 주민들이 어떠한 어려움에 있으며, 어떠한 서비스를 원하고 필요로 하는가를 파악할 필요가 있기 때문에 지역사회를 사정하는 것이 꼭 필요하다. 지역사회의 문제 해결을 위해 어떠한 지역 사업이 필요한가, 그리고 그 사업의 목적과 목표는 무엇이어야 하는가, 또는 어떠한 프로그램을 개발할 것인가를 의사결정할 때 사전에 규명된 지역사회 문제와 그 원인 파악이 중요한 근거가 될 수 있기 때문이다.

둘째, 지역사회 문제를 어떻게 규정하느냐 하는 것은 문제 해결의 방식과 과정, 또는 절차에서 그 문제가 어떻게 취급되느냐 하는 데에 큰 영향을 미치기 때문에 지역사회 사정이 과학적으로 이루어지는 것이 중요하다.

예를 들어, 지역사회 내에 건강 문제가 있다고 하자. 겉으로 보기에는 아주 간단한 문제라고 여겨질 수 있지만 이 문제에 대한 개입 방법은 건강 문제의 원인을 무엇으로 보느냐에 따라 개입 방법이 다양할 수 있다.

먼저 문제의 원인을, ① 소득이 적절치 못해서 불량주택에 거주하게 되고, 충분한 영향을 섭취하지 못해 건강 문제가 파생되었다고 볼 수 있다, ② 혹은 주민들이 쉽사리 이용할 수 있는 의료서비스가 부족하기 때문에 건강 문제가 나타난다고 볼 수 있다.

만약, ①의 경우로 건강 문제를 파악했다면, 즉, 소득 부족과 이로 인한 불량 주거 및 영양부족 차원으로 건강 문제를 규정했다면 해결 방안으로는 소득보장 정책일 수 있다. 한편, ②의 경우로 건강 문제를 파악했다면, 그 해결 방안으로는 의료서비스의 확충으로 나아가야 할 것이다.

끝으로, 지역사회를 변화시키는 실천 활동이란 지역사회에 대한 종합적이고도 정확한 정보를 요구하기 때문에 지역사회 사정이 중요하고 필요한 작업이다.

3. 지역사회 사정의 의미

지역사회 문제를 분석하고 욕구를 사정하는 것이 지역사회 사정이라면, 지역사회의 무엇을 사정해야 하는지 살펴보자.

먼저 지역사회 사정이란 크게 두 가지 내용을 사정한다. 하나는 지역사회 내 사회적 욕구 또는 사회적 문제를 찾아내는 것이며, 다른 하나는 지역사회의 자원을 사정하는 것이다.

1) 지역사회 문제 및 욕구 사정

먼저 지역사회 문제 해결의 과정에서 첫 단계는 지역사회의 충족되지 않은 욕구나 해결을 필요로 하는 문제를 찾아내는 일이다. 지역사회의 문제 및 욕구를 식별하고, 그 규모와 심각성 및 지역사회 내 미치는 영향을 분석하는 것이다.

먼저 사회 문제란 어떠한 사회에서 문제라고 판단하여 인정되는 현상을 지칭한다. 불만 혹은 충족되지 않은 욕구가 존재한다는 것만으로는 문제 해결을 위한 충분한 전제조건이 될 수 없다. 그러한 문제들은 이를 해결하기 위한 방안을 수립하고 실천에 옮겨질 수 있을 만큼 문제의 범위와 심각성이 집약되고 분명하게 규정될 때 비로소 사회적으로 개입해야 할 사회 문제가 된다.

예를 들어, 청년의 실업을 한 개인의 부족한 기술이나 낮은 학력 탓으로 돌린다면, 그것은 사회 문제가 아니라 개인 문제가 된다. 그런데 만약 청년이 아무리 노력해도 경제 구조의 문제 때문에 취업이 어렵다고 원인이 규명된다면 그것은 더 이상 개인 문제가 아니라 사회 문제가 된다.

다음으로 사회적 욕구도 마찬가지로 욕구 또한 특정 개인이 가졌을 때는 개인적 욕구가 되지만, 그 욕구가 사회의 다수에게로 확대되면 사회적 욕구가 될 수 있다. 사회적 욕구로 규명되었을 때 비로소 사회적 개입의 필요성이 요구될 수 있다. 앞의 청년 실업의 예시에서 특정 청년 개인이 취업하고 싶다고 할 때는 개인적 욕구가 되나, 취업하려고 노력하는 청년들이 다수가 될 때는 사회적 욕구가 될 수 있다. 끝으로 지역사회 문제란 지역이라는 특정 '공간성'을 고려한 상태에서 나타나는 사회 문제라고 규정할 수 있다.

이를 종합하면, 사회적 문제는 해결되어야 할 바람직하지 못한 상태를 의미하며, 사회적 욕구란 이러한 바람직하지 못한 상태를 벗어나고 싶어 하는 바람이다. 그리고 지역복지서비스를 통할 때 그 지역의 욕구가 해소될 수 있는 것을 의미한다.

지금까지 파악된 지역사회 문제와 그 문제로부터 벗어나고 싶은 지역사회 욕구를 파악했다면, 이러한 욕구 중에서 상대적인 중요성을 결정하게 된다. 지역사회 자원은 한정되어 있기 때문에 지역에서 가장 해결되기를 바라는 지역사회 욕구를 결정해야 한다. 이렇듯 욕구의 우선순위를 파악하는 과정이 이 욕구를 해결하기 위해 투여될 자원의 효율적 배분과 직결된다.

2) 지역사회 자원 사정

(1) 지역사회 자원 사정의 범위

파악된 욕구 중 어떤 욕구를 가장 우선적으로 개입해야 할 것인가와 함께 검토되어야 할 것은 지역 내에 있는 자원이다. 예를 들어, 우리 지역에 장애인들의 이동권 욕구가 우선적으로 개입되어야 한다고 주장되더라도, 이 욕구를 해결하기 위해 거리를 정비하거나 시설에 편의 시설을 설치할 수 있는 재정 자원이 없다면 우선순위에서 밀릴 수밖에 없다. 그러므로 지역사회의 문제나 욕구 분석 못지않게, 지역 내 자원을 파악하는 것이 필요하다.

먼저, 지역사회 자원을 파악한다는 것은 지역사회의 문제나 욕구 해결을 위해 동원 가능하거나 활용 가능한 또는 대처할 수 있는 역량을 조사하는 것이다. 그리고 이때 이용되는 지역사회 자원은 지역사회의 삶의 질을 개선하는 데 쓰일 수 있는 모든 것을 의미한다. 여기에는 인적 및 물적 자원을 포함한 유·무형의 온갖 자원이 포함된다.

인적 자원이란 사람을 의미한다. 인적 자원에는 일반적으로 자원으로 보지 못한 채 무심히 지나칠 수 있는 취약 집단(노인, 장애인, 빈민, 노숙인 등)도 모두 해당될 수 있다. 지역 주민 모두가 지역의 변화를 위해 참여할 수 있는 잠재적 자원이 될 수 있기 때문이다.

> 고립은둔생활을 하던 지역 어르신이 발굴되어 처음에는 어느 누구도 만나려 하지 않은 채 문 앞에 놓여 있던 도시락 서비스만 받았다. 몇 달이 흐르면서 도시락을 배달하던 노인자원봉사자와 간간이 얘기를 나누는 모습으로 변화하였다. 그러다 어느 날 자신도 도시락 배달 자원봉사에 참여해 보고 싶다는 의사를 보였다. 처음에는 서비스 대상자였던 노인이 지역사회 자원으로 활동할 수 있게 변화된 것이다.

둘째, 물적 자원이다. 지역사회에서 후원금 개발이 가능한 지역 기업이나 복지지원재단, 지역 주민, 특히 자영업자나 근로자 등이 모두 해당될 수 있다.

셋째, 비공식적 지역사회 조직이 해당될 수 있다. 종교, 문화, 여가(취미), 체육 등이 모두 해당될 수 있다. 지역사회에서 다양하게 이루어지는 동호회, 지역 주민의 다양한 조직들(예: 부녀회, 청년회, 읍면동 지역사회보장협의체 등)이 해당될 수 있다.

끝으로 공식 기관도 중요한 자원이 될 수 있다. 학교, 병원, 경찰, 소방서, 사회복지기관 등이 모두 포함될 수 있다.

(2) 자원 파악의 의의

자원 파악은 지역사회 욕구나 문제를 해결하기 위해 필요한 역량을 지역사회가 얼마나 가지고 있는가를 살피는 긍정적 측면의 과정이다. 먼저 자원 파악은 지역사회 문제의 해결은 내부로부터 시작되어야 한다는 점을 강조하면서 시작되는 것이 바람직하다. 동시에 자원 파악은 유형의 자원뿐만 아니라 무형의 지역 주민 간 관계성에도 주목하는 것이 좋다. 즉, 지역 주민 사이에 얼마나 신뢰가 쌓여 있는지를 살피는 것이다. 주민들 사이에 함께 모이는 모임이 있는지, 이러한 모임을 통하여 지역 주민들이 어떠한 활동을 함께 하는지 등을 파악하는 과정도 포함된다. 이러한 관계성이 지역 내 사회적 자본을 형성하여 지역 자원으로 활용될 수 있기 때문이다.

4. 지역사회 문제 및 욕구 사정에서 고려해야 할 점

지역사회의 문제나 욕구를 규정할 때에는 무엇보다도 그 지역을 지배하는 문화나 가치를 면밀히 파악하는 것이 필요하다.

1) 가치관에 대한 고려[1)]

'무엇이 지역사회 문제인가'라는 것은 가치 판단의 영역이다. 판단은 이해 집단에 따라 다르게 이루어질 수 있다. 사회 문제에 대한 '사회사업의 접근방법'을 제안하면서, 코헨(Cohen)은 가치의 중요성에 대해서 다음과 같이 기술하였다.

> "개인과 그의 환경에 관한 지식만으로 사회 문제를 규정할 수 없다. 사회 문제란 상대적인 개념으로써 그에 대한 평가는 사람의 가치체계에 따라 다를 수밖에 없다. 그래서 관찰될 수 있는 동일한 사회적 조건도 이것에 의해 직접적으로 영향을 받는 사람들에 따라서, 그러한 문제를 다루는 전문 분야에 따라서, 또 사회 문제를 다루는 데 있어서 자원의 할당을 결정할 책임이 있는 '정책 결정자'에 따라서 그 견해가 다를 수 있다."

지역사회 내부는 다양한 관점이 존재한다. 그러므로 지역 주민, 서비스 기관의 직원, 공공행정 기관의 직원, 정치인, 기업인, 시민사회단체 활동가 등을 포함한 다양한 이해 당사자로부터 수집한 정보를 통할 때, 지역사회의 문화나 가치, 자원 등의 모습을 온전하게 그려낼 수 있다.

1) 최일섭, 이현주(2006). 『지역사회복지론』, pp. 181-184 부분 발췌.

또한, 가치관은 지역사회의 문제나 욕구를 규명하는 배경에서 그치지 않고, 그러한 문제나 욕구를 개입하는 전략을 세우는 데에도 영향을 미치게 된다.

지역사회 문제를 분석하고 개입 전략을 세우는 모든 과정이 가치에 의해 지배받는다는 것이다. 따라서 사회의 어떠한 가치관과 제도가 문제를 파생시키며 존속시키고 있는가에 대한 분석이 필요하다.

예를 들어, 이혼이라는 이슈를 살펴보자. 이혼을 지역사회 문제로 보는 것은 일부일처제의 소산일 수 있다. 즉, 한부모가구를 또 다른 가구의 형태로서 바라보는 것이 아니라, 결손가정이라고 부르면서 그 자체를 문제 시 하는 것은 일부일처제라는 사회제도 때문일 수 있다. 또 다른 예로서 아침마다 아파트 단지 내 정자에 노인들이 모여서 음주를 한다. 이러한 현상에 대하여 '알코올 중독'이라고 문제시할 수 있으나, 지역 주민들 사이에서 이는 사교와 여가이며, 흔히 나타날 수 있는 현상이어서 지역 문제라고 심각히 여기지 않을 수도 있다.

2) 다양한 지역사회 이해관계 고려

특정 이슈와 관련된 사람 또는 집단에 대한 분석이 필요하다. 문제와 관련된 사람들을 파악하는 것은 문제가 되는 현상의 다양한 측면을 이해하는 과정인 동시에, 지역사회 내에 존재하는 서로 다른 가치체계를 파악하는 과정이기도 한다. 이렇게 다양한 의견을 가진 사람이나 집단을 분석하는 것은, 이후 그 지역사회 문제를 개입할 때, 지역사회의 재가(sanction)를 획득하기 위한 밑거름이 되는 과정이기도 하다.

예를 들어, 대학 주변 유흥가 때문에 인근 지역 주민은 밤에 소음에 시달리고, 아동 · 청소년들에게는 유해 환경을 만들 수 있다고 문제 제기될 수 있다. 한편, 주변에 사는 대학생은 친구들과 사교 문화를 즐길 수 있으며, 지역 상인들에게는 중요한 수입원이 될 수 있다. 구청 입장에서는 지역 상인들로부터 나오는 막대한 세금이 중요한 재정원이 될 수 있다.

이렇게 하나의 사안에 대해서 다양한 시각이 존재할 수 있다. 그래서 어느 특정 집단이나 사람의 시각에만 의존하여 개입 전략을 세운다면 당연히 상대방 측의 반발을 살 수 있으며, 개입 전략에 대한 지역 내 합의를 얻기도 힘들고 지역 내 갈등만을 부추길 수 있다. 결국 지역 내 반발 속에서 어떠한 개입 전략도 성공하지 못할 수 있다.

그러므로 지역사회 문제나 욕구를 분석할 때는 지역 내에서 시각을 달리하는 여러 집단들과 의견교환이 반드시 필요하다. 관련된 사람이나 집단에 대하여 분석은 어떻게 하는가?

먼저, 누가 주어진 문제를 '문제'로 보며, 누가 그것을 '문제'로 보지 않는가에 대한 분석이 필요하다. 사회 문제란 일반적으로 모든 사람이 해결되기를 바라는 것처럼 생각하지만, 그것이 존속되기를 바라는 사람들이 있을 수 있다. 다시 말하면 특정 사회 문제가 존속함으로써, 이익을 보는 집단과 계층이 있을 수 있기 때문이다.

예를 들어, 앞서 살펴본 대학가의 유흥 및 향락 업소를 두고 지역 주민들은 건전한 생활을 파괴한다고 불만을 가질 수 있다. 그러나 이익을 보는 업소 주인과 유흥을 즐기려는 소비자들에게는 오히려 유흥 및 향락업소가 필요할 것이다.

이렇듯 동일한 현상에 대해서도 문제로 보는 집단과 문제로 보지 않는 집단이 있다는 것이다. 심지어 문제로 보지 않는 집단 중에서는 그 문제로 이익을 보는 집단도 있다. 이렇게 지역사회 문제를 파악할 때는 어떠한 이해관계가 얽혀 있는지를 사전에 검토하여, 이후 이해관계를 조정하기 위한 개입 전략을 수립할 때 자료로 쓸 수 있다.

둘째, 특정 사회 문제에 대해 사회의 지배층이 어떻게 생각하고 있는가를 분석할 필요가 있다. 지배층이란 정치인, 기업인 등 문제 해결에 필요한 자원을 통제할 수 있고, 정책을 결정할 힘을 가지고 있는 계층을 의미한다. 사실 특정 사회 문제가 해결되느냐 혹은 해결되지 않은 채 남아 있느냐 하는 것은 정치인이나 기업인들의 이해와 밀접한 관계가 있을 수 있다.

예를 들어, 우리 지역에 노인이나 빈곤 아동, 그리고 장애인 문제가 있다고 판단되어 이들을 위한 복지 정책이 필요하다고 하자. 이때 만약 지역의원 선거를 앞

두고 있다면, 어떠한 영역의 문제를 좀 더 심각하게 받아들여서 복지 정책을 펼 것인가를 고민하는 정치인으로서는 선거권이 없는 아동이나 규모가 작은 장애인보다는 노인 복지에 더 많은 관심을 가질 수 있다. 사회 문제에 개입하려는 사회복지사에게는 이렇듯 정치인들이 지역사회 문제에 대해서 어떠한 이해관계를 갖는지 점검해 보는 것이 필요하다.

셋째, 사회복지사가 속해 있는 기관이나 단체가 갖고 있는 견해를 분석할 필요가 있다. 사회복지사의 존재 이유가 클라이언트의 복지를 향상시키는 것이라고 하더라도 그를 고용하고 그를 후원하는 단체의 정책이나 방침에 어긋나는 행동 노선을 취하기는 어렵다. 따라서 사회복지사가 근무하는 기관이나 단체의 입장을 분석해야 할 필요가 있다.

예를 들어, 직업상담 기관에서 근무하는 사회복지사에게 어느 날 알코올 남용이 의심스러운 노숙인이 찾아와 상담을 부탁하였다. 그러나 이 직업상담 기관은 알코올이나 정신장애 문제가 없는 일반 사람들에게 서비스를 제공하는 곳이었다. 이러한 경우, 알코올 남용이 의심스러운 노숙인은 이 직업상담 기관의 서비스 대상자가 될 수 없다. 비록 사회복지사는 이 노숙인에게 대하여 안타까운 마음이 들더라도 기관의 방침상 상담 서비스를 직접 제공해 주기에는 어려움이 있다. 사회복지사는 노숙인을 돌려 보내야 할까? 이러한 경우, 기관의 입장을 따라서 상담 서비스를 제공하지는 않되, 노숙인과 같은 처지에 있는 사람에게 서비스를 제공해 주는 지역사회의 정신보건센터나 노숙인 재활시설로 의뢰할 수 있을 것이다.

넷째, 사회 문제에 대해서 전문 분야가 갖는 견해와 가치에 대해서 분석할 필요가 있다. 동일한 문제에 대해 전문 분야에 따라서 견해가 다르며, 동일 전문 분야일지라도 사회적 상황과 시대에 따라서 차이가 있을 수 있기 때문이다.

예를 들어, 어느 남자 탈북 독거 어르신이 영구임대아파트 단지에서 다른 지역 주민들과 교류하지 않은 채 두문불출하였다. 이를 두고 심리상담가는 전문 심리치료를 받아야 한다고 제안하였다. 한편 지역사회복지실천가는 남자 독거 어르신과 탈북민의 특성을 고려한 지역 개입이 좋겠다고 제안하였다. 남자 독거 어르신들 중에는 반찬하나 달라는 말도 잘 못하는 성향이 있고, 탈북민 주민들 중에는 이웃에게 부탁하기보다는 아이들을 집 안에 두고 현관문을 밖에서 잠그고 일하러 다니면서 지역사회와 단절하며 살아가려는 모습이 있다는 것이었다.

이에 아파트 관리사무소와 연계하여 아파트 단지 옆에 있는 공터를 활용하여 텃밭 사업을 하고, 이것을 거리 냉장고에 넣고 나누어 갖도록 하였다. 즉, 직접 복지관까지 나와서 서비스를 받으려 하지 않는 남자 독거 노인과 탈북민의 특성을 활용하여 밑반찬 연계보다는 살아가는 아파트 근처에서 남의 눈치 보지 않으며 편하게 필요한 음식을 가져가도록 하였다(최지선, 민소영, 2016).

이렇듯 동일한 문제에 대해서도 전문 분야에 따라 견해가 다를 수 있다. 사회복지사는 사회 문제를 개입하기 위한 전략을 세우기 전에 전문분야의 견해가 어떻게 다양한가를 살펴보는 것이 필요하다.

3) 변화 가능성 분석

지역 문제나 욕구가 확인되고, 지역 내 동원 가능한 자원이 파악되었다고 하더라도 이것이 바로 변화 가능성으로 연결되기에 한계가 있다. 지역 문제의 관계 당사자들이 과연 변화할 준비가 되어 있는가를 파악해 보아야 한다. 변화 가능성을 파악하기 위해서는 자원의 이용 가능성, 정치적 분위기, 일반 대중과 지도자의 인식 정도 등을 모두 고려해야 한다(김종일, 2012: 144-146).

변화 가능성 분석을 위한 질문들로서는, 첫째, 문제의 관계 당사자들이 지역사회의 변화에 개방적인 태도를 보이고 있는가? 둘째, 관계 당사자들이 변화에 대해 어느 정도의 열의를 지니고 있는가? 셋째, 지역사회가 소요 자원을 어느 정도 가지고 있으며, 그 자원이 실제 사용 가능한 것인가? 넷째, 소요되는 비용은 얼마나 되겠는가? 다섯째, 변화에 대한 외부 저항은 어느 정도이겠는가이다.

특히, 변화에 대한 외부 저항은 매우 섬세하게 고려되어야 한다. 관계 당사자가 아닌 개인과 집단으로부터 발생할지도 모를 저항까지도 분석해야 한다. 사실 변화를 시도하는 과정에서 저항은 흔히 있을 수 있다. 특히, 공적인 자금이 요청되는 변화일수록 외부의 저항에 부딪힐 가능성이 크다. 공적인 자금에 대해 경쟁적인 관계에 있다면 더욱 그러할 것이다.

예를 들어, 한쪽에서는 지역 내 무장애 산책로를 만들어야 한다고 주장하는 반면, 다른 한쪽에서는 지역 노인을 위하여 경로당을 지어야 한다고 주장할 수 있다. 지역 주민의 세금으로 충당해야 하는 경우, 재원은 한정되어 있기 때문에 두 집단 모두 경쟁적 관계에 있게 된다. 이때 지역사회에서는 노인 공경 문화를 내세우며 노인에게 경로당을 지어 주어야 한다고 주장할 수 있다. 반면에 장애가 있는 가구는 소수이어서 이들의 주장이 지역사회에서 잘 받아들여지지 않을 수 있으나, 장애인 권리 옹호 단체가 함께 연대하면서 지역 내 장애 가구의 주장에 힘을 실어 줄 수 있다. 이러할 때, 저항 세력은 누구이며, 얼마나 거셀 것인가를 미리 점검해 보는 것이 향후 개입 전략과 여기에 필요한 자원을 설계할 때, 도움이 될 수 있다.

5. 지역사회 욕구 파악 기술

지역사회 욕구를 파악하는 구체적 기술을 살펴보자.

대표적으로 하로와 터너(Harlow & Turner, 1993)는 욕구 조사 피라미드 모형을 제시하였다. 1단계는 손쉽게 구할 수 있는 이차적 · 행정 자료를 먼저 이용하는 것이다. 예를 들어, 기관 행정 자료, 이차적 자료, 전국 단위 기존 조사 보고서, 타 기관 · 지역의 자료를 이용하는 것이다. 그래서 우리 지역의 비행률, 이혼율, 유아 사망률, 취업률 등의 지역사회 상황에 관련된 사회지표를 분석할 수 있다.

2단계는 초점 그룹, 공청회, 지역사회 자원 조사를 수행하는 것이다. 지역사회 주민의 의견이나 지역사회 기관들의 의견이나 상황을 점검한다.

3단계는 클라이언트와 서비스 제공자 조사 및 주요 정보 제공자 조사를 실시한다. 특정 문제에 노출되어 있는 클라이언트나 그러한 클라이언트 상황에 대해서 잘 알고 있다고 알려진 주요 정보 제공자로부터 지역사회의 상황을 조사한다.

4단계는 1단계에서 3단계까지 걸쳐 수집한 자료를 토대로 지역 전체의 욕구 실태를 파악하기 위해 무작위 표본 추출을 기반으로 지역 주민 조사를 실시한다.

4단계로 갈수록 비용과 시간, 그리고 과학적 조사 방법 전문 지식이 더 필요하게 된다.

이를 그림으로 나타내면 [그림 6-1]과 같다.

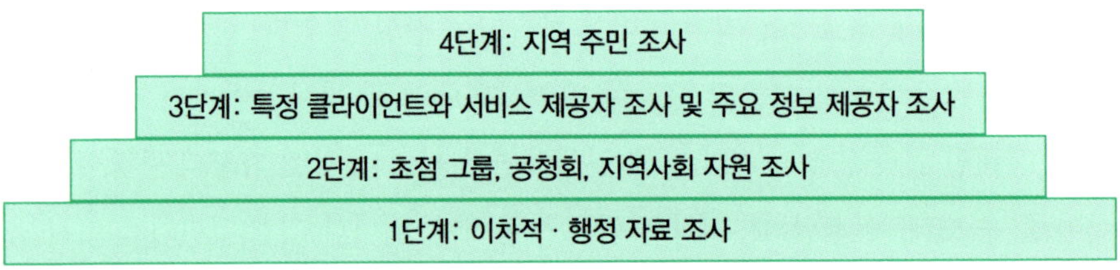

[그림 6-1] 하로와 터너의 욕구 조사 피라미드 모형

한편, 욕구 조사는 크게 직접적 조사와 간접적 조사로 분류될 수 있다. 직접적 조사는 특정 지역사회 문제에 직접적으로 노출되어 고통당하고 있는 당사자를 대상으로 욕구를 조사하는 것이다. 혹은 잠재적 클라이언트에게 조사하는 것이다. 반면, 간접적 조사는 특정 지역사회 문제에 직접적으로 노출되어 있지는 않으나 그러한 지역사회 문제를 잘 알고 있다고 생각되는 주체, 말하자면 전문가, 관련자, 제3자를 조사하는 것이다.

욕구 조사 방법으로 직접적 조사 방법에는 지역 주민 서베이, 표적 집단 서베이, 초점 집단 기법, 지역사회공청회나 포럼, 서비스 제공 기관의 자료 분석 방법이 포함된다. 서비스 제공 기관의 자료는 해당 지역문제에 직접적으로 노출되어 있는 사람들에게 질문하는 방법은 아니나, 대기자 명단 등을 통하여 조사되는 표출적 욕구를 사정할 때 많이 이용되는 자료이기 때문에 직접적 조사로 분류할 수도 있다. 물론 직접적 조사가 아니기 때문에 간접적 조사 방법에도 포함될 수 있다. 한편, 간접적 조사 방법에는 2차 자료 분석 및 조사, 서비스 제공자 및 주요 정보 제공자 조사, 사회지표 조사가 포함된다.

〈표 6-1〉 **욕구 조사의 분류**

욕구 조사 구분	욕구 정의 주체	욕구 조사 방법
직접적 조사	당사자인 클라이언트, 잠재적 클라이언트	지역 주민 서베이, 표적 집단 서베이, 초점 집단 기법, 지역사회 공청회나 포럼, 서비스 제공 기관의 자료(※)
간접적 조사	전문가, 관련자, 제삼자	2차 자료 분석 및 조사, 서비스 제공자 및 주요 정보 제공자 조사(델파이 기법 포함), 사회지표 조사

※ 서비스 제공 기관의 자료는 직접 및 간접 조사 모두에 해당될 수 있음.

6. 관계 당사자 파악 기술[2)]

앞서 언급하였듯이 지역사회 문제를 둘러싸고 다양한 이해 집단이 있다. 여기에서는 그 이해 집단이 구체적으로 누구이며 어떻게 접근하면 좋을지를 살펴본다.

관계 당사자를 파악하는 것은 지역이 안고 있는 문제와 관련된 당사자들을 모두 밝혀내는 작업이다. 관계 당사자들을 단순히 개인이나 개인의 집합체로 간주하기보다는 하나의 하위 체계로 보는 것이 지역사회의 거시적 변화를 이끌어 내는 데 도움이 된다. 관계 당사자는 크게 6가지의 체계로 구분할 수 있다. 문제 제기자 체계, 변화 주도자 체계, 클라이언트 체계, 지지체계, 표적체계, 행동체계이다.

예를 들어, 지역 주민들이 학교폭력 현상에 대하여 관심을 표명하고 문제를 제기했다고 해도, 지역사회 안팎으로부터 지속적인 관심과 자원이 투입되지 않는다면 그 문제에 대한 관심 자체가 낮아지고 이윽고 소멸될 수 있다. 그러므로 지역사회 문제를 제기한 데에서 그치지 않고, 지역 내에서 이러한 특정 문제를 둘러싸고 있는 다양한 체계를 살펴보아서, 어떻게 문제 해결을 위한 개입 전략을 세울 것인가를 잘 따져보아야 한다.

2) 김종일(2012). 『지역사회복지론』, pp. 140-144 부분 발췌.

1) 문제 제기자 체계

문제를 가장 먼저 인지하고 그것을 공론화시키는 사람들이다. 문제 경험자나 피해자, 문제해결 과정에 참여했던 경험자들이 포함될 수 있다. 예를 들어, 학교 폭력 문제의 경우, 피해 학생의 학부모들일 수 있다.

문제 제기자 체계를 파악하기 위해서는 다음 질문이 고려되어야 한다. '누가 처음으로 문제를 인식하고 거기에 관심을 기울였는가?', '문제를 제기한 사람들이 문제해결 과정에 참여할 수 있는 방법은 무엇인가?'이다.

2) 변화 주도자 체계

변화를 일으키는 데 주도적 역할을 할 수 있는 모든 사람이 포함된다. 변화 주도자 체계에 어떠한 사람들이 포진될 것인지는 매우 중요하다. 이들의 시각에 따라 변화의 내용과 결과가 달라질 수 있기 때문이다. 이상적으로는 변화 주도자 체계에 문제 제기자 체계를 대표할 수 있는 사람들이 포함되는 것이 좋다. 이들이 사회복지사에게 줄 수 있는 도움들은, 문제 경험자 또는 피해자와 신뢰 관계를 손쉽게 형성할 수 있도록 도와주고, 쟁점과 문제를 진단하는 데 정보를 제공해 주며, 문제 경험자나 피해자에게 변화의 필요를 확산시켜 주는 역할을 하고, 변화가 일어나도록 직접 실천해 줄 수 있다. 예를 들어, 학교폭력 문제의 경우, 변화 주도자 체계는 학교폭력의 피해 학생이나 피해 학생의 부모가 될 수 있을 것이다.

3) 클라이언트 체계

클라이언트 체계는 지역사회 개입을 요청하고 그 개입의 결과로 혜택을 받게 되는 모든 사람이다. 클라이언트 체계가 표적 집단(일반적으로 해당 문제에 대하여 고통을 받는 집단)과 정확히 일치하는 경우도 많다. 예를 들어, 표적 집단이 지역사회의 노숙인이라고 하자. 그리고 지역사회실천의 목표가 해당 지역사회의 노숙인에게 주거와 사회복지서비스를 제공하는 것이라고 하자. 이런 상황에서 클라이언트 체계와 표적 집단은 완전히 일치할 것이다.

그러나 클라이언트 체계와 표적 집단이 서로 정확히 일치하지 않는 경우들도 있다. 클라이언트 집단이란 직접적으로 서비스를 통해 혜택을 받는 집단이며, 표적 집단은 특정 사회 문제를 해결하기 위해 개입이 들어가야 하는 모든 집단을 의미한다. 이에 클라이언트 체계가 지역사회실천을 통해 직접적 혜택을 얻으려는 사람들을 가리키는 것과 달리, 표적 집단은 일반적으로 좀 더 넓은 스펙트럼의 사람들이 포함될 수도 있기 때문이다.

클라이언트 체계란 직접적으로 서비스를 통하여 혜택을 받는 집단이므로, 지역사회복지실천가는 일차 수혜 집단을 설정하는 과정에서 신중할 필요가 있다. 이것이 변화 전략을 수립하는 과정에 중대한 영향을 주기 때문이다.

예를 들어, 학교폭력 문제와 관련하여, 혜택을 볼 사람들은 학생, 교사, 부모, 교육 관청의 행정가, 경찰, 지역사회 전체 등 매우 다양하다. 이들 가운데 '폭력 없는 학교에서 양질의 교육을 받기 원하는 학생들'을 일차 수혜 집단으로 설정한다면, 개입의 초점은 학생 훈육과 경찰력 강화일 것이다. 반면 일차 수혜 집단을 피해 학생으로 설정하면 개입은 '심리치료'에 역점을 둘 수 있을 것이다.

4) 지지체계

문제 해결에 관심을 지닌 모든 사람들을 아우르는 개념이다. 따라서 지지자들은 본질적으로 이차 수혜 집단에 포함되는 것으로 보아야 한다. 지지체계의 구성은 상당 부분 클라이언트 집단 또는 해당 문제와 직간접적으로 연결되어 있는 집단들이다.

예를 들어, 과거에 학교폭력 문제에 노출되어 고통을 당했던 사람들이나 그 가족들, 또는 학교폭력이 혹시 자신의 자녀에게도 일어날 수 있으니 여기에 관심을 가지고 있는 부모들이 포함될 수 있다. 또 다른 예로서 장애인이 다니기에는 어려운 산책로 문제와 관련하여 장애 어린이를 둔 부모들은 지역사회 전체의 장애인과 그들이 겪는 고통에 관심을 가질 가능성이 높다. 이들은 지역 내 장애인 문제를 해결하기 위한 지역사회 실천 과정에서 자연스럽게 지지체계의 일원이 될 수 있다.

지역사회 문제를 해결하기 위해서는 지역 내 관심과 지지가 매우 중요하므로 잠재적 지지자를 파악하기 위해 늘 노력해야 한다. 잠재적 지지자 파악을 위한 질문들로서, 첫째, 변화를 일으킬 힘을 가진 사람이 누구인가? 둘째, 누가 시간과 자원 그리고 변화에 대한 갈망을 지니고 있는가? 셋째, 표적 집단이 신뢰할 만한 사람으로 변화에 기여할 수 있는 사람은 누구인가? 넷째, 표적 집단에 속했던 사람 중에 변화에 기여할 수 있는 사람은 누구인가?

5) 표적체계

변화에 걸림돌이 되는 모든 집단을 의미한다. 변화의 대상이 되어야 할 개인, 집단, 제도, 구조, 정책 등을 포괄하는 개념이다. 표적체계는 표적 집단과는 구분되어야 한다. 표적체계를 파악하는 데 다음과 같은 질문이 도움을 줄 수 있다. 첫째, '일차 수혜 집단이 원하는 혜택을 얻기 위해서는 어떠한 변화가 먼저 이루어져야 하는가?', 둘째, '표적체계는 어디에 위치하고 있는가?', '조직인가 아니면 지역사회인가?'이다.

예를 들어, 학교폭력의 경우 학교폭력 문제를 공식적 위원회 구성 등의 학교 절차를 따르지 않고 조용히 해결하고자 하는 학교장이나 해당 지역 교육청, 가해 학생 부모 등이 모두 포함될 수 있다.

6) 행동체계

지역사회의 변화를 이루기 위해 함께 행동하기로 동의하고 결심한 모든 사람들을 포괄한다. 넓게 본다면, 이들 역시 변화 주도자 체계의 연장선에서 이해할 수 있다. 그러나 변화 주도자 체계는 변화를 추동하는 핵심 세력에 한정된 개념이고 행동체계의 구성원들은 나머지 사람들이 된다. 행동체계의 구성원에는 가급적 다양한 체계의 대표자들을 두루 포함하는 것이 좋다. 특별히 적대적인 관계가 아니라면, 표적체계의 대표자도 포함하는 것이 바람직하다.

예를 들어, 학교폭력의 경우 학교폭력 근절을 위해 노력해 왔던 경찰청 위원회, 지역 내 부모회 등이 포함될 수 있다.

참고문헌

김종일(2012). **지역사회복지론**. 서울: 청목출판사.

최일섭, 이현주(2010). **지역사회복지론**. 서울: 서울대학교 출판부.

최지선, 민소영(2016). **사례관리실천 분석연구: 현장 사례관리자가 인식하는 지역사회 성과를 중심으로**. 한국보건복지인력개발원.

Cohen, N. E. (Ed.). (1964). *Social Work and Social Problems*. New York: National Association of Social Workers.

Harlow, K. S., & Turner, M. J. (1993). State Units and Convergence Models: Needs Assessment Revisited. *The Gerontologist, 33*(2), 190-199.

Spergel, I. A. (1969). *Community Problem Solving: The Delinquency Example*. Chicago: The University of Chicago Press.

제7장

조직화 기법

이 장은 사회복지 현장에서 지역사회를 기반으로 한 실천에서 요구되고 있는 '조직화(community organizing) 기법'에 관한 내용을 다룰 것이다. 이 장은 우선 조직화 기법의 개념, 목표, 이론적 배경 등을 살펴보고, 조직화 기법의 단계 및 전술, 그리고 한계 등의 내용으로 구성하였다.

1. 조직화 기법의 개념

지역사회복지에서의 조직화 기법은 지역사회 문제를 해결하기 위해 주민들이 자발적으로 참여하고 협력할 수 있도록 하는 일련의 방법(최옥채, 2005)과 전략을 의미한다. 즉, 조직화 기법은 지역사회의 자원, 역량, 그리고 주민의 참여를 극대화하여 공동의 목표를 달성하고, 지역사회의 변화를 만들기 위한 중요한 과정이라 할 수 있다. 이러한 의미에서 조직화 기법은 지역사회의 사회적·경제적·환경적 문제 해결에 매우 중요한 도구로 쓰일 수 있다.

조직화 기법은 지역사회의 주민들이 집단적인 힘을 발휘할 수 있도록 다양한 자원을 결집하고, 지역사회 내 이해관계자들이 공동의 목표를 위해 협력하게 하는 과정을 의미한다. 이를 통해 주민들이 스스로 문제를 인식하고 해결하는 주체로 자리매김하며, 궁극적으로 지역사회 역량을 강화할 수 있다.

지역사회복지에서 조직화 기법은 매우 중요한 역할을 하며, 이는 지역사회의 문제를 해결하고, 주민들의 자발적인 참여와 협력을 촉진하여 지속 가능한 변화를 만들어 내기 위한 전략이다. 조직화 기법은 사회복지사가 지역사회 구성원들과 협력하여 다양한 문제를 해결하는 데 사용되며, 이를 통해 지역사회의 문제해결 능력을 강화하고자 한다.

조직화 기법은 주로 지역사회 주민의 참여를 증진시키고, 지역 주민의 역량을 강화하며, 사회 자본을 축적하는 데 초점을 맞춘다. 사회복지사는 지역사회를 조직화함으로써 주민들이 주체적으로 문제를 해결할 수 있는 능력을 배양하고, 이 과정을 통해 지역사회의 빈곤, 주택 및 건강 등의 문제를 해결할 수 있다.

2. 조직화 기법의 목표

조직화 기법은 지역사회 주민들이 문제를 해결할 수 있도록 조직하고, 주민들이 자신의 권리와 이익을 위해 행동할 수 있는 힘을 제공하는 것을 목표로 한다. 이 기법은 지역사회의 자원을 동원하고, 구성원들의 역량을 강화하며, 집단적 행동을 통해 공동의 목표를 달성하고자 하는 것이다.

따라서 조직화 기법의 궁극적인 목표는 지역사회가 스스로 자원의 흐름을 통제하고, 변화를 이끌어 내며, 지속 가능한 발전을 도모할 수 있도록 지역사회의 문제해결 능력(community confidence)을 강화하는 것이라 할 수 있다. 세부적인 목표는 다음과 같다.

1) 지역사회 소속감 및 정서적 지지체계 형성

주민들이 자발적으로 참여하고, 지역사회 문제 해결에 주체적으로 나설 수 있도록 동기를 부여한다. 이를 통해 주민들은 지역사회 소속감과 안전감을 가지게 된다(Hopkins, 2006; 홍현미라, 2013 재인용).

조직화된 사회적 약자의 조직은 소속감을 넘어서 정서적 가용성과 지지를 제공해 줌으로써(Berlin et al., 2001) 사회 통합과 지역사회 정체성 형성으로 나아가게 된다(홍현미라, 2013).

2) 지역사회 세력화

조직화 기법은 사회적 약자 계층을 조직화하여 세력으로 존재하게 할 수 있다(Berlin et al., 2001; 홍현미라, 2013). 이러한 지역사회조직은 지역의 어젠다 형성의 주체로 나서서(Silver, 2004) 지역사회 변화의 주도성을 확보하게 된다(홍현미라, 2013). 가령 빈곤 감소를 위한 실천을 지역사회 조직화(community-based organization)를 통해 이웃 재생(revitalize neighborhood)의 방법으로 해결한 사례도(Rich et al., 2001) 눈여겨볼 필요가 있겠다.

3) 주민 역량 강화

조직화 기법은 단순한 원조 활동과 서비스 제공 활동을 넘어서서 사회적 약자를 보호하고 이들 스스로의 주체적인 해결 능력을 갖도록 클라이언트나 주민 집단의 역량을 강화(empowering)한다(홍현미라, 2013). 궁극적으로 주민들이 지역사회 문제를 이해하고, 이를 해결할 수 있는 능력을 배양하며, 스스로의 권리를 주장할 수 있는 역량을 강화한다.

4) 사회자본 구축

주민들 간의 신뢰, 상호 호혜적인 문화 및 네트워크를 강화하여 공동체 의식을 증진시키고, 지역사회의 사회자본(social capital) 수준을 높인다(Mattessich & Monsey, 2004; Hyman, 2002). 사회자본 조성은 사회조직의 증가와 유대감 강화, 지역사회 참여 촉진을 의미한다(Brown & Richman, 1997). 주민들 간의 관계 조성을 통해 비공시적 규제, 규범 등이 발달하게 되어 공동체 의식 고양 및 개인들의 지역사회조직으로의 참여가 높아진다(홍현미라, 2015). 더 나아가 상호 감시와 규제로 지역사회 안전감을 높일 수 있다.

3. 조직화 기법의 이론적 배경

조직화 기법은 다양한 사회이론에 기초하여 발전하였다. 즉, 구조기능주의, 갈등 이론, 상징적 상호작용론, 그리고 최근에 대두되고 있는 급진적 사회복지 이론 등이 조직화 기법을 설명할 수 있는 이론들이라 할 수 있다.

1) 구조기능주의

구조기능주의(Functionalist theory)는 사회가 상호작용하는 다양한 하위 체계로 이루어졌다고 설명한다. 조직화는 이 체계들이 협력하고 안정적으로 기능할 수 있도록 조정하는 역할을 한다. 즉, 지역사회의 다양한 집단들이 각각의 역할을 잘 수행하면서 지역사회 전체가 문제를 해결할 수 있도록 돕는 것이다.

2) 갈등이론

갈등이론(Conflict theory)은 사회의 구조적 불평등에 의해 약자와 강자 간의 갈등이 발생한다고 본다. 이 관점에서 조직화 기법은 약자들이 집단적으로 권력을 얻고, 불평등한 구조에 도전하여 더 나은 조건을 이끌어 내는 과정을 중시한다. 주민들이 힘을 모아 사회적 자원에 대한 접근성을 높이는 방식으로 정의로운 변화를 추구할 수 있는 것이다.

3) 상징적 상호작용론

기존의 철학적 패러다임에서 실재를 고정적이고 특질적인 것으로 규정했다면, 상징적 상호작용론(symbolic interactionism)은 관계적이며 과정적이라는 새로운 시작을 통해 '상호작용'을 강조한다. 또한 상호작용을 구성하는 언어 행위에서의 '상징'의 사용을 의미 있게 본다(윤인진 외 공역, 2001). 즉, 상징적 상호작용론은 사람들이 서로 상징을 통해 의사소통하며 사회적 관계를 형성하고 발전시킨다는 것을 강조한다. 이러한 맥락에서 조직화 기법에서는 지역사회의 구성원들이 의사소통을 통해 문제를 인식하고, 의미를 재구성하면서 문제해결 방안을 모색하는 과정을 중요시 여긴다.

4) 급진적 사회복지 이론

최근에 대두된 급진적 사회복지 이론(radical social work theory)은 사회구조적 불평등을 강조하고, 특히 사회적 약자와 소외된 계층의 권리와 자율성을 증대시키는 데 초점을 둔다. 이러한 이론적 배경에서 보면, 조직화 기법은 지역사회 내 약자들이 자발적으로 모여 공동의 행동을 통해 변화를 추구하는 것을 지지한다고 할 수 있다.

4. 조직화 기법의 단계[1)]

조직화 기법의 단계는 지역사회의 문제를 해결하고, 주민들이 자발적으로 참여할 수 있도록 체계적으로 접근하는 과정이다. 이러한 단계들은 지역사회의 참

1) 조직화 기법의 단계 중 '시작 단계, 주민 참여 및 자원 동원 단계, 실행 단계'의 내용은 Ronnby(1995)의 내용을 재구성하고 이호 등(2000)과 최옥채(2005), 홍현미라(2016)의 내용을 추가하였다.

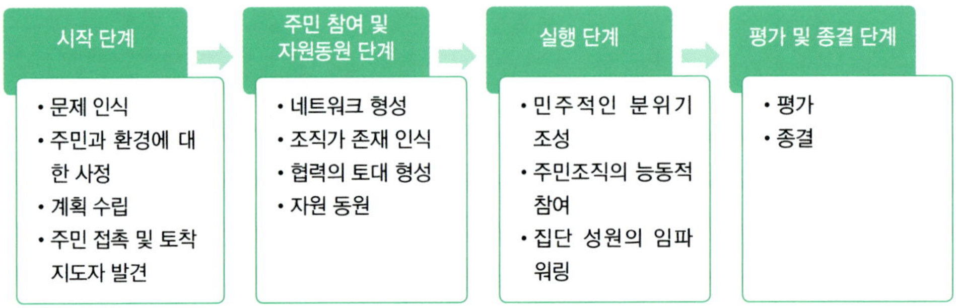

[그림 7-1] **조직화 기법의 단계**

여를 촉진하고, 자원을 동원하며, 집단적인 행동을 통해 문제 해결을 도모하는 데 중점을 둔다.

이러한 조직화 기법의 단계는 학자마다 다소 차이가 있다. 최옥채(2005)는 준비 단계, 실천 단계, 종결 및 평가 단계로 구분하였다. 이호 등(2000)은 사업(프로그램)의 기획과 실행 단계, 주민조직(모임)의 구성 단계, 이슈의 설정 단계, 대중행동 단계, 평가와 성찰 단계 등으로 구분하였다. 론비(Ronnby, 1995)는 크게 조직화의 시작 단계와 조직화 단계로 구분하고, 시작 단계에서는 사람들과 환경에 대한 사정, 주민 접촉하기, 관계 형성하기, 조직가의 존재 알리기, 협력의 토대 만들기 등의 세부적인 과정과 과업을 제시하였다. 그리고 두 번째 단계인 조직화 단계에서는 창조적인 분위기로의 발전시키기, 집단의 발전 시키기, 집단 성원의 역량 강화의 집중하기 등의 과정과 과업을 제시하였다.

앞의 학자들의 이론을 종합하고 재구성하여 본 이 책에서는 조직화 기법의 단계를 시작 단계, 주민 참여 및 자원 동원 단계, 실행 단계, 종결 및 평가 단계 등으로 구성하였고, 각 단계는 서로 긴밀히 연결되어 있다.

1) 시작 단계

조직화의 시작 단계는 문제를 인식하고 그 문제 및 환경에 대한 사정과 계획, 그리고 주민 접촉하기로부터 출발한다. 이 모든 과정에 지역 주민과 좋은 관계를 형성하고 친근한 관계를 만드는 것은 이러한 친근한 관계가 지역사회 조직화 사업에 있어서 다리 역할을 하기 때문에 중요할 수 있다. 이 시작 단계에서는 몇 가지 과업이 요구되는데 문제 인식 및 주민과 환경에 대한 사정(Ronnby, 1995), 계획 수립(최옥채, 2005; 이호 외, 2000), 주민 접촉(최옥채, 2005; Ronnby, 1995) 등이 있다.

(1) 문제 인식

조직화 기법의 시작 단계는 지역사회 내에서 해결해야 할 문제를 인식하고 정의하는 과정으로부터 출발한다. 이 단계는 문제를 구체적으로 확인하고, 지역사회의 구성원들이 어떤 문제를 가장 심각하게 느끼는지 파악하는 것을 목표로 한다.

문제의 중요성을 인식하는 것은 지역사회의 주민들이 일상생활에서 겪는 불편이나 어려움을 중심으로 문제를 인식한다. 주민들이 직접적으로 경험하는 문제일수록 더 높은 동기와 관심을 유발할 수 있다. 이때 필요한 자료의 수집은 문제의 심각성을 확인하기 위해 통계 자료, 설문 조사, 인터뷰 등을 통해 가능하다. 수집된 데이터를 바탕으로 지역사회 내 여러 문제 중 가장 시급하게 해결해야 할 문제를 선정하는 문제의 우선순위 설정 또한 중요하다.

(2) 주민과 환경에 대한 사정

조직가는 주민들의 태도, 관심사, 가치관, 사고방식, 표현 방식 등을 알아나가는 데 주력해야 한다. 이는 주민과의 접촉을 용이하게 하고 조직가의 존재를 알리는 데 유용하게 사용할 수 있는 정보들이다. 조직가는 그들의 언어로 말하는 등 그들에게 친숙함을 느낄 수 있도록 해야 한다.

(3) 계획 수립

문제를 인식하고 주민과 환경에 대한 사정을 마치고 나면 실천에 대한 계획을 수립해야 한다. 목표를 설정하고(최옥채, 2005) 아울러 표적 집단, 실천 내용, 실천 접근방법 및 전략 등에 대한 논의를 하고(이호 외, 2000; 최옥채, 2005), 성과 예측을 해 보는 것은 매우 의미 있을 것이다.

(4) 주민 접촉 및 토착 지도자 발견

주민 접촉하기란 표적 집단을 찾아내고 문제해결 과정에 필요한 토착 지도자를 찾아내는 과정일 수 있다. 지역사회의 지도자나 지도자 집단과의 좋은 관계 형성은 지역사회 기반의 실천 활동에 매우 중요한 역할을 하게 된다(Ronnby, 1995; 최옥채, 2005). 이들을 통해 지역사회에 대한 이해, 문제의 역사, 문제와 관련한 주민들의 이해관계 등의 정보를 얻을 수 있고, 더 나아가 주민 참여의 토대를 확보할 수 있게 해 줄 것이다.

주민들과 접촉하는 데에는 다양한 방법이 있다. 교회에서 진행하는 아침의 차(tea) 모임이라든지 축구 모임 등 지역사회 내 이미 존재하는 모임을 활용하는 전략이 필요하다. 되도록 자연스러운 계기나 기회를 이용할 수 있어야 하고 지역사회의 전통이나 관습과 자연스럽게 연계할 수 있는 계기를 만드는 것이 바람직할 것이다.

2) 주민 참여 및 자원 동원 단계

조직화 기법의 토대는 주민 참여와 자원 동원이라 할 수 있다. 문제가 정의된 후에는 지역사회 주민들의 참여를 유도하는 단계이다. 주민들이 문제해결 과정에 자발적으로 참여하고, 책임감을 가지고 협력할 수 있도록 동기 부여가 필요하다. 이를 위해 네트워크를 형성하고, 조직가의 존재를 알리며, 협력의 토대를 만들어야 하고, 필요한 자원을 동원하여야 한다(Ronnby, 1995; 최옥채, 2005).

(1) 네트워크 형성

주민 참여의 안정성과 지속성을 위해서는 지역사회 다양한 조직 간 네트워킹을 해야 한다. 조직가는 일상적으로 지역사회 내 다양한 모임을 탐색하여 접촉해야 한다. 이러한 초기 단계의 탐색 활동은 공식적일 필요는 없다. 비공식적인 계기를 활용하는 것이 자연스러울 수 있다. 하지만 긴급한 사안을 중심으로 한 주민 모임이 필요할 때가 있는데, 이때는 해당 문제에 직면한 주민들의 자발적 참여를 이끌어 내는 공식적 활동이 요구된다.

네트워크를 형성할 때 자연스럽게 대두되는 중심 조직을 관리(중심 조직에 대한 권한 위임)하여 보다 많은 주민들의 참여를 촉진하는 것이 중요하다. 이때 조직가는 협력을 위한 동기를 부여해야 하고 그러기 위해서는 주민들의 상황, 문제, 욕구 등을 파악하여 이들 요소 중 협력할 수 있는 관심사가 무엇인지 발견하여야 한다.

론비는 협력을 위한 동기 부여 기술로 다음을 제시하였다.

- 공통의 과제를 선정하여 문제를 함께 해결하도록 프로그램을 구성한다.
- 프로그램을 통해 서로의 시간과 에너지를 배분하고 성과를 얻어내는 과정을 경험하게 한다.
- 프로그램의 참여로 인한 적정한 수준의 비용을 결정하게 하고, 이 비용을 함께 사용하는 방법을 경험하게 한다.
- 참여자로 하여금 '참여할 가치가 있다'는 자각을 갖도록 함으로써 조직화 프로그램에 대한 참여 이유를 스스로가 정립하게 한다.

(2) 조직가 존재 인식

조직화 기법을 사용하는 시작 단계에서 주민들에게 조직가의 존재를 알려야 한다. 조직가 존재 이유에 대한 주민들 간의 합의와 비공식적 승인을 얻어냄으로써 주민과 조직가 사이에 조직화 기법을 사용할 수 있는 전문적 관계가 형성되는 것이다. 조직가는 사람들과의 지속적인 만남을 통해 지역사회의 보편적인 관심사를 발견할 수 있어야 하는데, 그 시발점은 지역사회 사정 실천을 통해 효과적으로 달성할 수 있다(홍현미라, 2016).

또한 조직가는 일상적인 만남을 다른 사람들과의 교제로 확장시킬 수 있어야 한다. 조직가는 문제 해결을 위한 지식을 제공하는 모임을 시작하고 관심사를 이슈로 만들어 내어야 한다(이호 외, 2000). 이러한 과정에서 조직가는 주민 참여를 촉진하는 촉진자 역할을 하게 된다.

(3) 협력의 토대 형성

조직가는 실천을 위한 지속적인 협력의 토대를 만들어 나가야 한다. 사회자본이론의 관점에서 보면, 협력의 토대는 호혜적인 관계(reciprocal relationship)의 양과 질에 좌우된다. 왜냐하면 호혜적인 관계는 서로를 정서적으로 만들어 주며 신뢰를 쌓아 가는 데 유용하게 작용하기(Bourdieu, 1986) 때문이다. 론비는 협력의 토대를 만들기 위한 기술을 다음과 같이 제시하였다.

- 협력이 필요한 구체적인 사안이나 이슈 발굴
- 협력 목표의 구체화
- 목표 설정 과정에 주민 참여
- 행동계획 수립
- 공정한 일의 배분(시간과 경비, 역할 등)
- 구체적인 과업의 배분

(4) 자원 동원

주민들의 참여가 활성화되면, 조직가는 문제를 해결하기 위해 필요한 자원(인적 · 물적 · 재정적 자원)을 확보해야 한다. 이 단계에서는 주민들뿐만 아니라 지역사회 내 다른 이해관계자들, 정부 기관, 비영리 단체 등과 협력하여 자원을 확보하는 것이 중요하다.

- 자원 지도 작성(resources mapping): 지역사회 내에서 사용할 수 있는 자원(기관, 인력, 재정 등)을 파악하고 이를 시각적으로 정리한다.
- 재정적 자원 확보: 지역사회의 문제 해결을 위해 필요한 재원을 기부, 후원, 정부 지원금 등을 통해 확보한다.
- 협력체계 구축: 지역사회 기관, 상점, 기업, 비영리 단체 등과 협력하여 문제 해결에 필요한 물적 자원과 기술적 지원을 받는다.

3) 실행 단계

이 단계에서는 문제 해결을 위한 구체적인 전략을 개발하고, 이를 실행하는 과정이다. 자원이 확보되고 참여자가 조직화되면, 실제로 문제 해결을 위한 활동이 시작된다. 활동은 체계적으로 계획되며, 실행 과정에서 지속적인 모니터링과 피드백이 이루어진다.

(1) 민주적인 분위기 조성

조직가는 집단 구성원 모두의 능력을 발휘할 수 있도록 민주적이고 자유로운 분위기가 만들어지도록 노력해야 한다. 조직화의 과정은 문제 해결의 과정이기도 하지만 서로의 만남과 활동이 안전하고 즐거운 분위기여야 한다. 또한 구성원의 생각과 관점이 긍정적으로 평가되는 민주적 분위기가 정착하는 것이 중요하다. 비판보다는 긍정적인 발전을 위한 진지한 논의를 하는 것이 바람직할 것이다. 서로의 의견에 귀 기울일 수 있어야 하고 합의를 위해서는 다양한 의견을 이해하는 것이 전제되어야 한다. 론비가 제시한 조직화 과정에서 바람직한 집단 토의 지침 중 우리나라 맥락에 유용한 지침을 다음에 제시하였다.

- 다른 사람 의견 경청
- 동일한 의견 제출권
- 자유로운 의견 개진
- 토의 전반에 대한 구성원 전원의 이해력 보장
- 공개적 토의의 원칙

(2) 주민조직의 능동적 참여

조직가는 주민들의 능동적 참여를 이끌기 위해 지시보다는 질문을 통해 주민들이 생각하고 해결 방안을 만들 수 있도록 하여야 한다. 능동적인 조직을 만들기 위해서는 다음의 과정을 거쳐야 할 것이다.

첫째, 조직가는 주민들을 믿어야 한다. 그들 개인의 삶, 걱정, 즐거움, 꿈 등에 대해 애정을 가지고 개방적인 자세로 관심을 가져야 한다.

둘째, 조직가는 주민들이 자신의 의견을 구성하고 표현할 수 있도록 해야 한다.

셋째, 주민들이 자신의 상황이나 문제에 대해 분석하고 얻을 수 있는 이익이나 성과에 관한 대화를 해야 한다.

넷째, 주민들이 지속적인 대화와 토의를 통해 변화와 기회를 만들어 갈 수 있도록 결정권을 부여해야 한다.

(3) 집단 성원의 임파워링(empowering)

조직화 기법을 사용하여 조직을 발전시키는 과정은 전략을 수립하고 문제 해결을 위한 자원을 동원하는 과정일 것이다. 이때 의제를 설정하고 행동 계획을 수립하는 것이 필요하다.

- 현재 우리는 어떻게 견뎌 나가고 있는가?
- 무엇을 할 수 있는가?
- 우리의 제안에 대해 어떠한 수단과 자원들을 가지고 있는가?
- 이러한 것들을 어떻게 이용할 것인가?
- 어떠한 새로운 자원들이 동원될 수 있는가?
- 누가 함께 동반자로 참여해 줄 수 있는가?
- 부딪혀야 하는 저항은 무엇인가?
- 어려움은 무엇인가?
- 기대하고 있는 결과는 무엇인가?

이러한 질문을 통해 행동계획을 수립하는 것은 곧 집단 성원을 임파워링하는 것이라고 할 수 있다. 주민을 임파워링시키기 위한 기술은 다음과 같다. 첫째, 조직가는 위기에 처한 주민들에게 상황을 변화시킬 수 있다는 희망을 주어야 한다. 둘째, 조직가는 주민들의 동기 부여를 한 기회를 제공하여야 한다. 셋째, 조직가는 주민들이 자신이 문제해결 능력이 있는 존재라는 것을 믿도록 격려하여야 한다. 넷째, 조직가는 주민들이 용기를 갖도록 힘써야 한다.

4) 평가 및 종결 단계

(1) 평가

평가 단계는 문제 해결을 위한 활동이 완료된 후, 그 성과를 평가하는 단계이다. 이 과정에서 목표 달성 여부와 실행 과정의 효과성을 평가하며, 평가 결과는 다음 활동이나 후속 프로젝트에 반영된다.

① 과정 평가

실행 과정에서 발생한 문제점과 개선이 필요한 부분을 평가하고, 향후 계획에 반영할 수 있는 교훈을 도출한다.

② 결과 평가

활동을 통해 달성된 결과를 측정하고, 문제 해결에 얼마나 기여했는지 분석한다.

③ 피드백 제공

참여자들에게 평가 결과를 공유하고, 개선 방안을 논의한다.

(2) 종결

종결 단계는 조직화 활동의 종결 및 지속 가능성 계획을 수립하는 과정이다. 문제해결 활동이 끝나면 활동을 정리하고, 그 결과가 지속 가능한 영향을 미칠 수 있도록 후속 조치를 마련하는 것이 중요하다. 이 단계에서는 지역사회가 자립적으로 문제를 지속 관리할 수 있는 방안도 마련한다.

① 종결 보고

활동의 결과를 문서화하고, 참여자들과 함께 활동을 마무리한다.

② 지속 가능성 확보

활동 종료 후에도 지역사회가 자립적으로 문제를 관리하고 해결할 수 있도록 지속적인 지원체계를 마련한다. 자율적인 주민조직을 유지하거나, 추가 자원을 확보하는 방안을 모색한다.

③ 후속 실천 논의 및 제안

만약 해결되지 않은 문제나 추가적인 요구가 발견될 경우, 후속 활동이나 프로젝트를 계획할 수 있다.

5. 조직화 기법의 전술

조직화 기법에서 사용하는 구체적인 전술로는 지역사회 내 다양한 문제를 해결하고, 주민 참여를 극대화하기 위한 다양한 전략적 접근방식이 있다. 이 전술들은 주민들의 자발적인 행동을 촉진하고, 자원 동원 및 문제 해결을 위한 구조적 대응을 가능하게 할 것이다. 조직화 기법에서 활용되는 전술들은 다음과 같다.

1) 당사자 임파워링

주민들이 자신들의 권리와 능력을 인식하고 문제해결 과정에서 주체적인 역할을 할 수 있도록 힘을 키워 주는 전술이다. 이는 개인과 집단이 문제 해결을 주도할 수 있는 역량을 갖추도록 돕는 데 중점을 둔다. 가령 특정 지역의 여성만이 겪는 문제가 발생할 경우 여성 지역조직을 통해 당사자의 목소리를 내도록 하는 것은 매우 중요하다(Ostrander, 2004).

- 전술 내용: 교육 프로그램, 리더십 훈련, 워크숍 등을 통해 주민들이 문제에 대해 인식하고 해결 능력을 강화

〈예시〉
저소득층 여성들이 경제적 자립을 도모할 수 있도록 창업 교육을 제공하고, 이를 통해 지역사회 내 경제 활동을 활성화.

2) 연합 및 네트워크 구축

이는 지역사회의 다양한 이해관계자들(주민, 비영리단체, 정부 기관 등)을 연합하여 문제 해결을 위한 공동 목표를 설정하고, 협력 구조를 형성하는 전술이다. 네트워크를 통해 자원과 지식, 기술을 공유하고, 협력적인 접근을 통해 보다 효과적으로 문제를 해결할 수 있다.

- 전술 내용: 연합체 구성, 공동 의사결정 구조 설계, 자원 및 정보 공유 등의 방법으로 협력적 네트워크를 형성.

〈예시〉
지역 내 청소년 범죄 문제를 해결하기 위해 경찰, 학교, 복지 기관, 주민들이 공동으로 범죄 예방 프로그램을 기획하고 실행.

3) 대중 동원

지역사회 내 다수의 주민들이 특정 이슈에 대해 관심을 갖고 행동에 나설 수 있도록 촉진하는 전술이다. 이는 집단적 행동을 통해 문제 해결의 동력을 마련하는 데 필수적이다. 대중의 참여를 극대화하여 정치적, 사회적 압력을 형성하는 것이 주요 목표이다.

- 전술 내용: 캠페인, 시위, 집회, 서명 운동, 소셜 미디어 등을 활용하여 대중을 동원하고, 대규모 참여를 유도.

〈예시〉
공공주택 확대 요구를 위해 주민들이 서명 운동을 벌이고, 정부 기관에 청원을 제출함으로써 정책 변화를 유도.

4) 정치적 동원

정치적 결정 과정에 주민들이 적극적으로 참여하도록 촉진하는 전술이다. 이를 통해 주민들은 정책 결정 과정에 직접적인 영향을 미칠 수 있고, 지방정부의 서비스 제공 할당에 영향을 미칠 수 있으며(Marwell, 2004), 지역사회 내 변화와 개선을 가져올 수 있다. 선거제도를 활용하여 정치적 캠페인을 하거나 로비 활동을 통해 공공정책 개발을 촉진할 수 있다(Homan, 1994).

- 전술 내용: 지방 선거 참여 독려, 지방정부와의 대화 창구 마련, 로비 활동 등을 통해 정치적 참여를 촉진.

〈예시〉
지역의 노인 복지 예산 증액을 위해 지방정부와 주민들이 협력하여 정책 변화 요구를 제출하거나 공청회를 여는 활동.

5) 사회적 행동(social action)

사회적 불평등이나 부당한 구조에 대항하여 변화를 요구하는 전술이다. 특히, 소외된 계층이나 불평등한 상황에 놓인 주민들이 집단적인 행동을 통해 불평등 구조를 개선하는 데 중점을 둔다. 이는 갈등을 조성할 수 있지만, 사회적 정의를 실현하는 중요한 수단이 될 수 있다.

- 전술 내용: 시위, 항의, 파업, 보이콧 등을 통해 사회적 불평등에 대한 인식을 제고하고 변화를 요구.

〈예시〉
지역의 저임금 노동자들이 생계비 인상을 요구하며 파업을 벌이고, 이를 통해 노동 조건 개선함.

6) 옹호 및 로비 활동(advocacy and lobbying)

옹호 활동은 주민이나 특정 집단의 이익을 대변하는 전술로, 정치적 · 사회적 문제 해결을 위해 정부나 의사 결정권자에게 영향력을 행사하는 방법이다(Hardcastle, 2004). 로비 활동은 정책 개발과 변화를 위해 타협을 통해 목적을 달성하여 합의를 이끌어 내는 방법이다(Homan, 1994). 이는 법적 · 정치적 변화를 도모하는 데 효과적이며, 지역사회의 문제를 정책화하는 중요한 수단이다.

- 전술 내용: 정치인들과의 협력, 언론을 통한 여론 형성, 정부에 공식적인 정책 제안서 제출 등을 통해 로비 활동을 수행.

〈예시〉
특정 지역에서 보건서비스를 확대하기 위해 옹호하고 로비 활동을 통해 지방 정부의 예산 할당을 증대시킴.

7) 공동체 중심 활동(community building)

마을 만들기와 같이 지역사회 내에서 발생하는 문제를 주민들과 함께 협력하여

해결하는 접근방식이다. 문제를 분석하고, 다양한 해결책을 논의한 후 주민들과 함께 이를 실행에 옮기면서 궁극적으로 지역의 공동체를 형성하거나 강화하는 것이다. 문제해결 과정에서 주민들의 의견을 반영하고, 자원 동원을 통해 협력적 해결을 도모한다. 이러한 활동을 통해서 궁극적으로 만들어지는 것은 사회자본 형성이라 할 수 있다(민소영, 2013; Berlin et al., 2001; Mattessich & Monsey, 2004).

- 전술 내용: 주민 회의, 문제해결 워크숍, 자원 지도 작성, 문제해결 프로젝트 기획 등을 통해 지역사회 문제를 해결.

〈예시〉
주거 환경 개선을 위해 지역 주민들이 협력하여 재개발 정책에 관여하여 공동체적 공공 주택 설립을 추진하고, 재정적 지원을 받기 위한 기금 모금 활동을 전개함.

8) 지역사회 의식 고취

지역사회 문제나 이슈에 대한 주민들의 인식을 고취하고, 이에 대한 관심을 높이는 전술이다. 교육과 홍보를 통해 주민들이 문제를 인식하고, 참여할 수 있도록 독려한다. 이를 통해 주민들은 문제 해결의 중요성을 깨닫고, 행동을 촉구한다.

- 전술 내용: 캠페인, 홍보 활동, 미디어 활용, 공공 교육 프로그램 등을 통해 주민들의 인식을 고취.

〈예시〉
지역의 환경 문제를 해결하기 위한 주민 참여를 유도하기 위해 지역 축제에서 환경 보호 캠페인을 펼치고, 미디어를 통해 홍보하는 활동.

9) 포괄적 동네 지도 작성

포괄적 동네 지도(Comprehensive Neighborhood Mapping: CNM)란 지리적 지역의 위험한 장소, 인물, 상황, 활동과 관련한 정보를 지도에 표시하는 것이다(Nelson & Baldwin, 2002). 이는 지역사회를 시각적으로 정리하고, 이를 기반으로 문제 해결을 위한 전략을 세우는 전술이다. 이는 지역 내 문제 및 자원(인적 · 물적 자원)을 파악하고, 이를 효과적으로 활용할 수 있는 방법을 모색하는 데 도움을 준다. 예를 들어, 아동 · 청소년 안전과 위험 관련 정보들을 근린지역사회 단위(동네)로 작성한다면 정보의 통합과 아동 · 청소년을 위한 효과적인 보호 전략 개발에 도움을 줄 것이다(홍현미라, 2016).

- 전술 내용: 지역사회의 문제와 활용 가능한 자원(기관, 인프라, 네트워크 등)을 지도로 작성하고, 자원의 상호 연결성을 분석하여 문제 해결에 동원.

〈예시〉

지역사회 내 복지 기관, 자원봉사 단체, 의료 시설 등을 지도에 표시하고, 이를 활용하여 빈곤층 지원 프로그램을 기획하는 활동.

10) 사회적 마케팅

사회적 변화를 촉진하기 위해 마케팅 기법을 사용하는 전술이다. 이를 통해 지역사회의 문제 해결에 필요한 행동 변화를 유도할 수 있다. 주민들이 변화에 동참하도록 마케팅 전략을 활용하여 문제를 알리고, 해결책을 제시하는 방식이다. 최근에는 사회적 마케팅(social marketing)이 SNS를 통해서 활용되는 양상을 보이고 있다.

- 전술 내용: 광고, 캠페인, 이벤트, SNS 등을 통해 지역사회의 문제를 알리고, 해결을 위한 행동을 촉구.

〈예시〉
지역의 환경 보호를 위한 재활용 캠페인을 대중매체를 통해 홍보하고, 주민들이 재활용에 참여하도록 유도하는 활동.

이처럼 다양한 조직화 기법의 전술들은 각기 다른 문제 상황과 지역사회의 특성에 맞추어 활용될 수 있다. 전술의 선택은 지역사회의 자원, 주민의 참여도, 문제의 성격에 따라 달라지며, 효과적인 조직화를 위해서는 전략적인 접근과 계획이 중요하다.

6. 조직화 기법의 한계

조직화 기법은 지역사회 문제 해결에 효과적인 방법이지만, 몇 가지 한계점도 존재한다(Kubisch, 2005; Lambert & Black, 2001).

첫째, 주민 협력을 위해 많은 시간과 에너지가 필요하다. 주민들이 가치적으로 합의를 하더라고 직접적으로 주민이 관여하기까지는 많은 시간과 에너지가 요구된다. 때로는 일부 주민들의 관심이나 시간 부족 또는 무관심 등의 이유로 적극적으로 참여하지 않을 수도 있다.

둘째, 지역사회의 수용력이 부족하다. 대다수의 열악한 지역 기관들이 협력자가 되기에는 취약할 수 있고 수용력이 부족해서 많은 노력들이 약화될 수 있다.

셋째, 사회서비스 공급 조직에 근무하는 사회복지사들이 지역사회 수준의 개입 훈련이 부족하다. 대다수의 사회복지조직은 전체 지역사회를 대상으로 하기보다는 개별적 수준에서의 서비스 제공을 하고 있어서, 전체 지역사회 사정이나 비공식적 현장에서 일하기 등의 지역사회 수준의 개입 훈련이 필요하다.

넷째, 권력 구조의 저항이 있을 수 있다. 사회적 불평등을 해결하려는 과정에서 기존의 권력 구조나 이익 집단의 저항에 직면할 수 있다. 기존의 권력 구조나 이해관계자들이 변화를 저지하거나 저항할 가능성이 있다.

이러한 한계를 극복하기 위해서는 더 많은 주민의 참여를 유도하거나 촉진하고, 외부 자원을 적극적으로 활용하며, 다양한 이해관계자들과 협력하는 방식으로 지역사회의 협력 구조를 강화하는 것이 필요하다.

조직화 기법은 문제 인식에서부터 종결까지 일련의 체계적인 과정을 통해 지역사회 문제를 해결한다. 각 단계마다 주민들의 자발적인 참여와 자원 동원이 중요하며, 구체적인 전략 개발과 평가 과정을 통해 조직화 활동의 성공 가능성을 높일 수 있다. 이러한 단계적 접근은 지역사회의 역량을 강화하고, 지속 가능한 변화를 이끌어 내는 데 필수적인 방법론이라 할 수 있다.

지역사회 안전망 구축 사례

A 지역사회에서 빈번한 범죄 문제를 해결하기 위해 지역 주민들이 자발적으로 모여, 지역 내 경찰서와 협력하여 지역사회 안전망 구축 프로젝트를 진행한 사례이다.

- 문제 인식: 지역사회에서 증가하는 범죄 문제를 주민들이 인식하고, 이를 해결하기 위한 집단적인 대응이 필요하다고 판단.
- 주민 참여 촉진: 지역 내 다양한 계층의 주민들이 참여할 수 있도록 주민 공청회를 열고, 안전망 구축의 필요성을 알림.
- 자원 동원: 지역사회 내 경찰서, 지역 상점, 비영리 단체 등과 협력하여 안전망 구축을 위한 자원을 동원.
- 실행: 지역 내 순찰대를 조직하고, CCTV 설치, 야간 조명 개선 등의 활동을 실행.
- 평가 및 피드백: 범죄율 감소를 평가하고, 향후 더 나은 방범 대책을 마련하기 위한 주민 의견 수렴.

참고문헌

민소영(2013). 문화예술을 활용한 마을 만들기의 경험: 광주시 시화문화마을 사례를 중심으로. **비판사회정책, 40**, 32-73.

윤인진 외 공역(2001). **자아와 사회: 상징적 상호작용주의 사회심리학**. 서울: 학지사.

이호, 박연희, 홍현미라(2000). 현장에서 배우는 주민조직 방법론. 한국도시연구소.

최옥채(2005). 사회복지사를 위하 조직화 기술. 경기: 학현사.

홍현미라(2013). 지역사회복지 정체성 담론형성을 위한 시론연구: CO전략을 중심으로. 한국사회복지행정학, 15(3), 263-283.

홍현미라(2015). 영유아발달을 위한 지역사회중심의 서비스전달체계 구축실천 사례연구: '포괄적 지역사회계획(CCIs)' 모델 적용. 한국사회복지행정학, 17(3), 111-134.

홍현미라(2016). 아동중심의 지역사회개발 실천연구: '포괄적 지역사회 계획(CCIs)' 관점 적용. 한국아동복지학, 55, 57-86.

Berlin, L., J., Brooks-Gunn, J., & Aber, J. L. (2001). "Promoting Early Childhood Development Though Comprehensive Community Initiatives". Children's services: Social policy. *Research and practice, 4*(1), 1-24.

Bourdieu, P. (1986). The Forms of Capital. In J. G. Richardson (Ed.), *Handbook of Theory and Research for the Sociology of Education* (pp. 241-258). New York: Greenwood Press.

Brown, P., & Richman, H. (1997). "Neighborhood effects and state and local policy". *Neighborhood Poverty, 2,* 164-181.

Hardcastle, D. A., Wenocur, S., & Powers, P. R. (2004). *Community practice: Theories and skills for social workers*. New York: Oxford University Press.

Homan, M. S. (1994). *Promoting community change*. Pacific Grove, CA: Brooks/Cole Publishing Company.

Hyman, J. B. (2002). "Exploring Social Capital and Civic Engagement to Create a Framework for Community Building". *Applied Developmental Science, 6*(4), 196-202.

Kubisch, A. C. (2005). "Comprehensive community building initiatives-ten years later: What we have learned about the principles guiding the work". *New Direction for Youth Development, 106,* 17-26.

Lamnert, S. F., & Black, M. M. (2001). "Comprehensive Community Initiatives: Expanded Roles for Developmental Scientists". *Children's Services: Social Policy, Research, and Practice, 4*(1), 25-29.

Marwell, N. P. (2004). "Privatizing the Welfare State: Nonprofit Community-Based

Organizations as Political Actors". *American Sociological Review, 69,* 265-291.

Mattessich, P. W., & Monsey, B. R. (2004). *Community Buildings: What Makes it Work A Review of Factors Influencing Successful Community Building.* Amherst H. Wilder Foundation.

Nelson, S., & Baldwin, N. (2002). "Comprehensive Neighborhood Mapping: Developing a Powerful Tool for Child Protection". *Child Abuse Review, 11,* 214-229.

Ostrander, S. A. (2004). "Moderating Contradictions of Feminist Philanthropy: Women's Community Organizations and the Boston Women's Fund, 1995 to 2000". *Gender & Society, 18*(1), 29-46.

Rich, M. J., Giles, M. W., & Stern, E. (2001). "Collaborationg to Reduce Poverty: View from City Halls and Community-Based Organization." *Urban Affairs Review, 37*(2), 184-204.

Ronnby, A. (1995). *Mobilizing Local Communities.* Avebury. Inc.

Ross, M. G. (1955). *Community organization: Theory and principles.* New York: Harper and Brothers.

Rubin, H. J., & Rubin, I. (1986). *Community organizing and development.* Columbus: Merrill Publishing Company.

Silver, I. (2004). "Negotiating the Antipoverty Agenda: Foundations, Community Organizations, and Comprehensive Community Initiatives." *Nonprofit and Vountary Sector Quarterly, 33*(4), 606-204.

제8장

자원개발 기법

1. 지역사회 자원개발의 필요성

대부분의 지역사회복지 향상을 위한 실천 활동은 사회복지기관을 포함한 비영리 단체를 통해서 이루어진다. 비영리 단체에서 재정의 일부는 정부 보조금과 같은 공공자원으로 조달되지만, 효과적인 사업 진행을 위해서는 회원들의 회비와 후원금, 자원봉사 인력 등의 형태로 민간의 인적·물적 자원에 의존할 수밖에 없다. 따라서 지역사회에서 일하는 사회복지사와 활동가들은 지역사회복지 실천을 위해서 인적·물적 자원을 확보하는 것이 필수적이다. 지역사회 실천 과정에서 비영리 단체의 자원개발의 필요성은 다음과 같다.

첫째, 사회복지기관의 활동 및 목표의 달성은 기본적인 재정자원을 제공하는 재정지원자(funder)에 의해 영향을 받는다. 따라서 사회복지기관이 재정지원자로부터 수입을 얼마나 안정적으로 확보하고 재정지원자와의 관계를 어떻게 관리하는가는 기관의 목표 달성에 중요한 요인으로 작용한다. 다양한 재정지원자(funder)의 개발과 관리, 그리고 자원의 안정적 확보와 관련된 자원개발 활동은 사회복지기관의 목표 달성과 궁극적인 조직의 생존에 있어서 매우 중요하다(노연희, 2006).

둘째, 사회복지기관의 자원개발 활동은 기관의 사업에 필요한 수입을 확보한다는 측면뿐 아니라, 이러한 활동을 통해 획득된 자원이 사회복지기관을 둘러싼 지역사회로부터 지지와 인가를 받았다는 증거라는 점에서 중요한 의미가 있다. 예를 들어 사회복지기관이 사회복지공동모금회 또는 민간 재단과 같은 재정 지원자로부터 자원을 획득한다는 것은 그 기관이 공익을 달성하기 위해 서비스를 제공한다는 정통성을 확보했음을 의미한다(Gronbjerg, 1993; 박창우, 2020 재인용).

셋째, 자원개발 과정에서 주민들은 지역사회 문제해결 과정의 적극적인 주체로 나설 수 있는 기회를 얻을 수 있다. 주민들은 비영리 단체 및 사회복지기관에서 운영하는 사업에 대한 자원봉사활동과 기부 참여를 통해 지역사회 변화를 위한 다양한 활동에 참여할 수 있고, 이러한 참여가 지역사회 변화를 위한 더 폭넓은 참여로 이어질 수 있다. 자원개발 과정에서 지역사회 주민들의 주체적인 참여는 주민들의 지역사회 문제 해결에 대한 능력을 강화시킴으로써 지역사회 전체의 지속적인 삶의 질 향상을 이끌 수 있다.

2. 지역사회 물적 자원개발: 모금

1) 모금 활동의 기본 원칙

사회복지기관에서 모금 활동을 진행할 때 반드시 지켜야 하는 원칙은 다음과 같다(Flanagan, 2000).

첫째, 소액 기부자와 회원들로 이루어진 광범위한 기반을 구축해야 한다.

소액 기부자는 주로 개인 기부자들로 매월 급여를 받을 때마다 소액의 기부를 하거나 연말 캠페인에서 기부를 하는 경우이다. 회원들은 조직의 사명에 동의하고 매월 소액의 회비를 납부한다. 소액 기부자는 한 번 기부하는 금액은 적지만 일단 기부자가 되면 정기적이고 지속적으로 기부가 이루어지기 때문에 조직의 안정적인 재정 공급자로 기여할 수 있게 된다. 보다 중요한 점은 소수의 고액 기부자나 기업이 거액을 기부하면서 기관의 운영에 개입할 가능성이 있는 반면, 조직의 사명에 동의하는 다수의 소액 기부자들은 오히려 조직을 튼튼하게 만들고 다수의 대중으로 이루어진 정치적 힘을 가지게 할 수 있다는 점이다.

둘째, 최고의 기부자들과 지속적인 관계를 유지해야 한다.

최고의 기부자들(best donors)이란 오랫동안 해당 사회복지기관에 최대한 헌신하는 사람들을 의미한다. 대부분의 기부자들은 사회복지기관이 기부금을 가지고 무엇을 하는지, 기부금을 어떻게 사용하는지를 알고 싶어한다. 기부자들에게 기관의 활동 결과에 대해 자세히 설명하고, 모금을 통해 지원을 받은 사람들에 대한 이야기를 함께 나누고, 보다 많은 기부를 할 수 있는 방법들을 알려 준다면 다수의 소액 기부자들은 최고의 기부자가 될 것이다. 사회복지기관에서 하고 있는 일에 신뢰가 쌓이게 되면 그들은 유산에 대한 계획기부 등을 통해 자산의 일정 부분을 기부하게 될 가능성이 커지게 된다.

셋째, 기부자들에게 선택권과 주도권을 제공해야 한다.

다양한 기부 방법을 활용해서 다양한 방식으로 기부할 수 있도록 기부자들에게 선택권을 부여하고 기부자들이 사업에서 주도성을 발휘할 수 있는 기회를 제공한다. 기존의 기부자들은 좋은 일을 한다는 단체를 선정하여 기부하고 구체적인 사업에 대해서는 그다지 관심을 갖지 않았지만, 기부 참여에 대한 의식이 높아짐에 따라 단체와 사업에 관여하고 참여하기를 원하는 이들이 많아지고 있다. 최근에는 많은 단체들이 기부자가 사업의 의사 결정에 어느 정도 참여할 수 있는 모금 상품을 개발하고 있다. 이런 기금을 '기부자 주도 기금(DAF)[1]'이라 한다. 사회복지공동모금회에서도 기금 사용의 주제 또는 단체를 기부자들이 지정할 수 있게 한 지정기탁 제도의 이용률이 매년 증가하는 추세이다(김재춘, 2018).

넷째, 기부자들은 윤리적인 모금 활동을 요구한다.

모금 활동에서 기부자들이 가장 중요하게 생각하는 점은 윤리적인 측면이다. 사회복지기관들은 모금 과정과 모금된 금액을 사용할 때 실무적인 처리가 투명하게 이루어지고 있다는 것을 기부자들에게 보여 주어야 한다.

1) 기부자 주도 기금(DAF: Doner-advised fund)이란 기부자가 단순히 금전과 물적 자원을 모금 단체에 제공하는 것이 아니라 기부금의 사용처와 사용 방식 등에 대해 관여할 수 있는 기금이다. 기부를 시작하기 전에 모금가와 기부자 사이의 협상과 협약을 통해, 기금이 어디에 어떤 과정을 통해 사용될 것인지를 정하게 된다(김재춘, 2018).

2) 모금 활동의 유형

(1) 대중 모금

① 대면 모금

대면 모금은 잠재 기부자와의 직접적인 대면을 통해 기부를 유도하는 모금 방법이다. 직접 지역사회 주민들을 만나거나 지역사회의 다양한 기관이나 단체들을 방문해서 기부를 유도하게 된다. 대면 모금을 통해 지역사회 주민들과 직접 소통하기 때문에 지역사회 주민들에게 사회복지기관의 사명과 활동의 내용을 알리고, 왜 도움이 필요한지 정확하게 설명할 수 있어야 한다. 이를 위해 사회복지사는 기관의 활동을 알리고 설명할 수 있는 자료들을 준비해야 하고, 대면을 통한 기부 요청 계획을 수립할 필요가 있다.

② 우편 모금

많은 사회복지조직에서 우편이나 이메일, 전화 등의 방법을 통해 소액 기부자를 발굴한다. 우편 모금은 다수의 주민들을 대상으로 우편을 발송하는 형식이나, 잠재 기부자의 흥미를 끄는 데에는 부족하고 우편 발송 시 많은 비용이 발생할 수 있다. 따라서 우편 모금은 기존 기부자들에게 후원금의 사용과 성과에 대해 알리는 기관 소식지를 발송하거나, 연회비 및 후원금 납부를 안내하거나, 특별한 사업이 있을 경우 기부를 요청하는 등의 목적을 위해 사용하는 것이 효과적이다. 특히, 후원금 사용에 대한 성과를 알리는 것을 통해 기존 기부자들과의 관계를 보다 돈독하게 할 수 있다(예: 굿네이버스의 후원 아동으로부터의 감사 편지 발송).

③ 모금 행사

모금 행사는 바자회와 같은 고전적인 행사부터 문화공연, 나눔 걷기대회, 애장품 경매 등 특별히 기획한 행사를 통해 사회복지기관의 이름과 사명을 알리고 기부를 유도하게 하는 목적으로 운영된다. 모금 행사는 세 가지 목적을 가지고 기획 · 운영된다. 첫째, 기관을 홍보하여 참석자들이 사회복지기관의 활동에 관심을 갖도록 하는 것이다. 둘째, 행사를 통해 지역 내에서 기관의 인지도를 높일 수 있다. 행사와 모금 활동, 조직화 사업 등이 이어지면서 사회복지기관이 표적으로 하는 잠재 기부자들 사이에서 기관의 인지도가 상승한다. 셋째, 모금목표 달성이다. 하지만 모금 행사에서 모금 자체는 부차적인 목표일 수 있다. 모금만이 목적이라면 이벤트를 개최하는 것보다 더 빠르고 쉬운 방법들이 있기 때문이다. 더욱이 행사를 준비하고 실행하기 위해서는 부가적인 업무에 대한 부담, 행사 준비와 운영을 위한 추가 비용 지출, 행사의 실패 가능성에 대한 위험 부담 등이 발생하기 때문에 모금 행사를 기획하는 것은 신중하게 접근해야 한다.

④ 기관 홈페이지 및 온라인 모금 사이트

최근 들어 온라인을 통한 모금 활동이 점차 증가하고 있다. 온라인 모금은 자체 웹 사이트를 통한 모금, 온라인 모금 전용 사이트 활용, 크라우드펀딩 사이트 활용, 이메일 등의 방법으로 이루어지고 있다. 온라인 모금은 오프라인 모금에 비해 모금액의 비중은 적으나, 상대적으로 빠르게 성장하고 있는 모금 방법이다. 우리나라의 대표적 온라인 모금 사이트는 네이버 해피빈(Naver happybean), 다음 스토리펀딩(Daum storyfunding), 같이가치 카카오(Together with Kakao) 등이 있다. 네이버 해피빈의 경우 기업 기부금이 2005년 약 1억 9천만 원이었으나 2020년에는 약 61억 9천만 원으로 15년 동안 대략 33배 정도가 증가했다(강철희 외, 2022). 온라인 모금은 시간적 · 공간적 한계와 정보 불평등의 문제를 온라인이라는 기술을 통해 해결하며, 비용 효율성, 후원자의 정보 접근성 증대, 후원자 중심의 서비스 제공, 결제 방식의 다양화를 통해 후원자 선택권을 강화했다는 특성이 있다(최상미, 김아래미, 2020).

⑤ 크라우드펀딩

크라우드펀딩(Crowdfunding)은 불특정 대중의 의미를 지닌 '크라우드(Crowd)'와 자금 동원을 의미하는 '펀딩(Funding)'을 합친 용어로 기업이 대중들의 집단적 능력에 의해 자금을 동원하는 것을 의미한다. 다시 말하자면, 크라우드펀딩은 사업자 개인이나 기업, 비영리 단체 등이 불특정 다수의 대중으로부터 온라인 플랫폼을 통해 자금을 모집하는 것을 의미한다(김승범, 최병철, 2016). 크라우드펀딩은 목적에 따라 4가지 유형으로 구분된다. 증권형에는 채권과 주식형이 있는데 소액의 자금을 투자하는 자금 공급자가 펀딩을 하는 것으로 주식 또는 채권을 받아서 배당금 및 이자 등의 금전적인 대가를 얻는 형태이다. 대출형 크라우드펀딩은 대출을 통해 계약 체결을 하여 투입된 자금에 대한 이자를 보상받는 형태이다. 앞서 두 유형은 금전적인 보상을 받는 형태인 반면, 지원한 금액에 대한 특별한 대가와 보상 없이 프로젝트를 지지하고 후원해 주는 기부형 크라우드펀딩과 자금을 필요로 하는 자금 수요자가 펀딩을 성공적으로 이행하여 제작하기로 약속한 제품 혹은 서비스를 소액을 투자한 자금 공급자에게 제공하는 보상형 크라우드 펀딩이 있다(김재희, 2021).

(2) 계획기부(유산기부)

계획기부(유산기부)는 기부자의 재산에서 일정 부분을 단체에 물려주도록 하는 것을 말한다. 이러한 기부는 보통 기부자 자신이 사망한 후에도 사회복지기관이 지속되어야 한다고 믿으며, 더욱 중요하게는 사회복지기관이 계속해서 지역사회에 도움이 되는 좋은 일을 이어 나갈 것이라는 강한 신뢰를 지닌 장기적인 기부자가 한다.

(3) 기업의 사회공헌

기업의 사회공헌 활동은 기업 또한 지역사회의 주체로서 지역사회의 삶의 질 향상을 위해 노력해야 하는 의무를 실천하기 위한 활동이라고 이해할 수 있다. 기업은 개인 기부자에 비해 양적으로 많고 다양한 자원을 가지고 있기 때문에, 사회복지기관은 기업에 대해 금전적인 기부뿐 아니라 다양한 자원들을 요청할 수 있다. 많은 기업들이 사회공헌비를 예산에 책정하고 있으므로 사회공헌비를 활용한 사업비 지원이 가능하며, 직원들의 급여 일부를 기부금으로 공제하거나 물품으로

〈표 8-1〉 **계획기부의 종류**

일반 유증	가장 단순한 형태의 유증으로 아무 조건을 달지 않은 상태로 단체에 기부하는 금액을 명시하는 것
지정 유증	구체적인 프로그램이나 프로젝트를 지정해 일정 금액을 기부하는 것
보험 및 퇴직 기금을 활용한 기부	보험이나 퇴직 기금에 투자한 자산이 있는 경우 기금의 상속인을 사회복지조직으로 하는 것
생명보험	생명보험의 수령인을 사회복지조직으로 하는 것
평생 수입 보장 기부	기부자들이 현금이나 주식을 기부하면서 이에 대한 이자를 통해 연간 수입을 얻게 하는 것

출처: Klein, K. (2007). *Fundraising for Social Change*; 이정화 역(2009). 모금이 세상을 바꾼다-모금의 기법과 실천적 사례. 아르케.

기증을 하는 활동도 가능하다. 직원들은 업무 중 또는 업무시간 외 자원봉사를 할 수도 있으며, 퇴직자들을 활용한 자원봉사도 가능하다. 물적 자원이나 서비스 자원도 기업의 기부 자원이 될 수 있다. 기업이 소유하고 있는 사무공간이나 연수공간 등을 비영리조직에서 활용할 수 있도록 제공할 수도 있고, 기업이 소유하고 있는 전문기술이나 교육 시스템, 홍보를 위한 매체, 마케팅 노하우 등을 사회복지조직에 제공할 수도 있다.

(4) 재단지원금

재단은 비영리조직에 자금을 지원하기 위해 존재한다. 따라서 사회복지기관은 사업의 운영을 위해 재단에 지원을 요청할 수 있으나, 이를 위해 사업제안서를 작성하고 이 제안서가 재단에 받아들여져야 한다. 재단지원금은 개인 기부금보다 규모가 크므로 사업을 운영하는 데 충분한 정도의 자금을 확보할 수 있다는 점에서 장점이 있다. 그러나 재단지원금은 사회적으로 이슈가 되고 있는 사업에 자금이 집중되는 경향이 있기 때문에 사업의 주제에 따라 지원금의 규모가 달라질 가능성이 있다. 또한 재단지원금은 통상적으로 1~3년 정도의 단기간 동안 지원이 이루어지는 것이 대부분이다. 재단 지원이 종료되면 사업이 종료되므로, 사업 종료 시점에서 다른 자금원을 찾아야 하는 부담이 존재한다. 마지막으로, 재단지원금은 일반적으로 사업 운영비에 대해 지원되며 조직의 운영비로는 사용하지 못하는 경우가 대부분이다. 그럼에도 불구하고 재단지원금을 통해 사회복지기관이 추진하고자 하는 사업자금의 많은 부분을 충당할 수 있으므로 재단지원금은 중요한 자원의 출처가 될 수 있다.

미국의 지역사회 공공 도서관 기금 모금 사례

1. 배경

미국의 도서관은 정부의 지원을 받으며 서비스를 제공해 왔지만, 1970년대부터 정부 지원이 감소하면서 운영예산 부족의 문제를 경험하였고, 점차 정부 지원 이외의 다른 방식으로 기금을 모금하지 않으면 도서관의 운영 자체가 어려워지는 상황에 처하였다. 이런 상황에서 대부분의 공공 도서관에서는 기금을 모금하기 위한 프로그램을 실시하게 되었다.

2. 기금 모금의 전략 및 성과

1) 잠재적 기부자 관리

도서관과 같은 공공기관을 위해 기부금을 조성하기 위해서는 재단을 만들 필요가 있는데, 이러한 방식은 민간 영역의 개인 기부자가 정부에 돈을 '빼앗겼다'는 생각을 안 하게 만들 수 있기 때문이다. 이렇게 운영되는 조직은 혼합된 정체성을 지니는데, 일반적으로 공공 도서관의 이용자들은 도서관에 대해 낮은 이미지를 지니고 있으며, 동시에 정부 기관으로서 공공 도서관은 개인 후원자의 욕구를 제대로 반영하지 못하였다. 재단의 리더들은 기금 모금을 위한 캠페인의 중심 역할을 하였는데, 잠재적 기부자들을 도서관에 초청하여 감동적인 프레젠테이션을 하는 등 관심을 불러일으키기 위해 지속적으로 노력하였다.

2) 지역사회 리더를 통한 지역사회 정치

잠재적 기부자로서 지역사회 리더들이 도서관의 운영 예산과 관련된 정부의 결정에 영향을 미치기 위해 포럼을 구성하거나 로비 활동을 통해서 도서관과 관련된 의사소통 및 결정 과정에서 중요한 역할을 할 수 있었다.

3) 민간과 공공의 협력

공공 도서관의 민간 후원금을 늘리는 것은 정부의 공적 지원을 늘리는 결과를 가져올 수 있었다. 재단에서는 개별 기부자 모집을 통해 기부금을 조성하고, 이를 기반으로 정부에 지원금을 요청하였다. 이를 위해 재단의 위원회 및 직원, 도서관 위원과 직원, 시의 행정담당자 간의 파트너십이 중요하다.

재단에서는 또한 기금을 모금하기 위해 도서 판매 이벤트 같은 연간 프로그램을 운영하였는데, 이를 통해 지역사회와의 긍정적 관계를 형성할 수 있었다. 프로그램을 통해서 얻어지는 자원은 지역사회에 다시 투자되었다. 이러한 투자를 통해 지역사회의 문제와 욕구가 해결되었으므로, 공공 도서관의 역할에 대한 지역사회 주민들의 이해와 관심이 점차 높아졌다. 몽고메리 카운티(Montgomery County)의 공공 도서관은 지역의 쇼핑센터와 협력하여 기금모금 마케팅을 벌였는데 이는 대표적인 민간–공공 간의 협력 사례이다.

4) 기부 형태의 다양화

공공 도서관을 위한 모금 활동에서 다양한 방식이 활용되었다. 털사 카운티(Tulsa County)의 도서관에서는 10년 사이에 1만 4천 불이던 기부금이 5백만 불로 늘어났는데, 미국의 12개 기념일마다 직원과 자원봉사자들이 함께 기금모금 행사를 벌였기 때문이다. VIP와 함께하는 조찬 모임이나 도서관 여행 프로그램 등을 운영하는 동시에, 잠재 기부자에 대한 대면 접근도 이루어졌다. 병원의 의료기록을 보고 새로 태어난 잠재 기부자의 손자에게 도서관 카드를 만들어 주는 캠페인을 벌이거나, 기부 약정자에 대해 다양한 관리 활동을 하여 기금을 모았다.

미국 공공 도서관의 모금 사례를 보면 민간의 자원을 개발하고 동원하는 과정에서 지역사회 주민의 참여와 소통 또한 확대되었음을 알 수 있다. 또한 민간 영역의 자원개발이 결국에는 공적 자원의 확대에도 기여할 수 있다는 점 또한 중요하다. 이는 비영리조직으로서 공공의 성격과 민간조직으로서의 성격을 함께 가지고 있는 사회복지기관에 중요한 함의를 제공한다. 즉, 민간과 공공의 파트너십은 자원의 획득뿐 아니라 지역사회 이슈에 대한 주민들의 인식을 높이는 중요한 기반이 될 수 있다.

출처: 노연희, 김찬우(2007). 지역사회기반 비영리조직의 전략적 자원개발을 위한 연구–소규모 비영리 사회복지조직을 중심으로–. 사회복지공동모금회 나눔문화연구소.

3) 모금 활동의 단계

대면 모금 활동은 다음의 다섯 가지 단계를 따른다(Ahn, 2010). 실질적으로 모금을 요청하는 단계 외에도 준비 단계와 후속 단계들이 실행되어야 모금의 성공 확률을 높일 수 있다.

(1) 1단계: 기획(Plan)

이 단계에서는 전략과 업무 기획을 세운다. 모금 프로그램을 효율적으로 운영하기 위해서는 활동을 위한 계획이 수립되어야 한다. 계획에는 각 분야에 필요한 책임 업무, 필요한 자원과 수행 방법 등이 제시되어 있어야 한다. 기획 단계에서 모금 목표를 수립할 때는 사회복지기관의 사업을 운영하는 데 필요한 자금의 규모가 반영되는 것뿐만 아니라 잠재 기부자들의 실질적인 역량과 조직의 모금 실행 능력이 함께 반영되어야 한다. 조직에서 기획하고 있는 사업의 중요성을 설득하여 고액의 기부를 유치할 가능성이 있다면 모금 목표를 달성하는 것이 좀 더 수월해질 수 있다.

(2) 2단계: 전망(Prospect)

사회복지기관의 사명에 동조하는 잠재적 기부자를 지속해서 발굴해야만 모금 활동이 지속 또는 확대될 수 있다. 잠재적 기부자를 찾기 위해서는 지역 신문 등 대중매체를 활용하거나, 소식지를 배포하거나 과거에 기부했었던 이력이 있는 사람들의 명단을 정리하는 방식으로 이루어질 수 있다. 잠재 기부자의 명단을 검토하여 모금 역량이 충분하고, 잠재적인 가능성이 큰 기부자를 선별하고 이들로부터 후원을 이끌어 내기 위해서 어떠한 활동을 할 수 있는지 전략을 수립한다.

(3) 3단계: 양성(Cultivation)

기부자 양성 단계는 잠재 기부자와 사회복지기관이 관계를 형성함으로써 이들이 사회복지기관이 운영하고 있는 사업에 참여할 수 있는 다양한 방법들을 소개하는 단계이다. 잠재 기부자들은 사회복지기관이 진행하고 있는 사업에 참여하기도 하고 조직의 활동가들과 관계를 발전시켜 나감으로써 더 발전된 형태의 기부활동에 참여하게 된다. 기부자 양성 단계에서 가장 중요한 사항은 잠재 기부자들과 접촉하는 것이다. 잠재 기부자들과의 첫 번째 모임을 통해 그들의 관심사를 발견하고, 사회복지기관과의 관계를 굳건히 하며, 조직에 대한 조언과 충고를 얻을 수 있다.

(4) 4단계: 요청(Solicitation)

기부자를 향한 실질적인 모금 요청이 이루어지는 단계이다. 잠재적 기부자들은 사회복지기관의 사명에 대한 믿음과 현재 진행하고 있는 사업에 대한 관심, 사회복지기관의 일원이 되고자 하는 마음에서 기부를 결정하게 된다. 실질적이고 적극적인 모금 요청은 상대에 대한 존중과 신뢰를 전제하므로, 요청을 하기 위해서는 사전 준비가 필요하다. 요청에 대한 답을 얻고 기부를 성사시키기까지는 한 달이라는 짧은 시간에서 1년 이상의 오랜 시간이 걸리기도 하지만 이 기간 동안 사회복지사들은 지속적으로 기부자의 관심과 태도를 파악해야 하며, 강압적인 요구 없이 그들이 알고자 하는 모든 정보와 기회를 제공해야 한다.

(5) 5단계: 관리(Steward)

이 단계에서는 기부자와의 관계를 지속하고 감사를 표현하게 된다. 구체적으로 기부자에게 기부금이 지역사회 발전을 위해 어떻게 사용되었고, 어떠한 성과를 얻었는지 등의 결과를 회계보고와 함께 알린다. 기부 요청을 승낙받은 후 기관의 사회복지사는 기부자에게 개인적인 감사편지와 기관의 공식적인 감사편지를 함께 전달한다. 감사편지의 내용은 기부자가 기부한 가치가 얼마나 크고 소중한 것인지에 대한 감사를 표하고, 기부가 프로그램에 어떠한 효과를 미치는가에 대한 짤막한 서술, 연차 보고서, 소식지 등 기부자의 활약과 관련된 모든 내용들이 포함되어야 한다.

4) 모금실천 기술

지역사회복지실천을 위한 모금을 실행할 때 사회복지사가 가져야 할 가장 중요한 기술은 요청하는 기술과 주민조직화 기술이다. 잠재 기부자에게 요청을 통해 기부를 이끌어 내는 것은 모금의 가장 기본적 기술이다. 모금 활동을 위해 모든 사람을 만날 수 없고, 특히 직접 대면 모금은 상대방을 개별적으로 접촉하기 때문에 그만한 시간을 들일 가치가 있는 개인과 기업을 찾아야 한다.

(1) 잠재 기부자의 조건

다양한 경로를 통해서 잠재 기부자 또는 모금을 제안하기 위한 기업을 정할 수 있다. 대상자는 특정인이나 기업이 될 수도 있고, 공통의 이해나 관심사를 가진 계층이나 집단이 될 수도 있다. 시간을 들일 만한 잠재 기부자, 즉 제안 대상자의 조건은 크게 다음 세 가지이다(Klein, 2007).

첫째, 목표로 하는 금액을 기부할 만한 경제적인 능력이 있다(Ability).

기부를 하는 데 있어 경제적 능력은 중요하지만 실제로 그 중요성이 크지 않을 수도 있다. 즉, 잠재 기부자의 경제적 능력, 즉 재산이 얼마인가에 따라 기부 규모가 정해지지 않는다는 것이다. 부자들은 실제 능력보다 더 적은 금액을 기부하는 반면, 가난한 사람들은 가진 것에 비해 상당한 금액을 기부한다. 즉, 얼마나 가졌느냐가 아니라 얼마를 내느냐가 더 중요할 수 있다.

둘째, 우리 기관이 추구하는 대의나 유사한 활동에 공감한다(Belief).

아직 기부자는 아니지만 사회복지기관의 사명과 활동에 공감하는 경우 기부할 가능성이 커지게 된다. 이때 조직의 사명과 활동을 넓은 시야로 생각해 볼 필요가 있다. 즉, 환경단체에 기부하는 사람들은 건강 문제에도 관심이 있을 가능성이 있고, 아동 관련 기관에 기부하고 있는 사람들은 아이들이 물려받고 자라날 세상에 관심이 많으므로 대체로 환경 문제에도 민감하다. 따라서 잠재 기부자가 조직의 신념과 활동에 공감할 수 있는 지점을 찾아내고 이를 통해 잠재 기부자의 관심을 이끌어 낼 수 있다.

셋째, 잠재 기부자에게 기부를 요청하는 일을 기꺼이 맡아 주거나, 기부를 요청할 때 자신의 이름을 사용하도록 허락할 만한 인맥이 조직 내에 있다(Contact).

인맥은 세 조건 중 가장 중요하지만 가장 자주 간과되는 항목이다. 사회복지사 스스로 잠재 기부자와 아는 사이일 수 있다. 혹은 기관의 직원 중 잠재 기부자를 아는 사람이 있을 수 있다. 혹은 잠재 기부자를 알고 있는 사람을 아는 경우이다. 이 경우 그 사람이 잠재 기부자에게 대신 전화를 해 주거나 잠재 기부자와 연결해 주도록 요청을 할 수 있다.

〈표 8-2〉 **기부를 제안하기 위한 개인을 탐색하는 방법**

- 가족, 지인 등 개인 인맥을 통한 소개
- 기존 후원자 및 회원의 가족, 지인, 친구 접촉
- 이사회, 후원회, 직원, 자원봉사자의 가족과 지인 접촉
- 동종업계 교류 인사, 지인, 선후배 소개
- 해당 지역의 주요 인사 목록(학계, 종교계, 경제계, 법조계, 언론계 등) 작성
- 지역 내 고액 납세자 또는 은행 프라이빗 뱅킹(private banking) 서비스 이용자 소개
- 호의적 관계의 지인이 활동하는 SNS 커뮤니티(네이버 '밴드', 카카오톡, 페이스북 등)
- 통장, 조합장 등 지역 내 빅마우스(big mouth)의 정보 확보
- 대학 동창회 명부 확보
- 지역 내 기부와 나눔 관련 수상자 리스트 검색
- 유사 단체, 사업, 프로그램의 SNS(페이스북, 인스타그램 등) 친구 추가
- 온라인 커뮤니티(카페, 블로그)의 운영자 및 회원 명단 확보
- 지역 내 사교 클럽, 스포츠 동호회 명단 확보
- 대형마트 문화센터 및 아파트 부녀회 리스트 확보
- 주요 선거 후보자의 홍보 리스트 공유
- 지역 내 접객시설(결혼식장, 야구장, 축구장, 전통시장 등) 관련 담당자 명단 확보
- 지역자원 조사 전문기관 의뢰
- 지역신문 기자 및 주요 매체 관련 분야 전문기자 리스트 확보

출처: 김재춘(2018). 성공하는 모금 제안의 기술. 나남.

〈표 8-3〉 기부를 제안하기 위한 기업을 탐색하는 방법

• 가족과 지인을 통한 소개 • 단체 내 이사회, 후원회 구성원을 통한 소개 • 종교단체 지도자를 통한 신도 중 기업인 소개 • 상공회의소 온라인 포털 사이트 검색 • 기업 연감, 업종 편람, 협회 명부 확보 • 기업의 연합단체(예: 상공회의소, 중소기업협회, 치과병원 협의회 등)와의 사업 MOU 등을 통한 연결 • 각 업계/업종/산업의 고객 협력사 모임 참석 및 명부 확보 • 단체에 기업 인사를 강의, 축제 참여 등으로 초대 • 기존 관계있는 기업을 통해서 연결 • 기업 담당자들의 학업(대학 최고경영자 과정 등), 취미, 사교, 사회 활동에 동참 • 특정 기업들과 인맥 또는 사업 경험을 가진 인사의 영입 • 타 단체 기업 모금 담당자 스카우트

출처: 김재춘(2018). 성공하는 모금 제안의 기술. 나남.

(2) 기부 요청하기

잠재 기부자와의 대화를 통한 기부 요청은 계획적이고 단계적으로 이루어져야 한다. 전달하고자 하는 바를 상대방이 정확히 파악하고 받아들일 수 있도록 신경 써서 준비해야 한다. 기부 요청을 위한 대화의 계획을 세울 때에는 반드시 염두에 두어야 할 것이 있다. 바로 상대방의 관심을 유발하고, 욕구를 짚어내어 필요를 인식시키고 기대를 강조하는 것이다. 이 네 가지 요소들은 대화를 통해 상대방으로 하여금 자연스럽게 원하는 바를 인식하고 깨닫도록 한다(Ahn, 2010).

① 1단계: 관심

대화의 시작은 상대방의 관심을 유발하는 것에서부터 시작된다. 만약 상대방이 환경에 관심이 많은 사람이라면 그 주제로 대화를 시작하는 것이 좋다. 공통된 관심사를 가지고 있다고 생각되면 상대방은 쉽게 마음을 열고 대화에 집중하게 된다.

(예: 이번에 우리 지역의 환경 보존을 주제로 한 행사 열린 것 보셨죠?)

② 2단계: 욕구

일단 상대방의 관심사를 시작으로 대화의 포문을 열었다면 그다음으로는 상대방이 원하는 것, 즉 욕구를 파악하고 정확히 짚어내야 한다.

(예: 좀 더 많은 사람이 이런 행사에 참여해서 지역의 환경 문제에 관심을 가질 수 있었으면 좋겠다고 생각하지 않으십니까?)

③ 3단계: 필요

상대방의 욕구 해결을 위해 필요한 것을 제시하는 단계이다. 욕구를 간파당한 상태에서 그 욕구를 충족시키기 위해 필요한 방법이나 수단을 알게 되면 상대방은 대화에 흥미를 느껴 요청자의 말에 더욱 귀를 기울이게 된다.

(예: 행사의 내용을 다양하게 구성하고 규모를 확대하면, 우리 지역의 환경 문제에 관심을 보이는 사람도 많아지겠지요?)

④ 4단계: 기대

예상되는 결과를 제시함으로써 상대방에게 기대감을 갖게 하는 단계이다. 필요한 요소를 충족시키고 난 후에 얻어질 긍정적인 효과를 상대방에게 알리고 인식의 변화를 이끌어 내는 대화의 마무리 단계이다.

(예: 많은 사람이 지역의 환경 문제에 관심을 보이고 이를 통해 지역의 환경이 좋은 방향으로 개선된다면 귀하와 우리 조직이 추구하는 환경 보존이라는 사명에 큰 도움이 되지 않을까요?)

앞과 같은 단계로 기부 요청을 했음에도 잠재 기부자로부터 거절 의사를 통보받을 수도 있다. 그렇다고 요청을 섣불리 마무리하는 것은 좋지 않다. 잠재 기부자가 상황적인 요소들로 인해 거절의 의사를 표시했다면, 사회복지사는 최대한 잠재 기부자의 후원을 도울 수 있는지 방법을 제안하며 재요청하도록 한다.

〈표 8-4〉 SCAF 설득 유형[2)]

설득 유형	특성	설득 대책
성취형	• 자기의 입장이 강하고 감정을 드러내지 않음 • 간단명료한 소통방식으로 지시하고 통제 • 사람보다는 일 중심 • 핵심 가치: 목표/결과/경쟁 • 의사결정 방식: 독단형	• 효과 제시 • 경쟁심 자극 • 논리적 근거 제시
분석형	• 말이 없거나 감정 표현이 거의 없음 • 메모를 많이 하고 정보를 수집 · 활용 • 숫자와 통계를 좋아하며 성과 추구보다는 책임 회피 성향임(손실 혐오) • 핵심 가치: 데이터/안전 • 의사결정 방식: 협의형	• 증거 제시 • 비교 데이터 제시 • 대안 마련 • 손실 부각
우호형	• 주장보다는 동조하는 경향 • 솔직하게 자신의 감정을 표현 • 늘 다른 사람의 감정과 필요를 살핌(감정 이입) • 결정을 쉽게 하지 못하고 분명치 못함 • 핵심 가치: 성실/인정/화합 • 의사결정 방식: 협의형	• 지속적 상담 • 관계 형성 • 애원 • 호기심 유발 • 인내
표출형	• 자기 자랑이 많고 과시욕이 있으며 주장이 강함 • 감정 표현이 솔직하고 사교성이 있음 • 핵심 가치: 인기/인정 • 의사결정 방식: 감각형	• 칭찬과 감사 • 존재감 인정 • 감성 설득 • 신뢰와 동기 부여 • 인간적 접근

출처: 김종명, EBS 제작팀(2009). 설득의 비밀. 쿠폰북. 재구성; 김재춘, 2018 재인용.

2) EBS에서 방영된 한 프로그램에서 설득 유형을 SCAF의 네 가지 유형으로 나누고 각각의 유형에 맞는 설득 제안법을 제시하였다.

3. 지역사회 인적 자원개발: 자원봉사자 모집과 관리

1) 자원봉사의 개념

자원봉사의 개념은 국가와 사회, 활동 분야에 따라 다소 다양하게 정의되고 있다. 조휘일(2002)은 "자원봉사란 특정한 요구를 인식하여 사회적 책임감이 있는 태도를 가지고 금전적 이득에 대한 관심 없이, 또한 기본적 의무감에서 벗어나 행동할 것을 자발적으로 선택해서 이루어지는 활동"이라고 정의하며, 김영호 등(2003)은 "도움이 필요한 사람에 대해 아무런 대가 없이 직접적인 서비스를 제공하는 활동"을 자원봉사라고 정의하면서, 현대에 와서는 "지역사회의 발전과 변화를 가져오기 위한 계획적이고 조직적인 사회행동"으로까지 그 범위가 확대되었다고 본다. 즉, 자원봉사활동은 지역사회의 변화와 이를 통한 삶의 질 향상을 위한 실천 활동의 한 범주로 볼 수 있다.

자원봉사의 개념은 국제자원봉사협의회(IAVE)에서 '자아실현'과 '공동체'에 초점을 맞춰 제시한 자원봉사 정신에도 잘 나타나 있다. 첫째, 공동체의 보살핌과 돌봄의 인간적 가치들이 유지되고 강화되며, 둘째, 개인들은 공동체의 구성원으로서 권리와 의무를 행사하며 전 생애를 통해 배우고 성장하면서 완전한 인간적 잠재력을 실현하고, 셋째, 우리를 구분하는 차이들을 극복하는 유대가 형성되어 건강하고 지속 가능한 공동체에서 생활하면서 공유된 도전들에 창의적인 해결 방안을 함께 제시하고 공동의 운명을 유지하는 방법이 자원봉사 정신이라는 것이다(주성수, 2005).

2) 자원봉사의 특성

자원봉사의 개념을 더 잘 이해하기 위해 자원봉사의 개념에 내포한 세부적인 특성들을 살펴볼 필요가 있다. 자원봉사의 특성은 자발성, 무보수성, 이타성, 공익성, 지속성의 다섯 가지로 구분할 수 있다.

(1) 자발성

자발성은 자기 자신이 결정하고 스스로 행동하는 것을 의미하며 자원봉사활동에서 가장 핵심적인 특성이다. 자원봉사활동의 참여를 권유받을 수는 있지만 참여 여부에 대한 판단과 결정은 개인적 의사에 따라 주체적으로 이루어지며 외적 강요에 의한 강제성이 내포된 활동이 아니라는 것이다.

(2) 무보수성

무보수성은 보상(reward)에 대한 특성이다. 자원봉사활동은 원칙적으로 금전적인 대가나 보상을 목적으로 하지 않는다는 것이다. 간혹 교통비나 식사비 같은 최소한의 실비를 제공하는 경우도 있지만, 자원봉사자는 이러한 물적 보상을 기대하지 않는다. 자원봉사자에 대한 금전적 보상과 관련해서 유엔자원봉사조직(UNIV)은 자원봉사활동이 재정적 이익을 얻기 위한 활동이 아니며 재정적 보상의 수준은 제공된 활동의 가치보다 낮아야 한다고 기준을 제시하고 있다(이만식 외, 2010).

(3) 이타성

자원봉사활동은 자신의 이익이나 목적을 위한 것이기보다는 타인을 존중하고 이웃과 더불어 살아간다는 이타주의적 정신에서 비롯된다. 그러나 이타주의적 동기가 중요하다고 해도 자원봉사자에게 절대적인 이타성을 바라는 것은 불가능하다. 자원봉사활동을 하는 동기는 경력, 여가 활동, 대인관계 등 다양하기 때문이다. 다만 자원봉사활동에 참여함으로써 최초의 동기와 더불어 이타적인 동기 또한 향상될 수 있다.

(4) 공익성

자원봉사는 지역사회 또는 전체 사회의 복지를 향상시키는 데 기여하는 활동이라는 점에서 공익적인 활동이다. 즉, 자원봉사는 자신의 이익이나 일시적 감정이 아니라 이웃과 더불어 행복한 삶을 살기 위하여 책임감을 갖고 지역사회 구성원이나 어려움에 처한 사람들의 복지 향상을 목표로 하는 사회적 활동이다.

(5) 지속성

자원봉사는 본인의 자유의지에 입각한 활동이기 때문에 스스로 활동을 그만둘 수도 있다는 의미가 내포되어 있다. 그러나 자원봉사는 한두 번의 일회적인 활동이 아니라 꾸준히 실천하는 활동이어야 한다. 특히, 클라이언트와 관계를 맺는 형태의 자원봉사의 경우, 약속을 지키지 못하고 중도 하차하는 경우 자원봉사자에 대한 불신감을 초래할 수 있으므로 지속성은 자원봉사활동에서 중요하게 지켜져야 할 특성이다.

3) 자원봉사의 동기

사람들이 자원봉사를 하는 동기는 매우 다양하다. 자원봉사활동의 동기를 몇 가지로 구분하면 다음과 같다(Clary et al., 1996; 1998; 주성수, 2005 재인용).

① 가치: 인도주의적 또는 이타주의 가치를 표현하기 위해 봉사 활동을 한다.
② 이해: 세상에 대한 지식을 확대하고 기술을 습득하기 위해 봉사 활동을 한다.
③ 안정: 심리적 안정과 자긍심을 높이기 위해 봉사 활동을 한다.
④ 경력: 경력에 도움이 되는 경험을 쌓기 위해 봉사 활동을 한다.
⑤ 사교: 다른 사람들과 집단적인 사교 활동을 하기 위해 봉사 활동을 한다.
⑥ 방어: 내부 심리적 죄책감이나 갈등을 해소하기 위한 방어적 수단으로 봉사 활동을 한다.

클러리 등은 앞의 다양한 동기들 중 가치 동기가 가장 일반적인 동기이며, 다음으로 이해, 안정, 경력 등의 동기가 중요한 것으로 나타나고, 사교와 방어 동기는 비교적 약한 동기라고 설명한다(Clary et al., 1996; 주성수, 2005 재인용). 자원봉사자가 자원봉사에 참여하도록 유도하고 지속적으로 활동을 유지하도록 관리하기 위해서는 자원봉사자들이 가진 동기를 잘 이해하고 관리에 적용할 필요가 있다.

4) 자원봉사자 관리

자원봉사자 관리란 효과적인 자원봉사활동이 이루어지게 하는 일련의 절차와 방법을 의미한다. 일반적으로 자원봉사자 관리는 자원봉사자 업무설계, 모집, 선발과 면접, 배치, 오리엔테이션과 교육·훈련, 슈퍼비전 및 평가, 인정과 보상의 순으로 진행된다.

(1) 자원봉사자 업무설계: 자원봉사자 직무기술서 작성

직무기술서는 자원봉사자가 수행할 업무에 대한 요약서인 동시에 자원봉사자를 평가하고 슈퍼비전을 제공하기 위한 도구로도 사용될 수 있다. 잘 작성된 직무기술서는 매우 유용하다. 어떤 관점에서 보면 직무기술서는 일반 직원보다 자원봉사자들에게 훨씬 더 중요하다. 자원봉사자들은 일반 직원들에 비해 업무를 배울 시간과 기간이 한정되어 있기 때문에 직무기술서를 통해 언제든지 일을 시작하는 것이 가능하게 된다. 직무기술서를 작성하는 데 있어 가장 중요한 부분은 직무가 무엇인지가 명확하게 기술하는 것이다. 직무기술서에는 다음의 요소가 반드시 포함되어야 한다(이만식 외, 2010).

- 직위: 직무명 또는 직무상의 지위
- 목적: 직무 규정에 있어 가장 중요한 요소로서 직무를 통해서 달성하고자 하는 명시적 결과
- 행위: 강제적 요구의 형태가 아닌 권고적 형태로 제안되는 목적을 달성하기 위해서 행해질 수 있는 실례와 사례
- 자격: 직무수행에 필요한 구체적 기술, 태도, 지식 등

- 기간: 자원봉사활동 시간, 최소한의 활동 기간, 활동 시간의 유연성 등
- 장소: 근무 공간
- 슈퍼비전: 보고서 제출 의무와 슈퍼바이저의 지시 사항 등
- 부가적인 혜택: 훈련, 보험, 주차 등

(2) 모집

모집(Recruitment)이란 선발을 하기 위하여 조직의 목표를 달성할 수 있는 자격과 능력을 갖춘 지원자들을 발굴하여 조직으로 유인하는 일련의 과정이다. 모집은 그 자체가 목적이 아니라 조직에 필요한 사람을 적절하게 선발하기 위하여 행하는 예비 행위이다. 자원봉사자를 모집하기 위한 과정은 크게 두 가지 형태로 구분할 수 있다(이만식 외, 2010).

① 일반적인 모집

일반적인 모집은 자원봉사자가 필요하다는 사실을 가능한 많은 사람들에게 알리는 방법이다. 이 방법은 지역사회의 많은 사람 중 누군가가 이러한 활동에 관심을 갖고 있을 것이라는 생각에 근거한다. 일반적인 모집 방법은 다음과 같다.

- 기관의 소책자, 전단, 자원봉사 직무 규정 및 내용에 관한 포스터 배포
- 대중매체의 사용: TV 또는 라디오, 신문 및 인터넷 광고
- 지역사회의 소집단을 활용
- 구전: 직원이나 자원봉사자에게 자원봉사활동에 관하여 알리도록 권장하기

② 표적 모집

표적 모집은 해당 자원봉사 업무가 누구나 할 수 있는 것이 아닌, 특정한 사람들만이 할 수 있는 업무인 경우이다. 예를 들어, 컴퓨터를 활용할 수 있는 특별한 기술이나 클라이언트와의 상담기술 등 특별한 기술을 소유하고 있거나, 장애인이나 정서불안 아동과 함께 일할 수 있는 태도, 주중 8시간을 근무할 수 있는 시간적

여유 등을 가지고 있는 경우이다. 표적 모집을 위해서는 잠재적인 자원봉사자에게 수행해야 할 업무를 정확히 전달하고, 자원봉사에 참여해야 할 필요성과 당위성에 대해 언급함으로써 실제 자원봉사활동으로 연결시켜야 한다.

(3) 선발과 면접, 배치

선발은 자원봉사활동에 적합한 직무 자격을 소유하고 있는 인적 자원을 선택하는 과정 또는 최적의 지원자를 특정 직무에 짝지어 주는 과정이다. 선발과 면접의 과정에서 가장 중요한 속성은 이해 당사자 간의 협상이 전제되는 양방향의 과정이어야 한다는 점이다. 즉, 선발의 가장 기본적인 원칙은 잠재적 자원봉사자가 진정으로 원하는 것이 무엇이고 어떤 일을 하는 것에 가장 관심이 있는지를 알아내

〈표 8-5〉 **자원봉사자 직무 배치의 원칙**

① 자원봉사자는 유급직원을 대체하는 역할을 담당해서는 안 된다.
② 자원봉사자는 그들이 가진 기술, 능력 및 욕구들을 적절히 반영할 수 있는 역할에 배정되어야 하며 유급직원과 차별 대우가 없어야 한다.
③ 자원봉사자들은 그들의 능력과 그들에게 요청되는 일을 수행하겠다는 의욕에 따라 업무가 배정되어야 한다.
④ 자원봉사자들에게 충분히 도전적이고 성장의 계기를 마련할 수 있는 업무들이 제공되어야 한다.
⑤ 자원봉사자의 선발 과정에서 클라이언트는 물론 기관에 대해서도 책임성이 강조되어야 한다.
⑥ 자원봉사자들이 기관의 업무에 적절하지 않을 경우 다른 기회들을 찾아보도록 권유해야 한다.
⑦ 자원봉사자의 업무 배정은 활동 신청 이후 일주일을 넘기지 않아야 한다.
⑧ 신입 자원봉사자들에게는 장기간 활동을 약속하기 전 단기간의 프로그램에 먼저 참여해 볼 수 있도록 실습 기회를 제공해야 한다.
⑨ 자원봉사자와의 계약은 자원봉사자들의 욕구와 능력에 맞게 조정되어야 한다.
⑩ 자원봉사자가 소유한 기술, 경험, 재능을 충족시키기 위해 필요하다면 기관에서 업무가 새롭게 창출될 수도 있어야 한다.
⑪ 자원봉사자들은 기관에 배치되는 것이고 개인에게 의뢰되어서는 안 된다.

출처: 이성록(2007). 자원봉사 상담의 길잡이. 서울: 다빈치하우스-미디어숲을 수정.

는 것이며, 이런 사실들을 바탕으로 자원봉사 업무를 조정하는 것이다. 면접을 통해 파악한 자원봉사자의 흥미, 기술, 욕구 등을 고려하여 세부 활동 분야와 연결하는 과정을 배치라고 하며, 배치는 자원봉사활동을 시작할 때뿐 아니라 자원봉사 업무를 변경할 때도 이루어진다.

(4) 오리엔테이션과 교육 · 훈련

오리엔테이션과 교육 · 훈련은 자원봉사자들이 자신들의 역할을 수행할 수 있는 능력을 향상시키도록 하기 위한 필수적인 과정이다. 오리엔테이션을 통해 자원봉사자들은 자신이 할 일이 기관의 전체적인 기능과 어떤 관련성을 가지고 이루어지는지, 기관의 목적 달성에 어떤 기여를 하게 되는지를 알 수 있게 된다. 오리엔테이션에는 다음의 내용이 포함되는 것이 바람직하다(이만식 외, 2010).

- 기관의 현황과 역사
- 기관의 프로그램과 클라이언트에 대한 설명
- 자원봉사 프로그램에 대한 설명
- 기관의 조직에 대한 개요와 주요 직원들에 대한 소개
- 기관의 중요한 사업이나 활동에 대한 설명과 일정
- 시설과 장비에 대한 소개
- 자원봉사활동에 관한 절차 설명: 기록, 훈련, 슈퍼비전 등

교육 및 훈련은 업무를 위해서 자원봉사자를 준비시키는 과정이다. 자원봉사자들이 활동에 필요한 지식과 기술을 습득하고, 자원봉사활동에 대한 책임감 부여, 서비스 질 향상, 자원봉사에 대한 인식 전환, 동기 부여, 자원봉사자와 기관 간의 신뢰 형성 등을 위해 자원봉사자에 대한 교육 · 훈련이 정기적으로 이루어져야 한다.

(5) 슈퍼비전 및 평가

자원봉사자 관리 업무에서 가장 중요한 일 중 하나는 업무의 책임을 위임하는 것이다. 일반적으로 자원봉사자들은 사무실이 아닌 외부에서 활동하는 경우가 많으므로 자원봉사활동에 대한 일상적인 점검이 어려운 경우가 대부분이다. 따라서 정기적인 슈퍼비전을 통해 자원봉사자의 업무에 대한 정보와 피드백을 제공하고 자원봉사활동에서 목표한 성과를 낼 수 있도록 지원해야 한다.

자원봉사자 관리의 마지막 단계는 자원봉사자에 대한 평가와 피드백이다. 자원봉사자에 대한 평가 과정은 정기적이고 지속적으로 이루어져야 한다. 자원봉사자의 활동 초기에는 평가 주기가 짧은 것이 바람직하며, 업무가 익숙해짐에 따라 평가 주기를 늘릴 수 있다. 정기적인 평가체계를 운영함으로써 직원은 자원봉사자에 대한 피드백을 제공해야 한다는 책임감을 갖게 되고, 자원봉사자는 자신의 활동에 대해 점검하고 개선할 수 있는 기회를 얻을 수 있다.

(6) 인정과 보상

자원봉사자들에게는 그들의 기여에 상응하는 인정과 보상이 이루어져야 한다. 가장 효과적인 보상체계는 자원봉사자가 수행하는 일상의 업무에 대해 직원들이 진심으로 인정해 주고 감사를 표시하는 상호작용 속에서 일어나는 비공식적 보상체계이다. 이는 일상에서 쉽게 그리고 자주 실행할 수 있음에도 불구하고 매우 효과적이다. 반면에 공식적 보상체계는 자원봉사자의 활동에 대한 성취를 널리 알리고 감사하는 의미에서 상장, 공로패, 감사패를 수여하거나, 표창을 하거나, 혹은 연말에 자원봉사자를 위한 만찬회를 여는 것 등이 포함된다.

〈표 8-6〉 **자원봉사자에 대한 인정과 보상의 예**

	개인	팀
비공식적 보상체계	자원봉사자에게 감사쪽지 보내기 가족에게 감사편지 보내기 자원봉사자의 관심에 동조하기	동료들끼리 칭찬하기

공식적 보상체계	연례행사 축하행사 신문에 기고 상장, 공로패, 감사패 수여 기념물: 머그잔, 펜 등 기관지에 활동 사례 소개 자원봉사자에게 새로운 직위 혹은 직무 부여 표창 후보로 추천 직원 회의에 초청 자원봉사자 명예의 전당 건립	만찬회 TV나 뉴스에 방영 팀 기념명패 만들기 기관지에 활동 사례 소개 팀 여행 팀에게 점심 제공 팀에 대한 연례적 시상

출처: 이성록(2007). 자원봉사 상담의 길잡이. 서울: 다빈치하우스-미디어숲을 수정.

참고문헌

강철희, 김민영, 편창훈(2022). 온라인 기부 플랫폼에서의 기업 참여에 관한 연구: 네이버 해피빈 모금 프로젝트의 분석. 한국사회복지행정학, 24(1), 31-59.

김승범, 최병철(2016). 보상형 크라우드 펀딩: 프로젝트의 펀딩 성공 이후 보상 약속 이행에 영향을 미치는 요인. 한국생산관리학회지, 27(1), 47-68.

김영호, 오정옥, 전영미(2003). 자원봉사의 이론과 실제. 서울: 창지사.

김재춘(2018). 성공하는 모금 제안의 기술. 경기: 나남.

김재희(2021). 패션제품의 크라우드펀딩에 대한 소비자 태도 및 펀딩참여의도에 관한 연구. 고려대학교 대학원 석사학위논문.

김종명, EBS 제작팀(2009). 설득의 비밀. 경기: 쿠폰북.

노연희(2006). 비영리 사회서비스조직의 재정자원활동에 관한 탐색적 연구. 사회복지연구, 23, 113-137.

노연희, 김찬우(2007). 지역사회기반 비영리조직의 전략적 자원개발을 위한 연구-소규모 비영리 사회복지조직을 중심으로-. 사회복지공동모금회 나눔문화연구소.

박창우(2020). 지역사회 특성에 부합한 사회복지기관의 모금전략에 관한 사례연구. 한국지역사회복지학, 73, 125-148.

이만식, 손신, 신효진(2010). 21세기 자원봉사관리: 이론과 실제. 서울: 학지사.

이상호, 김은숙, 박정훈, 신기범, 신재학, 오세민, 이권일, 정영호, 조성숙(2013). 사회복지

시설 모금담당자를 위한 모금기술의 이론과 실제. 경기: 양서원.

이성록(2007). **자원봉사 상담의 길잡이**. 서울: 다빈치하우스-미디어숲.

조윤용(2019). 기부형 크라우드펀딩 캠페인 내용 분석. **광고학연구**, 30(5), 83-108.

조휘일(2002). **현대사회와 자원봉사**. 서울: 홍익재.

주성수(2005). **자원봉사 - 이론, 제도, 정책**. 아르케.

최상미, 김아래미(2020). **사회복지행정론**. 서울: 학지사.

Ahn, B. (2010). **비영리단체 모금 전략**. 서울: 예영 커뮤니케이션.

Clary, E. G., Snyder, M., & Stukas, A. (1996). "Volunteers' Motivations: Findings from a National Survey". *Nonprofit and Voluntry Sector Quarterly, 25*(3), 485-505.

Clary, E. G., Snyder, M., Ridge, R., Copeland, J., Stukas, A., Haugen, J., et al. (1998). "Understanding and Assessing the Motivations of Volunteers: A Functional Approach". *Journal of Personality and Social Psychology, 74*, 1516-1530.

Flanagan, J. (2002). **성공적인 모금전략**(*Successful Fundrasing*). (안재권 역). 서울: 학지사. (원저는 2000년에 출판).

Gronbjerg, K. A. (1993). *Understanding Nonprofit Funding: Managing Revenues in social services and community development organizations*. San Francisco, CA: Jossey-Bass Publishers.

IAVE. (2003). "The IAVE Universal Declaration on Volunteering" (https://www.iave.org/the-universal-declaration-on-volunteering/) Collaborations: New Thinking and Practice. Jossey-Bass Publishers.

Klein, K. (2009). **모금이 세상을 바꾼다-모금의 기법과 실천적 사례**(*Fundraising for Social Change*). (이정화 역). 아르케. (원저는 2007년에 출판).

제9장

네트워킹 기법

지역사회복지 분야에서 네트워킹(networking) 기법은 다양한 이해관계자들 간의 협력과 자원 공유를 통해 지역사회의 문제를 효과적으로 해결하기 위한 중요한 접근방식이다. 네트워킹은 지역사회 구성원, 조직, 기관들이 상호작용하면서 공동의 목표를 달성하고, 지속 가능한 복지 시스템을 구축하는 데 중점을 둔다. 네트워킹 기법은 개별 기관이나 그룹이 독립적으로 해결하기 어려운 복잡한 사회문제를 해결할 때 그 진가를 발휘하며, 상호 협력과 자원의 교환 및 공유를 극대화하는 전략이라 할 수 있다. 이 장에서는 네트워킹 설명이론과 필요성, 과정 및 사례를 설명하고자 한다.

1. 네트워킹 설명이론

사회복지 네트워킹을 설명할 수 있는 이론은 자원의존이론(resource dependence theory), 사회교환이론(social exchange Theory)과 사회자본이론(social capital theory)을 들 수 있다. 각각의 이론의 유용성과 한계점은 다음과 같다.

1) 자원의존이론

자원의존이론은 자원의 소유 유무를 중심으로 조직 간 연계나 네트워크 행위를 설명한다. 모든 네트워킹 행위는 자원을 소유하지 않고는 자신의 목적을 달성할 수 없다. 따라서 네트워크는 자원을 중심으로 형성된다고 본다. 자원의존이론은 네트워킹에서 발생하는 권력관계, 의존, 서비스 공급 주체 간의 관계에 대해서 해석할 수 있는 유용성을 지닌다. 즉, 첫째, 자원의존이론은 네트워킹에서 발생하는 권력관계를 설명한다. 이때 '영향력(influence)'과 '지배력(domination)'이라는 개념을 사용하는데, 영향력은 의도적인 선택에서 발생하는 정보 제공을 통해 형성된다. 지배력이란 자원 제공을 통해 순응과 복종이 발생하여 교환적 관계가 권력의 형태로 작용하는 것을 말한다. 둘째, 자원의존이론은 네트워킹에서 발생하는 '의존' 현상을 설명한다. 자원이 취약한 조직은 희소성 있고 수요가 높은 자원을 가진 조직에 의존할 수밖에 없기 때문에 네트워킹 조직들은 자원의 안정적인 흐름 확보 및 의존 회피를 위해 노력해야 할 것이다. 셋째, 자원의존이론은 서비스 공급유형 및 네트워크 특성과 서비스 전달에 따른 성과 간의 연계를 측정 등 서비스 공급 주체 간의 관계를 설명하는 데 유용하다고 입증되어 왔으며 많은 기여를 하였다.

여러 유용성에도 불구하고 자원의존이론은 자원의 소유 여부를 중심으로 모든 행위자의 관계를 설명하는 단선적 차원만을 다룸으로써, 사회적 관계 및 네트워크 연계가 이루어지는 과정이나 역동성을 분석하는 데 한계가 있다.

2) 사회교환이론

사회교환이론의 핵심은 경제적 거래, 즉 '교환관계'이다. 에머슨과 쿡(Emerson & Cook)은 양자 간 교환관계에 기반하여 사회적 교환이론을 확립하였다. 교환이론은 경제적 메타포에 근거한다. 교환 네트워크에서는 동등한 중심성(equal centrality)이란 존재하지 않으며, 교환 네트워크에서의 중심적 위치를 활용해 시장교환에 영향력을 행사할 수 있는 행위자에게 시장의 권력이 집중된다는 주장이다. 이때 시장에서의 교환은 '상호 호혜적'이고 '대안적 자원'이 있을 때 이루어지며, 이와 같은 용어는 네트워크 분석에서도 동일하게 사용된다.

사회교환이론의 장점은 첫째, 안정된 사회적 교환관계를 형성하는 사람들의 생활 속 교환의 질서와 구조를 설명한다. 둘째, 사람들의 사회적 행위나 행동을 이윤과 손실에 계산, 행위에 따른 대안적 경로 상상, 타인의 반응 예측 등의 맥락에서 설명한다.

사회교환이론의 한계점은 비경제적인 이해관계가 없는 현상을 설명하지 못하고(Bourdieu, 1986), 교환관계를 미시적 관계로 제한한 점과 이질적인 개념인 분배정의(distributive justice)나 호혜성의 규범(norm of reciprocity)과 같은 개념들을 남용했다는 점(Coleman, 1988)을 들 수 있다. 그리고 네트워킹의 문화적 맥락적 요소를 설명하지 못한다(홍현미라, 2006b).

3) 사회자본이론

사회자본이란 물적 자본이나 인적 자본과 달리 사회관계 속에 내재된 자원의 총합(Coleman, 1988; Putnam, 1993)으로 물적·인적 자본과 같이 사회의 생산성을 담보하는 비실체적 존재(홍현미라, 2006b)를 말한다.

사회자본이론은 개인이나 집단이 투자전략의 산물로 만들어 내는 네트워크 그리고 이를 형성하는 데 필요한 사회적 신뢰나 상호 호혜성 등의 제도적 노력이나 규범에 주목한다(Bourdieu, 1986; 안성호, 곽현근, 2004).

특히, 푸트남(Putnam, 1993)은 시민참여의 규범과 네트워크를 통해 사회자본이 형성된다고 보았다. 여기서 네트워크는 개인들 간의 대면적·자발적·수평적 관계의 결사체(associations)를 말한다. 이러한 네트워크들이 신뢰와 상호부조의 규범 및 시민참여 역량을 향상시킨다. 이러한 관점은 시민참여의 가능성을 열어 줌으로써 효율적인 정부를 위한 시민참여 그리고 지역사회 발전을 위한 주민 참여 지평을 열어 주었다고 평가할 수 있다.

지역사회복지 맥락에서 사회자본이 형성될 경우 다음과 같은 유용성을 제공해 준다(홍현미라, 2006a). 첫째, 지역사회 자생력 생성 및 지속 가능성을 만들어 줄 수 있다. 둘째, 긴밀한 네트워크와 신뢰 및 상호 호혜성을 구축할 수 있다. 셋째, 동네와 같이 작은 단위의 근린 지역사회를 재발견할 수 있다. 넷째, 시민과 클라이언트의 참여를 가능하게 한다.

사회자본이론의 한계점은, 첫째, 강력한 네트워크와 신뢰가 집단 구성원에게 항상 이로운 것은 아니라는 점, 둘째, 네트워크와 신뢰에 대한 맹신의 한계, 셋째, 사회적 관계의 비효율성과 반사회성의 가능성 등을 들 수 있다(이영현 외, 2006; 홍현미라 외, 2010 재인용).

2. 사회복지 네트워킹의 필요성

사회복지 네트워킹의 필요성을 전달체계의 관점, 복지 수요의 다변화 환경의 관점, 그리고 돌봄 정책의 관점에서 살펴보면 다음과 같다.

첫째, 사회서비스 통합적 제공의 어려움, 공공부문의 대응력 약화 문제 등은 지역사회 네트워크 거버넌스 구조의 변화를 요구하고 있다(박경숙, 유란희, 2022). 사회서비스 전달체계의 맥락에서, 소득 보장과 사회서비스가 빠르게 확대되면서 공공과 민간의 서비스 분절의 문제와 2000년대 이후 복지사업의 보편화에 대한 공공부문의 대응력 약화의 문제가 제기되고 있는 상황이다. 이에 대한 해결책으로 지역사회 거버넌스의 구조적 변화를 위한 네트워킹은 주요한 전략으로 다루어지고 있으며 필수 불가결한 요소일 것이다.

둘째, 복합적이고 다양한 복지 수요의 증가로 인한 서비스 기관 간의 효과적 연계와 협력의 중요성 대두는 사회복지 네트워킹을 필요로 하고 있다(전우일, 정무성, 2021). 최근 급속한 고령화와 위기 가정의 증가, 그리고 고독사 및 고립 가구 문제의 출현은 다양한 서비스 기관 및 단체를 어떻게 하면 효과적으로 연계시키고 협력하게 할 것인가에 초점이 모아지고 있다. 따라서 이러한 문제 해결을 위해 사회복지기관이나 서비스 제공 기관 그리고 관련 단체 들간의 협력이나 조정 및 자원연계 등의 필요성이 지역사회 네트워킹을 필요로 하고 있다.

셋째, 돌봄 정책의 패러다임 전환 과정에서 정부 중심의 통합 돌봄 정책의 추진을 위해서 지역사회 내 가용자원을 최대한 활용할 수 있도록 사회적 자원으로서의 공공과 민간 간 네트워크를 활용해야(류재윤 외, 2022) 할 필요성이 제기되고 있다. 현재 우리 사회는 초고령화 사회로의 진입으로 인한 돌봄 서비스의 급증과 돌봄 대상자 욕구의 범위가 넓고 다변화되고 있는 상황에서 추진되고 있는 지역사회 통합 돌봄 정책과 정책 시행의 효과성은 매우 중요하게 다루어지고 있다. 이러한 맥락에서 제한된 공공복지의 제공으로 인한 돌봄 공백의 구조화가 우려되는 상황이다. 이에 지역사회 통합 돌봄 정책 시행에 있어 공공과 민간 간의 네트워킹은 필수 불가결하다 할 수 있다.

3. 네트워킹의 과정[1)]

네트워킹 기법을 성공적으로 적용하기 위해서는 단계적인 접근이 필요하다. 네트워킹 과정은 다음과 같은 단계로 나뉜다(김영종 외, 2008). 이 장에서는 네트워킹의 단계와 각 단계에서 요구되는 과업, 그리고 과업 수행을 위한 기법 및 사회복지사의 역할에 대해 살펴보고자 한다.

〈표 9-1〉 **네트워킹의 과정**

구분	세부 단계
네트워킹 준비 단계	1단계-네트워킹 검토 2단계-네트워킹 승인
네트워킹 구성 단계	3단계-네트워크 탐색 4단계-네트워크 접촉
네트워킹 실행 단계	5단계-네트워크 협력 계획(domain) 수립 6단계-네트워킹 실행
네트워킹 관리 단계	7단계-네트워크 갈등 관리 8단계-네트워크 유지

1) 네트워킹의 과정은 김영종 등(2008)의 『사회복지 네트워킹의 이해와 적용』 중 제2장 사회복지 네트워킹의 과정, '2. 사회복지 네트워킹의 과정'의 내용을 기본으로 수정 및 재구성하였다.

사회복지 네트워킹은 네트워킹을 준비하는 단계, 네트워킹 구상 단계, 네트워킹 실행 단계, 그리고 네트워킹 관리 단계로 구분할 수 있다. 각 단계에서는 세부적으로 두 개의 단계를 세분화하여 총 여덟 단계로 나눌 수 있다. 네트워킹 준비 단계에서는 1단계 네트워킹 검토, 2단계 네트워킹 승인, 네트워킹 구상 단계에서는 3단계 네트워크 탐색, 4단계 네트워크 접촉, 그리고 네트워킹 실행 단계에는 5단계 네트워크 협력 계획(domain) 구축, 6단계 네트워킹 실행, 마지막으로 네트워킹 관리 단계에는 7단계 네트워크 갈등 관리, 8단계 네트워크 유지 등의 세부 단계가 포함된다.

1) 네트워킹 준비 단계

네트워킹 준비 단계는 네트워킹 적합성 검토 단계와 네트워킹 승인 단계를 포함한다.

(1) 1단계: 네트워킹 검토

네트워킹 검토 단계에서는 문제를 정의하고 문제 해결을 위한 실천과 네트워킹 접근방법과의 적합성을 검토하여야 한다. 이 단계의 과업은 네트워킹 전제 조건 충족을 통한 실천과 네트워킹 방법과의 적합성 확보하는 것이다. 이러한 작업은 실천가 수준(staff-level)에서 진행된다.

① 네트워킹 접근방법과의 적합성

네트워킹 접근방법이 필요한 실천은, 첫째, 실천 목표에 달성하기 위해서는 반드시 자원을 연계하는 방법이 효과적일 때와 둘째는 클라이언트의 문제가 다중적이거나 장기 보호나 지속적 보호가 필요한 경우이다.

② 네트워킹의 전제 조건 충족

네트워킹의 전제 조건은, 첫째, 네트워킹하고자 하는 조직이 다른 조직과의 자원의 흐름을 가져야 하고, 둘째, 네트워킹하고자 하는 조직은 자원이나 교환에 있어 대안을 가지고 있어야 하며, 셋째, 조직 자신의 과업환경에 의한 연계가 요구되어야 한다.

(2) 2단계: 네트워킹 승인

네트워킹 승인 단계의 과업은 네트워킹 접근방법에 대한 조직적 차원의 승인 및 과업환경을 점검하는 것이다.

① 네트워킹 방법론 사용 승인

네트워킹 방법에 대한 승인은 조직 차원(organization-level)에서의 네트워킹 접근방법에 대한 정당화를 획득해야 한다. 그래야 네트워킹 실천에 필요한 지원과 조정 등의 업무를 조직적으로 지원받을 수 있다.

② 과업환경 체크

네트워킹 하기 전에 사회복지 조직의 과업환경이 네트워킹에 어떻게 작용할 것인지를 사정해 보는 것은 안정적 네트워킹에 필요한 과업이라 할 수 있다. 네트워킹을 위한 과업환경의 요소는, 첫째, 재정자원의 출처(funding source; fiscal resources), 클라이언트 출처(client sources; referral sources)의 확인, 셋째, 네트워킹 승인의 출처(legitimation and authority sources), 넷째, 보충적 서비스 제공자

〈표 9-2〉 과업환경 구성 요소

항목	내용
재정자원의 출처	
클라이언트 출처	
승인의 출처	
보충적 서비스 제공	
클라이언트 지원 자원	
경쟁 조직	

(complementary service providers) 확인, 다섯째, 클라이언트 지원 자원(consumers of the agency's products) 항목 검토, 여섯째, 경쟁 조직에 대한 사정 등이다.

(3) 사회복지사 역할

네트워킹 준비 단계에서 사회복지사는 기획가와 조정가의 역할을 하게 된다. 기획가란 사회복지 실천 수행에 필요한 네트워킹을 최초로 생각해 내도 네트워킹에 필요한 과업, 기술들을 기획하고 검토하는 것을 말한다. 조정가의 역할이란 네트워킹에 대한 승인을 위해서 사회복지사는 네트워킹에 필요한 의사소통과 재가 과정을 통해 여러 과업을 조정해야 한다는 것을 말한다.

정신건강 문제 해결을 위한 지역사회 네트워크 구축을 위한 네크워킹 준비 단계 사례

네트워킹 준비 단계에서는 문제 정의 및 네트워킹 필요성을 파악해야 한다. 정신건강 문제를 가진 사람들은 사회적으로 고립되고, 치료를 받지 않거나 적절한 지원을 받지 못하는 경우가 많다. 예를 들어, 우울증이나 불안장애를 겪는 사람들은 종종 이러한 문제를 숨기려 하거나, 의료 기관을 방문하는 데 두려움을 느낄 수 있다. 또한, 정신건강 문제는 개인적인 증상뿐만 아니라, 가족, 직장, 학교 등 다양한 사회적 관계에도 영향을 미칠 수 있다.

사회복지사는 이러한 문제를 인식하고, 정신건강 문제가 지역사회 내에서 얼마나 존재하는지, 그리고 그에 따라 어떤 기관들의 협력이 필요한지를 파악하는 과정이 수행해야 한다. 이때, 정신건강 문제를 가진 개인은 의료 및 심리적 지원, 사회적 관계망 등을 필요로 하며, 이를 종합적으로 해결하려면 다양한 기관들이 협력해야 한다.

2) 네트워킹 구성 단계

네트워킹 구성 단계는 제3단계인 네트워크 탐색 단계와 제4단계 네트워크 접촉 단계로 구분할 수 있다.

(1) 3단계: 네트워크 탐색

제3단계인 네트워크 탐색 단계에서는 세 가지 과업을 수행하여야 한다. 첫째,

도메인 관련 네트워크 조사, 둘째, 관련 네트워크의 네트워킹 가능성 정보 수집, 셋째, 예상 네트워크 리스트 작성 등이다.

① 도메인 관련 네트워크 조사

이 단계는 현재 당면한 문제 해결(network domain)을 위한 관련 네트워크를 찾는 과정으로 네트워크 도메인 구성의 내용이 중요할 것이다. 우선, 2차 자료를 통해 관련 네트워크를 파악하여 관련 네트워크 목록표를 작성해야 한다. 네트워크 조직의 목적, 사명, 구성원, 물리적인 거리 등 네트워킹에 필요한 요소와 그에 따른 관련 정보로 목록 표를 작성한다.

② 가능한 네트워크 정보 수집

이 단계에서는 2차 자료 검색 후에는 홈페이지 방문 또는 직접 내방하여 상대 단체나 사회조직에 관한 여러 사항을 조사한다. 특히, 조직의 사명이나 목적에 대한 해석을 통해 네트워킹에 참여할 수 있는 근거를 마련하는 것은 매우 중요하다. 이 외에도 조직 특성, 위계 구조, 재정의 출처, 참여의 형태 및 자원의 종류 등에 대한 정보는 이후 네트워킹 전략을 수립하는 데 유용하게 사용될 수 있을 것이다.

③ 예상 네트워킹 리스트 작성

네트워킹 가능성에 관한 목록표에 들어가야 할 사항으로는 네트워크의 이름과 자료의 출처(홈페이지, 지자체 자료, 지역 소식지, SNS 등), 미션, 조직의 특성, 위치, 방문 여부, 방문을 통한 예상 가능성 등 가능하면 자세하게 기록한다.

(2) 4단계: 네트워크 접촉

사회복지 네트워킹의 4단계인 네트워크 접촉 단계의 과업은 네 가지이다. 첫째, 관계 형성, 둘째, 신뢰 형성, 셋째, 상호 호혜성 활용, 넷째, 계약 등이다.

① 관계 형성

관계 형성 과업을 수행하기 위해서는 네트워킹하고자 하는 상대 조직의 미션이나 목적을 분석하는 기술이 필요하다. 이와 같은 방식으로 분석한 상대 조직의 미션에 기초하여 네트워킹의 과정과 결과에서 서로가 받게 될 이익과 보상에 대한 구체적인 계획서를 작성한다. 작성된 계획서는 네트워킹을 이끌어 가는 매개물로서 기능을 하게 될 것이다.

② 신뢰 구축

성격이 다른 네트워크에 접촉하여 네트워킹을 성공시키기 위해서는 서로 간에 신뢰를 형성하는 것이 매우 중요하다. 네트워킹에 필요한 상호 신뢰는 열정을 보여 주거나 대인관계를 잘 구축하는 데서 오는 것으로 나타났다. 그리고 그러한 과정에서 신뢰를 형성하도록 특별한 노력을 해야 하며 효과적인 방법으로는 평판을 사용하거나 대상 조직의 최고 결정권자에 대한 신뢰를 형성하는 방법이 있다.

③ 상호 호혜성 활용

네트워크에 접촉하기 단계에서 신뢰 형성만큼이나 주요한 과업이 상호 호혜적인 관습의 사용과 상호 호혜적인 문화를 만들어가는 것이다. 상호 호혜성을 만들기 위해서는 개인 차원이나 조직 차원에서 호혜적인 관계 맺기에 성공해야 한다. 이는 자기 것을 먼저 기꺼이 내어 주고 섬김의 자세를 가졌을 때 가능해진다. 또한 상대 조직의 본성을 마음 깊은 곳으로부터 존중해야 한다. 그리고 만약 지역사회 내에서 호혜적 관습을 발견하였다면 이를 활용하는 지혜가 필요하다. 이렇게 되었을 때 비로소 지역사회 내에 호혜적 관계가 형성된다.

상호 호혜적 관계를 형성하는 데는 제일 먼저는 상대의 이익을 유도할 수 있어야 하고 이때 발생하는 이익을 사회복지적 언어로 의미화할 수 있어야 한다. 또한 상호 보완적 관계를 유지하는 것은 호혜적 관계를 공고히 하는 것이다.

④ 계약

계약하기는 네트워킹에서 발생하게 될 사회적 교환(social exchange) 과정을 통해 성립되고 유지된다. 사회적 교환 내용으로 교환 내역, 교환 비용, 교환 가치 및 보상이나 만족 등을 꼽는다. 이때 교환 비용은 얻고자 하는 자원을 위해 교환에 거래된 보상이며 생산품이고 자원이다. 교환관계에 있는 주체들은 얻게 될 생산품에 대한 가치를 정의하고 교환에서 거래된 생산품 비용에 대한 가치를 비교하여 약정을 맺어야 한다.

〈표 9-3〉 **교환 내용 구성 요소**

항목	내용
교환 내역	
교환 비용	
교환 가치	
보상이나 만족	

(3) 사회복지사의 역할

네트워크를 탐색하고 찾은 네트워크에 접촉하여 네트워킹을 구성 단계에서 사회복지사는 정보 수집가, 커뮤니케이터, 열성가, 분석가의 역할을 하게 된다. 이 단계에서 사회복지사는 다양한 방식의 의사소통을 할 수 있어야 한다는 의미에서 커뮤니케이터의 역할을 하게 된다. 이때 사회복지사는 네트워킹에 대한 확신과 신념, 무엇보다 열정이 있어야 한다. 그리고 자신의 열정을 또한 드러내고 보여 줄 수 있어야 한다. 이런 의미에서 열성가의 역할이 요구된다. 또한 참여 네트워크를 찾는 과정, 더 나아가 관계를 맺어 가는 과정에서 다양한 정보를 수집하고 분석하여야 하는 측면에서 분석가의 역할이 요구된다.

정신건강 문제 해결을 위한 지역사회 네트워크 구축을 위한 네트워킹 구성 단계 사례

네트워킹 구성 단계에서는 문제 해결을 위한 기관 간 네트워킹을 구축하여야 한다. 정신건강 문제를 해결하기 위해 사회복지사는 여러 기관과의 네트워크를 구축하여야 한다. 이를 통해 각 기관의 자원과 전문성을 효과적으로 결합하여 보다 포괄적이고 지속적인 지원을 제공할 수 있다.

1. 의료 기관과의 협력

정신건강 문제를 가진 개인은 의료적인 지원이 필요할 수 있다. 병원에서는 치료 및 약물 처방을 제공할 수 있다. 사회복지사는 해당 개인을 적절한 의료 기관에 의뢰하여, 필요한 진단과 치료를 받도록 돕는다. 또한, 지역의 정신건강 전문의와 협력하여 지속적인 치료 계획을 세울 수 있다.

2. 상담소 및 심리치료 기관과의 연계

정신건강 문제의 해결을 위해서는 상담과 심리적 지원이 매우 중요하다. 사회복지사는 상담센터나 심리치료 기관과 협력하여, 클라이언트가 상담전문가와 정기적인 상담을 받을 수 있도록 하여야 한다. 상담소에서는 심리치료, 스트레스 관리, 대인관계 문제 해결 등을 다룰 수 있다.

3. 학교 및 교육 기관과의 협력

정신건강 문제는 학교나 직장에서의 성과나 사회적 관계에 영향을 미칠 수 있다. 학생들이 정신건강 문제로 어려움을 겪고 있다면, 학교와의 연계를 통해 학업이나 사회적 적응을 돕는 서비스를 제공할 수 있다. 예를 들어, 학교상담사와 협력하여 학생들이 정신건강 문제에 대해 이야기할 수 있는 안전한 환경을 제공하고, 필요한 경우 치료를 받을 수 있도록 지원한다.

4. 지역사회 자원 및 비영리 단체와의 협력

지역사회 내 자원봉사단체나 비영리 단체들도 정신건강 문제 해결에 중요한 역할을 한다. 예를 들어, 자원봉사자들이 방문하여 사회적 고립을 겪고 있는 정신건강 문제가 있는 사람들을 지원하거나, 그룹 지원 활동을 제공할 수 있다. 또한, 비영리 단체들은 정신건강 캠페인이나 교육 프로그램을 통해 지역사회 주민들에게 정신건강의 중요성을 알리고, 자원을 제공한다.

3) 네트워킹 실행 단계

네트워킹 실행 단계는 제5단계인 네트워크 협력 계획 수립과 네트워킹 실행 단계로 구분할 수 있다.

(1) 5단계: 네트워크 협력 계획 수립

이 단계에서는 협력 계획을 위해 다양한 배경의 전문가들이 관여하여 구체적인 지역사회 변화를 위한 실행 계획을 개발하고 지역의 관심과 정보 규명, 지역자원 규명하기 위한 노력이 요구된다(Fawcett et al., 2001).

따라서 네트워크 협력 계획 수립을 위한 도메인 합의, 네트워크 크기를 정하며 네트워킹의 참여자들 간의 관계 유형에 대한 합의가 필요하다.

① 협력 계획 합의

네트워크 협력 계획 합의(domain consensus)를 위해서 첫째, 문제나 욕구(human problem or need), 둘째, 대상 집단(population or clientele), 셋째, 실천 기술(technology or treatment methods), 넷째, 네트워크 설정 지역(geographic or catchment area), 다섯째, 자원 출처(sources of fiscal and non-fiscal resources) 등의 요소에 대한 합의가 필요하다.

② 네트워크의 적절한 크기 결정

네트워크의 도메인 합의 후 네트워크의 크기(size)를 정하여야 한다. 가장 적절한 네트워크의 크기는 네트워크 참여자에 의해 관리가 가능한 정도라고 할 수 있다.

③ 네트워킹 관계 유형 합의

네트워킹 관계 유형으로 협력(cooperation)과 조정(coordination) 그리고 합작(collaboration) 유형이 있다. 협력(cooperation) 유형은 서로 독자적으로 분리된 조직이 독립적인 프로그램을 기획하고 실행하고자 할 때 형성할 수 있는 방식을 말한다. 조정(coordination) 유형은 분리된 조직이 불필요한 중복을 피하고 조직 간 갈등과 낭비를 피하고자 하는 방식을 취하는 형태를 말한다. 협력이나 조정 유형과 달리 합작(collaboration) 유형은 분리된 각 참여 조직이 단일한 프로그램이나 서비스에 참여하여 동일한 목적을 가지고 연계하되, 자신의 정체성(identity)을 유지하면서 자원을 공유하는 형태를 말한다.

〈표 9-4〉 **네트워크 협력 계획 수립**

<table>
<tr><td rowspan="5">협력 내용</td><td>문제나 욕구</td><td></td></tr>
<tr><td>대상 집단</td><td></td></tr>
<tr><td>실천기술</td><td></td></tr>
<tr><td>네트워크 설정 지역</td><td></td></tr>
<tr><td>자원 출처</td><td></td></tr>
<tr><td colspan="2">네트워크 크기</td><td>(   ) degrees</td></tr>
<tr><td colspan="2">관계 유형 합의하기</td><td>□협조 □조정 □합작</td></tr>
</table>

(2) 6단계: 네트워킹 실행

네트워크를 실행시키면서 유념해야 할 것은 교환의 대칭성을 만드는 것, 그리고 기관 성원의 지위를 결정하는 것, 마지막으로 권위의 위치를 확인하는 것 등이다.

① 네트워크 교환의 대칭성

네트워크 교환의 대칭성(symmetry)을 만든다는 것은 네트워크 내에 있는 각 참여 단위의 요구에 따라 자원 이용 가능성 및 자원배분을 말하는 것이다. 분배된 자원이 공평하다면 그 네트워크는 대칭적이라고 할 수 있고 만약 일부 단위에 의해 네트워크가 주도되었다면 네트워크의 교환은 비대칭적일 것이다.

② 기관 성원의 지위 결정

네트워크를 다시 분류해 본다면 네트워크 참여 구성원의 지관 내 지위에 따라 실무자 네트워크와 기관의 관리 차원의 네트워크로 구분할 수 있다. 실무자 네트워크(line-level staff networks)는 대칭적이지 않으며 반복적인 특징을 주로 보이고 동일한 파트너를 사용하는 특성이 있다. 반면 기관의 관리 차원(management level) 네트워크는 문제 정보나 재정 또는 현물자원의 교환, 기관경영이나 도메인 정보 교환 등과 같이 교환을 보다 중시하는 특성을 보인다. 이런 특성을 감안하여 네트워킹을 실행할 때 네트워크 참여 성원의 지위를 결정하는 지혜가 필요하다.

③ 권위의 위치 확인

네트워크 권위의 위치(locus of authority)는 내부와 외부(internal or external locus of authority)로 나눌 수 있다. 자발적 네트워크(voluntary networks)와 같이 내적 권위(internal locus of authority)를 지니는 네트워크는 과업이 혁신적이고 창조적일 수 있으며 효율성에 대한 강조도 상대적으로 적을 수도 있다. 반면, 네트워킹 재원의 출처가 정부나 사회복지 공동모금회와 같이 외부 자금에 의한 네트워킹과 같이 외적 권위를 갖는 네트워킹은 네트워크의 목적이나 구조, 규율이 내부적으로 결정되는 것이 아니라 상위의 외부 권위에 의해 결정되기 때문에 참여 주체의 자발성이 낮고 혁신적이지 않게 된다. 하지만 효율성을 강조하게 되고 안정적인 장점은 있다.

〈표 9-5〉 **네트워킹 실행하기**

네트워크의 대칭성 체크	□균등한 배분 □불균등한 배분
기관성원의 지위 결정	□기관장 □중간 관리자 □일선 사회복지사
권위의 위치 확인	□내부(internal) □외부(external)

(3) 사회복지사 역할

네트워킹 실행 단계에서 사회복지사는 조정가, 협상가, 브로커의 역할이 요구된다. 네트워크 도메인 구축과 네트워킹 실행에서 조정가의 역할이 요구된다. 새로운 합의를 하고 자원을 연계하는 과정에서 협상가 및 브로커의 역할이 요구된다.

〈예시〉
네트워킹 실행 단계에서는 다양한 기관이 협력 계획을 수립하고 이 계획을 실행한다. 정신건강 문제를 가진 클라이언트를 지원하기 위해서는 각 기관 간의 협력 계획이 필요하다. 이를 위해 주기적인 회의를 개최하거나, 정보 공유 시스템을 통해 각 기관들이 클라이언트의 상태와 진행 상황을 업데이트하고 논의할 수 있다.

1. 정보 공유와 연계
사회복지사는 클라이언트의 정보(예: 치료 기록, 상담 이력 등)를 해당 기관들과 공유하여, 중복되지 않는 서비스 제공이 이루어지도록 한다. 이때 정보 공유는 클 라이언트의 동의를 받은 후 이루어져야 하며, 개인 정보 보호가 철저히 지켜져야 한다.

2. 다학제적 협력
정신건강 문제는 다학제적 협력이 필요한 문제이다. 이를 위해 의사, 심리학자, 사회복지사, 상담가 등 여러 전문가들이 협력하여 클라이언트에게 맞춤형 서비스를 제공하여야 한다. 예를 들어, 의사는 약물치료를 제공하고, 심리학자는 심리적 상담을 진행하며, 사회복지사는 사회적 지원(주거, 재정 지원 등)을 제공한다. 이러한 다 학제적 협력은 클라이언트가 여러 분야에서 종합적인 도움을 받을 수 있게 한다.

4) 네트워킹 관리 단계

네트워킹을 관리한다는 것은 네트워크 갈등을 관리하고 유지하는 것을 말한다.

(1) 7단계: 네트워크 갈등 관리

네트워크 갈등은 대부분 네트워크 의존성에 기인한다. 갈등 관리를 위해 네트워크의 의존성과 영향력 및 중심성 그리고 상호 관계에 관한 조정과 통제가 필요하다.

① 네트워크의 의존성과 영향력

네트워크의 의존성(dependency)과 영향력(influence)은 자원의 대칭성과 관련 있다. 수요가 많은 희소한 자원을 소유한 조직은 자원의 교환 관계에서 유리한 지위를 점하기 때문에, 수요가 필요한 조직의 행동을 변화시킬 수 있다. 따라서 네트워크 내 의존성을 지닌 조직은 타 조직의 영향력을 예측하고 대처해야 할 것이다.

또한 왜냐하면 영향력을 지닌 조직이 받아들여지기 힘든 네트워크 이용 및 비용을 제안할 경우, 상대 조직이 이를 철회 한다면 네트워킹 참여 단위의 행동을 통제하는 결과를 낳기 때문에 네트워크 영향력이 지배(domination)로 이어지지 않도록 조심해야 할 것이다.

② 네트워크의 중심성

네트워크의 중심성(centrality)은 네트워크 내 참여 단위들이 어떻게 상호작용하는지의 모습을 나타내는 것으로 서로에 대한 도달 가능성(reachability)이라고도 한다. 이들의 상호작용은 [그림 9-1]과 같이 서로 일차원적인 선처럼 연결되어 상호작용을 하기도 하는데 이를 체인 네트워크(the chain network)라 한다. 이는 서로의 상호작용이 매우 제한적이고 단선적인 특징이 있다.

반면, [그림 9-2]와 같이 어느 한 단위를 중심으로 개별 단위들이 상호작용하는 경우를 스타 네트워크(the star network)라 한다. 스타 네트워크는 상호작용이 많은 것 같지만 사실상 어느 한 단위를 중심으로 이루어지기 때문에 지양해야 할 것이다.

[그림 9-1] 체인 네트워크

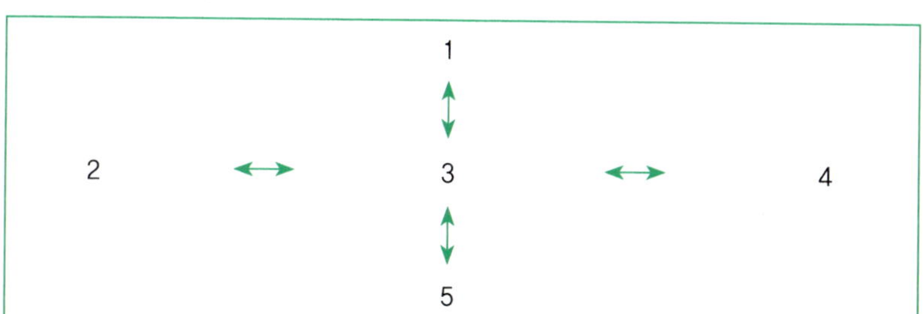

[그림 9-2] 스타 네트워크

네트워크의 중심성과 도달 가능성 개념에 기초하여 네트워크의 상호작용 모습(style)을 그려 보고 어느 단위의 영향력이 행사되는지를 점검하는 것은 매우 중요할 것이다.

③ 네트워크의 조정과 통제

네트워크의 중심성을 점검했다면 이제 바람직한 방향으로 네트워크 내의 관계를 촉진해야 할 것이다. [그림 9-3]과 같이 네트워크 내에 소외되는 조직이 없도록 상호작용을 촉진하는 것을 조정 또는 통제라 한다. 그런데 조정(coordination)과 통제(control)를 통해 상호작용을 촉진하는 과정 중에 소외 되는 조직이 있을 수 있다. 이러한 소외 현상은 잠재적 갈등 요인이 될 수 있어서 주의 깊게 살펴보아야 한다.

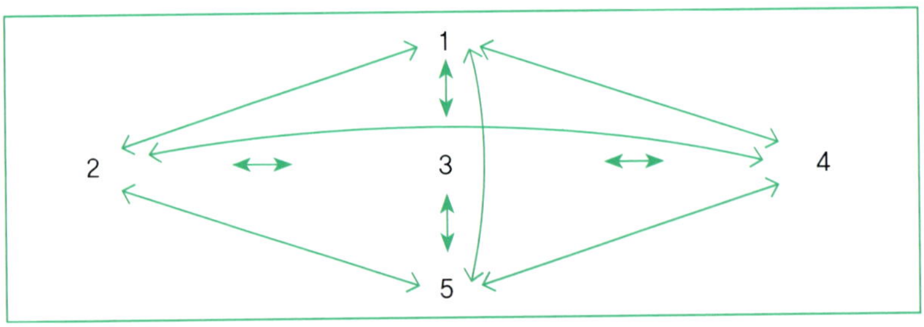

[그림 9-3] 조정을 통한 네트워크

이상 네트워킹 갈등 관리에서의 과업과 그에 따른 기법들을 살펴보았다. 아래의 요소들을 점검해 보는 것은 네트워크 갈등 관리에 매우 유용할 것이다(〈표 9-6〉).

〈표 9-6〉 네트워크 갈등 관리하기

의존성과 영향력	주요한 자원과 소유주 ( )		
중심성	□체인 네트워크	□스타 네트워크	□조정된 네트워크
조정과 통제	□전체적으로 활발	□부분적으로 활발	□소외 단위 있음

(2) 8단계: 네트워크 유지

네트워크를 형성하는 것만큼이나 어려운 네트워크를 잘 유지하기 위한 과업으로는 네트워크의 응집력, 밀도와 복잡성 및 호혜성과 신뢰 관리 등이 있다.

① 네트워크 응집력(cohesion)

네트워크 응집력이란 네트워크 자체에 대해 참여 구성원이나 조직이 친밀해지는 것을 말한다. 이러한 응집력은 교환이 활발하거나 대안적인 자원의 사용과 효율성이 발생할 때 강화되는 특성이 있다. 따라서 자원의 교환은 매우 중요하며 교환이 평등하게(fair), 유익해야(beneficial) 한다. 불공정하고 불이익을 발생시키는 자원의 교환은 네트워크 응집력에 부정적 영향을 주며 더 나아가 지역사회의 상호 호혜적인 규범을 해칠 수 있다. 이런 의미에서 네트워크 관리자는 공정한 자원의 교환 관계를 위해 노력해야 할 것이다.

② 네트워크 밀도와 복잡성

네트워크 밀도(density)란 네트워크 내에서의 상호작용이 가능한 관계의 수 대비 실재 관계의 수가 얼마인가를 보는 지표이다. 네트워크 밀도는 곧 네트워크 복잡성과 직결된다. 네트워크의 밀도와 복잡성(complexity)은 네트워크 안에 있는 단위들의 수와 그 단위들 간의 상호작용의 합에 의해 결정되기 때문에, 네트워크의 크기가 증가하면 밀도와 잠재적 응집력을 관리하기 힘들어진다. 따라서 적절한 네트워크 크기는 밀도와 복잡성의 측면에서 관리해야 할 주요한 요소라 할 수 있다.

③ 호혜성과 신뢰

네트워킹을 통한 자원의 수평적 교환관계를 만들고 이는 지역사회 내 상호 부조의 흐름이 만들어지고 있다는 것을 의미한다. 상호 부조의 생성은 사회복지 실천현장에 매우 유용한 환경을 뜻한다. 이때 사회복지사는 자발적 보상의 흐름을 촉진함으로써 호혜적인 지역사회 문화 형성에 기여할 수 있다. 더 나아가 호혜적 문화는 지역사회 신뢰 형성으로 확장될 수 있으며, 반대로 사회가 신뢰로 울수록 호혜적 문화가 발전한다.

이상 네트워킹 유지 단계에 필요한 과업과 기법들을 살펴보았다(〈표 9-7〉).

〈표 9-7〉 네트워킹 유지

응집력	교환의 보상과 이익 ( )		
밀도와 복잡성	□높음	□적절	□낮음
자발적 보상의 흐름	□높음	□적절	□낮음
신뢰 유지	□높음	□적절	□낮음

(3) 사회복지사의 역할

네트워킹 관리 단계에서 사회복지사는 우선은 갈등을 중재할 수 있어야 한다. 사회복지사는 갈등 원인 파악과 갈등 관리에 필요한 여러 가지 사회복지 기법들을 습득할 필요가 있다. 또한 네트워킹을 관리하기 위해서는 여러 가지 난관을 극복할 수 있는 사회복지 실천에 대한 열정이 요구된다. 이런 의미에서 위의 단계에서 사회복지사는 열성가 및 커뮤니케이터의 역할을 해야 할 것이다.

정신건강 문제 해결을 위한 지역사회 네트워크 구축을 위한 네트워킹 관리 단계 사례

네트워킹 관리 단계에서는 지속적인 모니터링과 피드백을 진행하여야 한다. 정신건강 문제는 급격히 변화할 수 있기 때문에, 한 번의 개입으로 모든 문제가 해결되지 않는다. 따라서 사회복지사는 클라이언트의 상태를 지속적으로 모니터링하 고, 필요시 지원을 조정하는 역할을 하여야 한다.

1. 정기적인 평가 및 피드백

각 기관들은 정기적으로 클라이언트의 상태와 진행 상황을 평가하고, 그에 따라 지원 계획을 수정하여야 한다. 예를 들어, 치료가 잘 진행되지 않는 경우 다른 치료법을 시도하거나, 상담 주기를 늘리는 등의 조정이 이루어질 수 있다.

2. 위기 대응

정신건강 문제를 가진 사람들은 갑작스러운 위기에 처할 수 있다. 사회복지사는 위기 대응 방안을 마련하고, 클라이언트가 위기 상황에 처했을 때 신속하게 지원할 수 있는 네트워크를 구축하여야 한다. 예를 들어, 위기 상황에서 긴급 치료나 심리적 지원을 받을 수 있도록 병원이나 상담센터와 긴밀히 협력하여야 한다.

이와 같은 네트워킹 기법을 통해, 정신건강 문제를 가진 주민들은 보다 종합적이고 지속적인 지원을 받게 될 것이다. 사회복지사와 기관들이 협력하여 제공하는 다양한 서비스들은 클라이언트가 안정적인 치료를 받을 수 있게 하고, 사회적 고립을 줄이며, 삶의 질 향상에 기여할 수 있다. 또한, 각 기관의 협력을 통해 자원의 중복을 피하고, 서비스를 효율적으로 제공할 수 있다. 더 나아가 정신건강 문제를 해결하기 위한 지역사회 네트워크 구축은 복잡하고 다층적인 접근을 요구에도 지속적인 협력과 모니터링을 통해 사회적 지원체계를 강화할 수 있다.

참고문헌

김영종, 홍현미라, 이현주, 이혜원, 이민영, 진재문(2008). **사회복지네트워킹의 이해와 적용**. 서울: 학지사.

김인수(1999). '네트워크 조직'. **거시조직이론**. 경영사.

류재윤, 김정석, 김일호(2022). 지역사회 통합돌봄 수행 구청조직과 사회복지조직 간 네트워크 패턴에 대한 탐색적 연구: 서울S구 사례를 중심으로. **사회복지정책과 실천**, 8(2), 161-201.

박경숙, 유란희(2021). 지역사회 사회복지 네트워크 거버넌스 구조 변화 사례연구: 남양주시의 2012~2017년의 변화를 중심으로. **지방행정연구**, 36(1), 349-390.

박용관(1999). **네트워크론**. 서울: 커뮤니케이션북스.

안성호, 곽현근(2004). **지역정체성과 사회자본**. 서울: 도서출판 다운샘.

전우일, 정무성(2021). 지역사회복지협의회 조직 특성이 네트워크 거버넌스 수준에 미치는 영향. **한국지역사회복지학**, 79, 27-49.

홍현미라(2006a). 미국의 지역사회자본(community social capital) 구축정책 사례와 한국에 주는 시사점. **사회복지정책**, 25, 107-131.

홍현미라(2006b). 지역사회관계망을 활용한 자원개발경험의 유형에 관한 근거이론 연구: 사회자본(social capital) 관점적용. **한국사회복지학**, 58(4), 65-92.

홍현미라, 김가율, 민소영, 이은정, 심선경, 이민영, 윤민화(2010). **지역사회복지론**. 서울: 학지사.

Bourdieu, P. (1986). "The Forms of Capital". *Handbook of Theory and Research for Sociology of Education*. New York: Greenwood, pp. 241-258.

Coleman, J. (1988). "Social Capital in the Creation of Human Capital". *American Journal of Sociology, 94,* 94-124.

Fawcett, S. B., Colleagues. (2001). "Our Evaluation Model: Evaluating Comprehensive Community Initiatives". Evaluation in health promotion: principles and perspectives, pp. 241-269.

Hardcastle, D. A., Stanley, W., & Patricia, R. P. (1997). *Community Practice Theories and Skills for Social Workers*. Oxford University Press.

Montreuil, B. (2005). "Toward Patient Centeric and Distributed Healthcare Deliverly Networks". *Clin Invest Med, 28*(6), 351-352.

Putnam, R. (1993). *Making Democracy Work*. Princeton: Prinston University Press.

Russell, R. (2004, Fall). "Social Networks Among Elderly Men Caregivers". *The Journal of Men's Studies, 13*(1), 121-142.

Sprince, J. (2000). "Towards an integrated network". Journal of Psychotherapy, *Association of Child Psychotherapists, 26*(3), 413-431.

제10장

임파워먼트 기법

이 장에서는 지역사회복지 실천 영역에서의 임파워먼트(empowerment) 기법에 대해 알아본다. 임파워먼트 개념은 1990년대 이후 사회복지실천에서 꾸준히 강조되어 왔으며, 좋은 지역사회를 만들기 위한 사회복지실천에서 임파워먼트 원칙과 기술을 적용하는 것은 필수적이라고 할 수 있다. 임파워먼트를 통해 개인적 성장을 경험한 사람들은 정체된 지역사회를 받아들일 수 없고, 지역사회의 변화를 위해 참여하고 행동함으로써 좋은 지역사회를 만들 수 있다. 지역사회 주민들은 임파워먼트 과정을 경험함으로써 개인적인 변화와 더불어 지역사회 변화를 위한 활동에 참여하게 되고 결국에는 지역사회복지의 목표를 달성할 수 있게 된다.

1. 임파워먼트의 개념

임파워먼트(Empowerment)는 개인적인 동시에 정치적인 의미가 내포된 복합적인 개념이다. 개인적 수준의 임파워먼트는 주관적인 마음 상태에서 자신감과 통제감을 경험하는 것이고, 정치적인 수준에서는 사회 내에서 다양한 기회를 얻을 수 있음을 실감하는 동시에 사회 구조에 대한 변화를 통해 권력이 재분배되는 과정이다(Swift & Levin, 1987).

구티에레즈(L. M. Gutiérrez)는 "임파워먼트는 개인과 가족, 지역사회가 그들의 상황을 개선하기 위한 행동에 나섬으로써 개인, 대인관계 또는 정치적 힘을 강화하는 과정을 포함한다"고 하여 임파워먼트가 개인뿐 아니라 집단이나 지역사회 수준에서의 변화를 통해 현재 상황을 개선하기 위한 실천에서 사용될 수 있다고 하였다(Gutiérrez, 1994), 솔로몬(B. B. Solomon) 또한 "임파워먼트는 사람들이 그들의 삶의 조건에 대한 통제를 강화하기 위해 개인적 · 대인관계적 · 정치적 · 경제적 수준에서 힘을 강화하는 과정"으로 정의하였다(Solomon, 1976). 라파포르(J. Rappaport)는 임파워먼트 개념이 특히 지역사회 수준의 실천에서 유용한 것으로 설명하면서, 자신의 삶에 대한 개별적 결정과 자신이 속한 지역사회에 민주적으로 참여하는 것 두 가지로 제시했다(Rappaport, 1987; 이윤화, 1999 재인용). 강대선은 지역사회 임파워먼트를 "한 개인이 자신을 넘어 조직과 공동체의 문제 해결과 변화에 참여하고 삶의 질을 높이는 성과로 전환시키는 개인 역량"이라고 정의했다(강대선, 2016).

학자들의 이러한 개념 정의들을 종합할 때 임파워먼트는 "개인과 가족, 지역사회, 정치 · 사회 제도를 아우르는 총체적이고 통합적인 접근이며, 개인의 내적인 힘과 지역사회에 필요한 힘을 향상시켜 지역사회에 바람직한 결과를 가져오는 실천"으로 정의할 수 있다. 임파워먼트 개념을 좀 더 구체적으로 이해하기 위해 임파워먼트의 개념적 요소를 다음과 같이 정리할 수 있다(Boehm & Staples, 2004).

첫째, 임파워먼트는 과정이자 결과이다. 과정으로서의 임파워먼트는 개인과 집단이 힘(power)이 없는 상태에서 힘을 얻게 되는 상태의 변화와 관련되어 있다. 예를 들어, 지역사회의 취약계층들이 빈곤 및 주거정책과 같이 자신들의 삶의 질과 직결된 정책의 결정 과정에 참여하거나, 더 나은 주거환경을 위한 집단행동에 참여하는 것을 들 수 있다. 반면 결과로서의 임파워먼트는 앞서 제시한 과정이 성공적으로 수행되었을 때 얻게 되는 최종적인 결과를 의미한다. 결과로서의 임파워먼트는 산출이나 성과, 즉 획득된 힘(power)으로 측정할 수 있다. 예를 들어, 취약계층의 경제적 상태가 개선되거나 주거환경이 개선되는 것 등이 해당될 수 있다.

둘째, 임파워먼트는 개인적이고 집합적인 수준 모두에서 영향을 미칠 수 있다. 개인적 임파워먼트는 자기 존중, 단호함, 자기 결정, 사회적 책임감, 비판적 의식, 참여적 능력 등과 연관된다. 개인적 힘을 경험한 사람들은 자기 자신을 능력

(competence)이 있다고 인식한다. 능력이 있다고 인식한 사람은 스스로를 보호할 수 있는 기능이 충족될 뿐만 아니라, 다른 사람들과의 효과적인 상호작용을 통해 자원을 동원할 수 있게 되고, 사회적으로 기여할 수 있는 존재가 된다(Miley et al., 2004). 집합적 임파워먼트는 개인들이 서로를 돕고 지지하며, 함께 배우고, 집합적 행동에 참여하는 것을 의미한다. 또한 사람들을 공통의 이해관계로 조직화하고, 공유된 목적과 목표를 달성하기 위한 행동에 참여하도록 한다. 이 과정에서 지역사회 내의 자원들을 동원하거나 지역사회 외부에 있는 다양한 제도와 조직들에 영향을 미치게 된다.

셋째, 임파워먼트는 지역 주민들이 지금 당장은 힘이 없는 상황에 처해 있지만 개인적 또는 집합적인 변화를 가져올 수 있는 능력, 기술, 자격, 자산을 소유하고 있다고 전제한다. 지역 주민들의 능력과 힘에 대한 이해는 사회복지사가 지역사회 주민에 대해 가지는 신뢰일 뿐 아니라 전통적 사회복지실천의 관점인 강점 관점과도 일치한다.

넷째, 임파워먼트는 지역 주민 스스로에 의해서 행해져야만 한다. 물론 사회복지사들을 포함한 전문가들은 임파워먼트 과정에서 도움을 주는 역할을 할 수 있다. 그러나 임파워먼트 실천 과정에서 지역 주민의 자기 결정권이 중요한 원칙으로 강조되며, 이를 통해 사회복지사와 지역사회 주민 사이의 힘의 차이를 줄일 수 있다. 임파워먼트 접근에서는 지역사회 주민들과 사회복지사 간의 파트너십이 교육과 학습의 과정이 될 수 있으며, 사회복지사와 지역 주민이 서로 교사와 학습자의 역할을 모두 수행해야 한다. 따라서 임파워먼트 과정에서 사회복지사는 해답을 가지고 있거나 권위를 통해 해답을 찾는 사람이 아니라, 지역 주민이 가지고 있는 살아 있는 전문성을 이끌어 내고 해답을 찾는 데 반영할 수 있어야 한다(Schon, 1983).

다섯째, 임파워먼트는 사회에서 억압받고 있는 집단들에 초점을 둔다. 사회복지사는 지역사회의 취약계층들이 겪고 있는 사회 구조적 불평등과 힘(power)의 결핍이 사회적 문제뿐 아니라 개인적인 문제를 지속시키는 원인이라는 점을 이해해야 한다. 또한 지역사회에서 억압받고 있는 집단들은 개인적이고 집합적인 임파워먼트를 위해 스스로가 행동에 나서야 하는데, 그들 스스로가 힘의 결핍을 경험하고 있는 당사자인 동시에 스스로의 상황을 가장 잘 이해하고 있기 때문이다(Freire, 1970).

2. 임파워먼트의 수준

임파워먼트는 모든 수준의 사회체계에 적용할 수 있는 개인적 · 대인관계적 · 구조적 영역을 가진다(Rappaport, 1987). 그러나 각각의 영역은 별개가 아니며 각 영역들은 상호 연관되어 있다. 여기서는 임파워먼트의 수준을 개인 수준, 개인 간 수준, 정치적 수준으로 구분하여 살펴본다.

1) 개인 수준

개인적 임파워먼트는 개인이 자신의 심리적이거나 지적인 장애물을 극복하기 위한 능력을 개발하고 자기 결정권과 자존감, 의사결정 능력을 향상하는 것이다. 자기 결정은 "삶의 과정을 스스로 결정하는 능력"이다. 자기 결정의 의미를 보다 구체적으로 이해하기 위해 자기 결정을 네 가지 영역으로 구분할 수 있다. 첫째, 자신의 행동에 대한 지속성과 인내, 둘째, 위험을 무릅쓰는 용기, 셋째, 도전과 준비, 넷째, 의견을 개진할 수 있는 능력이다. 계급이나 인종, 성적 차이에 대해 사회적으로 형성된 부정적 가치에 노출된 개인은 자아에 대한 개념과 자신의 가치를 부정적으로 인식하게 된다. 개인 스스로가 잠재력을 강화하고, 억압에 반대하고, 다른 사람들과 함께 하는 활동에 참여함으로써 개인적 임파워먼트가 달성될 수 있다.

2) 개인 간 수준

임파워먼트는 개인 스스로의 내면에서도 일어나지만, 다른 사람과의 상호작용을 통해서도 촉진될 수 있다. 개인 간 관계에서의 임파워먼트는 다른 사람에게 영향을 미칠 수 있는 능력을 의미한다(Gutiérrez & Ortega, 1991). 다른 사람들과 관계를 맺고 상호작용함으로써 특정한 목적을 달성하기 위해 다른 사람에게 영향을 미칠 수 있다. 개인 간 수준의 임파워먼트에서 조직은 자연적으로 형성된 것이건 인위적으로 만들어진 것이건 변화를 가능하게 하는 매개체가 된다. 조직에 속한 개인들이 공통의 목적을 위해 함께 계획하고 행동하는 과정에서 집합적 임파워먼트가 이루어진다.

3) 정치적 수준

정치적 임파워먼트는 지역사회 주민들이 장애물을 극복하고 사회적 변화를 만들어 내기 위해 참여할 때 개발될 수 있다. 참여는 지역사회의 권력 구조에 영향을 미치거나 변화를 이끌어 낼 수 있는 활동에 참여하는 것을 의미한다. 다양한 조직이나 단체의 활동에 적극적으로 참여하고, 지역사회와 관련된 이슈를 위해 적극적 행동을 취하는 것 등이 포함된다. 이때 지역사회 만들기(Community Building)가 정치적 수준의 임파워먼트의 중요한 개념으로 포함될 수 있다. 지역사회 만들기는 지역사회 주민들이 함께 일하고 문제를 해결하고, 사회적 변화에 대한 집단적 결정을 할 수 있는 능력을 향상시키는 것을 의미한다. 정치적 임파워먼트 실천의 목표는 지역사회의 부정적인 상황을 변화시키기 위한 능력을 개발하고 변화한 지역사회에서 다시 문제가 발생하지 않도록 하는 것이다. 이러한 목표는 지역사회 만들기 없이는 이룰 수 없다(Gutiérrez, 1990). 또한 개인은 사회적이고 정치적인 영향을 받을 수밖에 없으므로, 자원을 획득하고 기회에 접근할 수 있다면 임파워(empower)될 수 있다(Rappaport, Reischl, & Zimmerman, 1992). 다시 말하면 자원과 기회에 접근함으로써 개인들의 힘이 강화되고 대인관계 능력도 향상

된다. 따라서 지역사회에서 양질의 인적·물적 자원이 개발될수록 지역사회가 당면한 문제들에 효과적으로 대응하는 데 성공할 가능성이 크다(Solomon, 1976).

3. 지역사회 임파워먼트의 영역

지역사회 임파워먼트는 개인, 집단, 지역사회의 정치적 행동을 포함하는 다양한 수준에서 진행되는 과정이다. 여기서는 지역사회 임파워먼트를 위한 과정에서 고려해야 할 아홉 개의 영역을 알아본다(Laverack, 2001). 지역사회 임파워먼트를 아홉 개의 영역으로 구분함으로써 임파워먼트 실천을 보다 구조화시킬 수 있고 임파워먼트의 과정과 결과에 대한 성과 측정 또한 용이해질 수 있다.

1) 참여의 촉진

지역사회 임파워먼트는 주민들이 지역사회 내에서 크든 작든 어떠한 집단이나 조직에 참여함으로써 시작된다. 하지만 지역사회 임파워먼트와 참여의 개념은 일면 비슷해 보이지만 구분되는 개념으로 보아야 한다. 예를 들어, 지역사회의 정책결정 과정에서 개인이 적극적인 참여를 통해 자신의 의견을 제시함으로써 프로그램이나 정책의 방향에 영향을 미칠 수는 있지만, 이를 지역사회 임파워먼트라고 할 수는 없다. 참여적인 접근과 임파워먼트 접근은 어젠다(agenda)와 목적에 있어 차이가 있다. 임파워먼트는 참여적 접근보다 사회적이고 정치적인 변화를 위한 투쟁에 초점을 두고 있다는 점에서 단순한 참여와는 구분된다.

2) 토착적 리더십 개발

참여와 리더십은 긴밀하게 연관되어 있다(Goodman et al., 1998). 참여를 유도하기 위해서는 강한 리더십이 필요하며, 조직 리더들은 지역사회 임파워먼트 과정에서 필요한 소규모 집단을 만들고 조직을 발전시키는 과정에서 중요한 역할을 한다. 과업을 수행하고 집단 내 갈등을 조정하고 집단의 방향을 제시하는 공식적인 리더가 없는 경우, 참여는 무질서와 조직의 해체까지 초래할 수 있다(Gruber & Trickett, 1987).

리더는 기술과 전문성이 필요한 경우 지역사회 외부에서 영입될 수도 있지만, 역사적이고 문화적인 배경을 고려하지 않은 외부 리더의 영입은 실패할 가능성이 크다(Rifkin, 1990). 필리핀의 지역사회개발에서 지역사회 지도자를 활용해서 성공한 경험을 예로 들자면, 빈곤층에서 발굴된 토착적 리더들은 기술이나 행정 경험이 부족했음에도 불구하고 지역사회의 문제와 문화에 대해 통찰력 있는 이해를 하고 있었다. 지역사회에 대한 이해를 토대로 한 리더십은 지역사회 전체에 영향을 미치고 지역사회 임파워먼트를 성공으로 이끌 수 있었다(Constantino-David, 1995).

3) 임파워먼트를 위한 조직 구조 만들기

지역사회의 조직 구조에는 위원회 및 각종 소집단들이 포함된다. 지역사회 내에서 다양한 조직의 존재와 그 기능은 주민들이 함께 모여 문제를 논의하고 해결 방안을 찾는 과정에서 중요한 영향을 미친다. 다만 조직 구조만으로는 지역사회 주민을 조직화하고 동원하는 데 불충분하며, 조직 구성원들 사이에 응집력, 지역사회의 이슈에 대한 관심, 개인들 간의 유대감, 공통적인 관습과 의식, 전통 등을 통한 소속감 등이 있어야 한다(Goodman et al., 1998). 즉, 지역사회 임파워먼트를 위한 조직 구조에는 위원회 및 소집단 등을 포함하는 조직적 차원과 소속감, 연대감, 관계라는 사회적 차원이 모두 포함되어야 한다.

4) 문제 사정 능력의 향상

지역사회의 문제를 확인하고, 문제의 해결 방안을 도출하고, 해결을 위한 행동이 수행되도록 하는 과정에서 문제 사정은 중요한 영향력을 발휘한다. 다만 문제 사정 과정이 전문가들에 의해서만 수행되고 지역사회의 참여가 제한되는 경우들이 많은데, 지역사회 임파워먼트를 위해서는 이해관계자를 포함해 지역사회 주민들이 문제 사정 과정에 적극적으로 참여해야 한다.

5) 자원 동원 능력 향상

지역사회 내에서 또는 지역사회 외부에서 협상을 통해 자원을 동원하는 능력은 지역사회 임파워먼트의 중요한 요소로서 높은 기술 수준이 요구된다. 자원 동원 과정은 물적 자원을 동원한다는 의미뿐 아니라 지역사회 문제에 대한 지지를 형성할 수 있는 기회가 되기도 한다. 그러므로 자원 동원은 지역 주민을 연합시킬 수 있는 효과적인 수단이 될 수 있다(함철호, 2019).

6) 비판적 인식의 강화

임파워먼트의 또 다른 중요한 영역은 지역사회의 임파워먼트에 부정적 영향을 미치고 있는 사회 · 정치 · 경제적 상황들을 비판적으로 평가할 수 있는 능력을 갖추는 것이다. 이는 비판적 인식 또는 비판적 사고라고 할 수 있다. 사람들은 자신의 삶에 대해 비판적으로 성찰하고 분석하는 과정을 통해 스스로 학습의 주체가 된다. 프레이리(P. Freire)는 임파워먼트를 위한 교육에서 문제나 주제를 이해하기 위해 경청하기, 문제를 제기하는 과정에서 참여적으로 대화하기, 대화 과정에서 확인된 문제를 해결하기 위해 행동하기의 세 단계 방법론을 제시하였다(Freire, 1970).

7) 개인 및 조직 간 연계의 강화

개인 및 조직 간 연계는 지역사회 문제를 해결하기 위해 파트너십을 맺거나 연합, 자발적 동맹 관계를 형성하는 것이다. 파트너십은 지역사회 주민들이 자신의 삶에 영향을 미치는 정책과 관행을 변화시키는 행동을 취하게 함으로써 지역사회 임파워먼트의 촉매제가 될 수 있다(Fawcett et al., 1995). 또한 파트너십은 개별 조직들이 동등한 책임과 과업, 자원을 공유한다는 점에서 지역사회 임파워먼트에 효과적일 수 있다.

브라질의 지역사회 임파워먼트와 파트너십 사례

브라질의 폭력, 빈곤, 정치부패와 같은 문제를 이슈로 하는 단체들은 자신들의 강점이 연대에 있다는 것을 인식하였다. 고립되어 있었던 단체들이 서로 연결되고 파트너십을 형성하면서 대중 운동의 네트워크로 발전하게 되었다. 이들은 네트워크의 집단적 힘을 바탕으로 정부에 대중적인 압력을 행사할 수 있었고, 사회정의와 평등의 문제를 해결하도록 촉구할 수 있었다. 이 운동은 인권과 사회정의라는 공통의 관심사를 가진 이웃 중남미 국가까지 확대되어 이들 국가의 비정부 단체들과도 연대하게 되었고, 이를 통해 자원을 공유하고 해방 이념을 강화할 수 있었다.

출처: Laverack, G. (2001). "An identification and interpretation of the organizational aspects of community empowerment". *Community Development Journal, 36*(2), 134-145.

8) 외부 단체들과 평등한 관계의 창출

외부 단체들은 인프라를 지원하고, 기술을 개발하고, 주민들의 비판적 의식 수준을 향상시키고, 기술적 지원을 하고, 리더를 육성하는 등의 영역에서 중요한 역할을 할 수 있다. 또한 외부 단체들은 지역사회 임파워먼트 과정에서 의사 결정과 자원에 대한 통제권을 발휘할 수 있다. 그러나 외부 단체들은 지역사회에 일방적인 영향을 미치는 것이 아니라 지역사회 구성원들과의 주기적인 의사소통을 통해 지속적인 자기 평가를 해야 할 필요가 있다.

9) 프로그램 관리에 대한 통제력 강화

지역사회 임파워먼트 프로그램을 운영하기 위해서는 주요 이해관계자들에 의해 계획, 실행, 평가, 재정, 관리, 보고 및 갈등 해결에 관한 결정이 이루어져야 한다. 프로그램 관리를 위한 첫 단계는 모든 이해관계자들의 역할과 책임을 명확히 정의하는 것이다. 지역사회 임파워먼트를 위한 프로그램을 효과적으로 관리하기 위해서는 외부 이해관계 집단들의 의사결정 권한과 자원에 대한 접근 권한이 지역사회와 공유되어야 한다.

4. 지역사회 임파워먼트 실천 기법

1) 지역사회 임파워먼트를 위한 기본 전략

지역사회 임파워먼트 실천에서 사회복지사는 개인, 대인관계, 지역사회 자원의 이용 가능성을 높이기 위해 다수준의(multi-level) 전략을 취한다. 즉, 개인적으로는 자기효능감을 높이고, 기술을 습득하고, 개인적 어려움과 지역사회의 문제를 연관시킴으로써 의식화되고, 집단을 강화하고, 사회정치적 변화를 위한 행동을 취하는 전략을 취하게 된다(Cox & Parsons, 1993; Gutierrez, 1994; Simon, 1994; Lee, 2001). 지역사회 임파워먼트를 위한 기본 전략은 다음과 같다(Miley et al., 2004).

(1) 집단의 속성 이용하기

지역사회 주민들을 집단에 참여하게 함으로써 임파워먼트 경험을 강화할 수 있다. 특히, 소규모 집단은 개인을 의식화시키고, 서로 돕는 활동에 참여시키고, 기술을 습득하고, 문제를 해결하고, 타인에게 영향을 미치는 경험을 통해 능력이 강화되는 경험을 하게 하는 완벽한 환경이 될 수 있다(Dodd & Gutierrez, 1990). 집단 내에서 자신과 유사한 경험을 한 다른 지역 주민들의 이야기를 듣는 과정은 억압을 경험한 개인에게 큰 영향을 줄 수 있다. "집단 내에서 경험을 공유함으로써 자기 비난을 중단하고, 개인적 실패를 사회적 원인에서 찾을 수 있게 하고, 집단 구성원들과 운명을 공유하고 있다는 느낌을 가질 수 있다(Cox & Parsons, 1993)". 집단을 통해 지역사회 주민들은 상호 지지하고, 서로 돕고, 집단적인 행동에 나설 수 있다.

(2) 비판적 의식의 고취

개인적인 경험과 정치적인 것이 서로 연관되어 있음을 의식하는 것은 임파워먼트 실천의 본질적인 요소 중 하나이다(Breton, 1993). 의식화는 지역 주민의 개인적인 문제와 사회적인 이슈들이 동떨어진 것이 아님을 인식하는 과정이다. 즉, 지역사회의 개인이 경험하고 있는 빈곤이나 실업, 질병 등의 문제가 개인의 책임이 아닌 사회적 자원의 불평등한 배분, 차별 등의 문제에서 비롯되었음을 인식하는 것이다. 지역사회 주민은 사회적인 이슈에 대한 비판적 인식을 통해 사회 제도가 변화 가능하다는 생각을 하게 된다. 사회복지사는 지역 주민 개인의 의식을 향상시키고 자기 비난을 멈출 수 있도록 도와야 한다.

(3) 성찰적 실천

사회복지사와 지역사회 주민들은 임파워먼트 과정 동안 다양한 수준에서 협력한다. 파트너십을 통해 주민들의 능력이 강화될 수 있기 때문이다. 사회복지사와 주민들은 각각의 실천 단계마다 평가를 진행하고 이를 다음 단계의 실천에 반영한다. 이를 통해 실천 과정에서의 시행착오를 줄이고 더 나은 실천 과정으로 나아갈 수 있다.

(4) 사회행동

사회행동은 사회정치적 임파워먼트의 핵심적 요소이다. 사회행동을 통해 사회정치적 권력을 재분배함으로써 지역사회의 취약계층들이 다양한 기회와 자원에 접근하고 사회에 기여할 수 있는 기회를 얻게 된다. 사회행동은 거시적 또는 미시적 수준에서 모두 적용 가능하며 지역사회와 조직, 사회 전체를 개선하기 위해 사용될 수 있다.

2) 지역사회 임파워먼트의 실천 과정

지역사회 임파워먼트 접근을 위한 실천 과정은, ① 대화 단계(Dialogue), ② 발견 단계(Discovery), ③ 발전 단계(Development)로 구분할 수 있다. 각 단계에서 행해져야 할 구체적인 과업은 다음과 같다((Miley et al., 2004).

(1) 대화 단계

대화 단계(Dialogue)에서 사회복지사와 주민들은 지역사회가 처해 있는 상황, 목표와 강점에 대해 지속적으로 대화하는 것이 필요하다. 이때 사회복지사와 주민들의 관계는 사회복지사가 일방적으로 주민들에게 도움을 제공하는 것이 아니라 상호 기여하는 협력적인 파트너십으로 정의할 수 있다.

① 파트너십 형성하기: 사회복지사와 주민들은 그들의 관계를 동등한 것으로 정의함으로써 힘과 권한에 대한 딜레마를 해결할 수 있고, 쌍방의 기여를 극대화할 수 있다. 사회복지사와 주민들은 협력자이며, 상황을 이해하고 변화를 만들어 내기 위해 함께 하는 관계이다.

② 상황을 명확히 하기: 이 과정에서 주민들과 사회복지사는 무엇을 추구하는지에 대한 상호 이해가 이루어진다. 이를 위해 사회복지사는 주민들의 말을 적극적으로 경청하고 관련된 정보를 제공한다. 숙련된 사회복지사는 언어적 · 비언어적 기술을 사용하고 의사소통 과정에서 문화적 차이를 인식할 수 있어야 한다.

③ 방향 설정하기: 사회복지사와 주민들은 함께 이루고자 하는 특정한 목적을 지향한다. 목적을 정확하게 설정하게 되면 주민들에게 필요한 자원이 무엇인지, 어떠한 힘을 획득해야 하는지가 명료해진다.

(2) 발견 단계

발견 단계(Discovery)에서 사회복지사와 주민들은 문제 해결을 위해 필요한 자원이 무엇인지 확인한다. 변화를 위해 개인적으로 필요한 자원과 제도 변화를 위한 자원이 무엇인지 탐색한다.

① 강점 확인: 이 과정에서는 지역사회 주민들의 강점이 변화의 토대가 된다고 전제한다. 지역사회와 주민들의 강점을 확인하는 과정을 통해 사회복지사는 긍정적인 관점과 성공에 대한 희망을 제시할 수 있다. 사회복지사가 강점을 강조할 때, 주민들은 문제해결 과정에서 주체적으로 기여할 수 있다고 느끼고 이를 통해 임파워먼트될 수 있다.

② 자원 동원 능력 사정하기: 사회복지사와 주민들은 개인과 가족, 집단, 기관, 지역사회, 사회 · 정치체계 내에 잠재된 자원을 사정한다. 이를 통해 지역사회 문제 해결을 위해 활용해야만 하는 자원의 종류를 예상할 수 있다.

③ 해결 방안 계획하기: 사회복지사와 지역사회 주민들은 행동을 위한 계획을 수립한다. 행동 계획에는 지역사회가 무엇을 성취하기를 희망하는지와 목적, 목표를 성취하기 위한 구체적인 전략이 명확하게 제시되어야 하며, 이를 통해 주민들이 실제 행동에 참여하도록 동기부여 할 수 있다.

(3) 발전 단계

발전 단계(Development)에서는 자원을 조직화하고 확대함으로써 목적을 달성하는 과업이 완수된다. 또한 실천 과정을 통해 이룬 성과를 측정하고 개입을 종료하게 된다.

① 자원 동원하기: 이 단계에서 주민들은 개인과 가족, 집단, 기관, 지역사회의 제도적 자원을 통해 새로운 경험을 하게 되고, 과업을 수행하게 된다. 사회복지사들은 주민들이 행동에 참여하도록 동기 부여하고, 주민들이 협력하도록 촉진하고, 조언을 제공하는 역할을 한다.

② 협력하기: 다른 주민들 및 조직들과의 협력과 지지를 통해 주민들은 변화를 위한 힘을 얻을 수 있다. 사회복지사 또한 동료 및 다른 조직들과 협력함으

로써 동맹 관계를 통한 이익을 얻을 수 있다.

③ 기회 확장하기: 사회복지사는 사회적 자원을 확대하고 새로운 기회를 만들기 위해 노력해야 한다. 기관, 지역사회, 국가 수준에서 사회정책을 개발하기 위해 노력하고, 정치적 개혁과 법률적 변화를 위해 지역사회 내 조직들과 연대하여 사회행동 전략을 사용한다.

④ 성공 확인하기: 목표 달성 정도를 측정하고 서비스의 효과성을 평가하는 단계이다. 성과 평가를 통해 실천에 대한 책임성을 보장하고, 문제 해결 과정에서의 주민들의 기여를 인정할 수 있게 된다. 또한 해당 지역사회의 실천 경험을 다른 지역사회 상황에 적용할 수 있도록 일반화함으로써 지역사회복지실천의 지식 기반을 확대시키고 전문직의 발전에 기여할 수 있다.

⑤ 성과 통합하기: 임파워먼트 과정의 마지막 단계는 지역사회의 성장, 발전, 변화를 강조하는 것이다. 사회복지사는 지역사회가 변화하는 과정에서 주민들이 스스로 문제 해결을 위한 역량을 갖추고 지역사회 발전의 주체로 나설 수 있도록 돕는다.

3) 정치적 임파워먼트 실천

지역사회 임파워먼트 실천은 정치적인 실천이라고 할 수 있다. 임파워(empower)된 지역사회에서는 주민들이 원하는 변화가 달성되고 힘이 이동되어 균형을 이루게 된다. 이를 위해서는 억압받고 있거나 취약한 계층이 힘을 획득하는 과정이 필수적이다.

지역사회의 정치적 실천은 조사·분석, 편지 작성, 전화, 시민 참여, 조직화, 연합, 법안에 대한 초안 작성, 입법 지지 또는 반대, 증언(testimony), 대중적 시위, 이슈에 대한 교육, 로비 활동 등 다양한 방법을 통해 정부 및 기업 등 권력 집단에 영향을 미치는 활동이다. 특히, 정치적 실천을 통해 취약계층에게 도움이 되는 법안을 통과시키거나, 반대로 취약계층에게 불리한 법안의 통과를 저지하는 등의 과정은 정치적 임파워먼트 실천의 핵심적 활동이다.

정책에 변화를 가져올 수 있는 입법 변화를 위해서는 세심한 준비가 필요하다. 이와 관련된 사실을 대중에게 알리거나, 입법 과정에 영향력을 행사할 수 있는 국회의원 등에게 편지를 쓰거나 청원서를 작성할 수도 있다. 또는 직접적인 로비 활동을 하거나 입법 과정에서 현장과 당사자들의 목소리를 전달하는 증언을 할 수도 있다. 지역사회 주민들이 정책과 관련된 법안을 옹호하거나 반대하는 행동에 나서기 위해서는 현재의 억압을 인식함과 동시에 상황을 변화시키기 위해 어느 정도의 위험을 감수하겠다는 결단이 필요하다.

(1) 입법 옹호를 위한 준비

정책 변화를 위한 입법을 옹호하거나 반대하는 활동에 참여하는 사람들에게 정책과 관련된 이슈에 대한 정보를 제공하고, 입법 옹호 과정에서의 경험과 느낌을 공유하는 것은 임파워먼트 과정에서 필수적인 부분이다. 입법 옹호 과정에서 정보가 제대로 전달되지 못한 경우 주민들이 활동에 참여하는 것이 저조할 수 있다. 또는 활동에 대한 참여를 약속하였으나 불안감이나 두려움 때문에 참여 약속을 지키지 않을 수도 있다.

〈예시〉

폭력 피해 여성을 위한 생활시설에 입소해 있는 여성들은 입법 절차의 마지막 순간에 국회의사당 계단에서 열리는 시위에 참여해 달라는 요청을 받았다. 국회의사당에 도착한 여성들 중 일부는 시위에 적극적으로 참여한 반면, 다른 대부분의 여성들은 앞에 나서지 않고 로비 뒤에 숨어 있었다. 시위가 끝난 후 활동을 평가하는 자리에서, 여성들은 시위에 참여하는 데 준비가 덜 되어 있었다는 의견을 제시하였다. 즉, 입법 옹호 과정을 통해 이 여성들이 임파워먼트되는 것이 중요한 목표라면, 이러한 활동을 철저하게 준비하고 시위 전후 시점에서 발생할 수 있는 문제와 감정을 이야기하는 것이 필요하다.

출처: Lee, J. A. B. (2001). *The Empowerment Approach to Social Work Practice: Building the Beloved Community*. New York: Columbia University Press.

(2) 증언하기

증언하기는 정책 입안을 옹호하거나 반대하기 위해 해당 법안과 관련된 정책이 당사자들의 삶에 미친 영향이나 미치게 될 영향을 설명하는 것이다. 증언의 대상은 유사한 상황에 처한 사람들(예를 들어, 폭력 피해 여성) 또는 입법권자(예를 들어, 국회의원)이다. 유사한 상황에 처한 사람들에 대한 증언을 통해 문제가 되고 있는 정책이나 법안에 대한 의견을 집단화하여 행동을 위한 지지 기반을 마련할 수 있다. 입법권자에게 증언할 경우 해당 법안이 취약계층의 삶에 미치는 영향을 구체적인 경험과 사례를 통해 제시함으로써 입법 과정에 영향을 미칠 수 있다.

〈예시〉

폭력 피해 여성들의 주거를 돕기 위한 보증금 지원 프로그램의 예산 삭감에 반대하기 위해, 이 여성들 중 한 명이 입법부 조찬 모임에 참여하였다. 그녀는 조찬 모임에서 폭력 피해 여성을 위한 보증금 지원 프로그램이 여성들과 아동들에게 어떤 도움이 되고 있는지 설명하였다. 여성은 자신이 조찬 모임에서 경험한 내용을 입법 옹호를 위한 여성들의 모임에서 다른 여성들과 공유하고, 자신이 중요한 일을 해냈다고 느낄 수 있었다.

출처: Lee, J. A. B. (2001). *The Empowerment Approach to Social Work Practice: Building the Beloved Community*. New York: Columbia University Press.

(3) 로비하기

로비 활동은 입법 옹호 활동에서 가장 직접적인 방법은 입법 결정 권한을 가지고 있는 국회의원과 직접 만나거나 의원실을 방문하여 대화하는 것이다. 로비는 일종의 교환이며 '특별한 간청'이다(Richan, 1991). 로비스트는 법안에 대한 개인이나 집단의 의견이 반영되기를 원하며, 입법 결정권자는 선거에서 재선되거나 유능한 의원으로 보이기를 원한다. 로비 활동을 위해 국회의원과 만났을 때 가장 중요한 것은 이슈에 대해 잘 알아야 한다는 점이다. 이슈와 관련된 문제점, 개선점, 경험 등에 대해 잘 알고 이러한 사실들에 근거해서 입법 결정권자와 함께 대화하고 상호작용해야 한다.

(4) 편지 작성하기

편지는 개인이나 집단이 입법 결정권자에게 특정 법안에 대한 자신들의 입장을 설명하기에 효과적인 전략이다. 편지의 내용은 우선 첫 줄에 편지의 주제와 작성자를 명시하고, 한 페이지 이내로 법안에 대한 의견을 설득력 있게 제시해야 한다. 작성된 편지는 시기적절하게 발송되어야 한다(Richan, 1991).

〈예시〉

친애하는 국회의원님께.

저는 현재 여성을 위한 쉼터에 살고 있으며 주택이 절실히 필요합니다. 주택을 위한 바우처 프로그램의 예산을 증액시켜 주시길 간절히 요청합니다. 현재 우리가 받고 있는 정부 보조금으로는 식비와 전기, 난방, 의류와 같은 필수적 생활비를 충당하기에 충분치 않습니다. 현재의 정부 보조금으로는 안전한 주택을 임대하는 것이 불가능하고, 다른 정부 지원주택을 신청해서 입주 허가를 받는데 5년 이상 기다려야 한다는 통보를 받았습니다. 저희 아이들에게 안전한 주거환경을 마련해 주기 위해 신규 바우처 프로그램을 확대해 주시길 요청드립니다.

출처: Lee, J. A. B. (2001). *The Empowerment Approach to Social Work Practice: Building the Beloved Community*. New York: Columbia University Press.

(5) 옹호 활동과 결합하기

입법부에 대해 압력을 가하고 이슈에 대해 대중을 동원하기 위해 증언이나 로비활동에 대중 시위를 결합시키는 경우가 많다. 미국에서 복지권 운동의 연합단체들이 TANF와 복지개혁에 반대하는 대중 시위를 벌인 것을 그 예로 들 수 있다(Lee, 2001).

(6) 신문 및 미디어 활용하기

언론 노출은 이슈를 대중에게 알리는 데 비용이 들지 않는 매우 효과적인 방법이다(Richan, 1991). 하지만 효과적인 언론 노출을 위해서는 철저한 준비가 선행되어야 하며, 준비 정도에 따라 대중의 반응에 차이를 가져오게 된다. 취약계층을 위한 대안 언론은 대중을 교육하고 의식화할 수 있는 강력한 수단이다. 대안 언론들은 억압을 경험하고 있는 취약계층들을 연대시키고, 그들의 의식을 높이고, 그들과 관련된 이야기들을 전달하는 수단을 제공한다. 또한 대안 매체들은 인권과 자원을 얻기 위한 억압받는 사람들의 투쟁에 대해 심층적이고 다양한 주제로 보도한다. 이때 사회복지사는 클라이언트가 이러한 매체를 구독하고 있는지 확인하고 매체의 출판 과정을 도와주는 역할을 할 수 있다. 우리나라의 사회복지 분야 대안 언론으로는 에이블 뉴스(https://www.ablenews.co.kr/), 웰페어 뉴스(https://www.welfarenews.net/) 등이 있다.

지역사회 임파워먼트 실천 사례-동유럽 에스토니아(Estonia)의 지역사회 임파워먼트 과정

동유럽의 에스토니아 공화국은 1990년대 이후 정치·사회적으로 개방되면서 삶의 질에서의 불평등이 급격히 증가했다. 기존의 전통적인 지역사회 조직이 와해되고 빈곤 및 사망률이 급격히 증가하였다. 갑작스러운 사회적 변화로 인해 지역사회가 붕괴되면서 임파워먼트 기법을 활용한 지역사회 접근이 필수적으로 요청되었다. 에스토니아의 라플라 카운티(Rapla County)에서 2004년부터 정부의 건강증진기금으로부터 보조금을 지원받아 지역사회 프로그램이 수행되었으며, 이 과정은 지역사회의 임파워먼트 원칙에 기초하여 진행되었다.

라플라 카운티에서 시행된 지역사회 건강증진사업은 세 가지 목적을 가지고 있었다: ① 안전한 지역사회 만들기, ② 약물 남용 및 에이즈 예방, ③ 노인의 삶의 질 개선.

안전한 지역사회 만들기는 지역 주민의 부상을 줄이고 안전하지 않은 지역사회 환경에 대해 관련 정책과 관행을 개선하는 것이었다. 약물 남용 및 에이즈 예방은 지역사회 청소년의 약물 및 알코올 문제와 안전하지 않은 성관계를 예방하는 것이었다. 마지막으로, 노인의 삶의 질 향상에 관심이 있는 여성들로 구성된 집단을 활용하여 노인들의 사회 참여를 지원하였다. 임파워먼트에 기초한 지역사회 건강 증진 사업을 위해 다음과 같은 활동들이 진행되었다.

〈표 10-1〉 **에스토니아 라플라 지역의 임파워먼트를 위한 활동**

영역	활동
지역사회 활성화	• 지역사회 문제해결 과정에 주민들의 참여를 지원하는 활동 • 이해관계자들이 사업에 참여할 수 있도록 유도하기

	• 새로운 리더들에 대해 동기 부여하기 • 새로운 네트워크를 생성하고 장려하기 • 새로운 지역사회 조직을 시작하고 활성화하기
지역사회 역량 개발	• 지역사회 주민들의 인식과 지식을 향상시키기 위해 지역사회 문제 해결 방법을 교육하기 • 모범 사례와 증거-기반 접근을 위한 정보를 공유하기 • 건강 증진에 대한 개념, 결정 요인, 이론에 대한 지역사회 주민의 이해도를 높이기 위한 정보를 공유하기
프로그램 관리 기술	• 프로그램 운영 및 팀 구성을 위한 기술 교육 • 프로그램 계획, 실행, 평가기법에 대한 교육 • 정보 사용 및 전파, 의사소통 기술에 대한 교육 • 지역사회 조직의 문제를 확인하고 해결 및 관리하는 과정에서 증거-기반 기술을 활용하는 능력과 전문성을 향상시키기
지지적 환경 만들기	• 지역사회 주민들에게 로비(lobbying) 기술 교육 • 정치적 지지 및 재정적 자원을 획득하기 위한 옹호 활동 • 자금 동원을 위해 재단 및 전문가 자원에 대한 접근성을 향상시키기 • 정치적 변화를 유지할 수 있는 능력을 향상시키고 광범위한 사회적 지지를 획득하기

1. 지역사회 활성화

1) 지역사회 문제해결 과정에 주민들의 참여를 지원하는 활동

지역사회 문제 해결 과정에 주민들의 참여를 지원하기 위해 소모임에서 주민들을 설득하거나 집으로 방문하여 지역의 청소년 건강 문제에 대해 이야기를 나누는 활동이 진행되었다. 이러한 과정을 통해 주민들은 건강과 관련된 문제가 중요하다고 인식하고 다음번 활동에도 참여하게 되었다.

2) 이해관계자들이 사업에 참여할 수 있도록 유도하기

공공 및 민간 부문의 공무원, 다양한 조직의 구성원, 퇴직자 및 실업자 등 다양한 분야의 이해관계자들이 이슈별 네트워크에 참여하였다. 이를 위해 건강증진사업 담당 실무자 팀이 지역의 비영리 단체 및 공공기관 등의 이해관계자들과 접촉하고 이들이 네트워크에 참여하도록 유도하였다. 예를 들어, 노인의 삶의 질 향상과 관련된 이슈에서 지역의 노인, 재가 노인 및 요양원에 거주하는 노인, 일하고 있는 노인 등 다양한 이해관계자들이 참여하였다.

3) 새로운 리더들에 대해 동기 부여하기

처음에는 지역사회 건강증진사업의 실무자가 중요한 역할을 하였으나, 사업이 진행되는 동안 지역 내 조직, 네트워크에 새로운 활동가들이 등장하게 되었다. 새로운 리더들은 열정적으로 활동하면서 조직 내에서 협력하고 설득하는 역할을 통해 임파워먼트 과정에서 중요한 역할을 하였다.

4) 새로운 네트워크를 생성하고 장려하기

더 많은 지역사회 주민들을 사업에 참여시키기 위해 건강증진학교, 보육시설, 학교 학생회, 노인 주간보호센터 등을 대상으로 하는 다양하고 새로운 네트워크들이 만들어졌다.

5) 새로운 지역사회 조직을 시작하고 활성화하기

활동가 집단에서는 공통의 관심사를 가지고 있고 지역사회 문제 해결을 위해 참여하고 협력하는 데 관심을 가진 지역 주민들을 파악하기 위해 토론과 집담회를 진행하였다. 이러한 과정을 통해 다양한 지역사회 조직이 새롭게 만들어졌고, 활동가들은 새롭게 만들어진 집단들이 서로 협력하도록 동기를 부여하였다.

2. 지역사회 역량 개발

1) 지역사회 주민들의 인식과 지식을 향상시키기 위해 지역사회 문제해결 방법을 교육하기

지역사회 건강 문제에 대한 주민들의 인식과 지식을 향상시키기 위해 건강에 대한 세미나, 강좌를 운영하였다. 세미나와 강좌에서는 지역사회 문제의 심각성을 통계 자료로 제시함으로써 단순한 정보 전달뿐 아니라 문제 해결에 대한 브레인스토밍이 이루어졌다.

2) 모범 사례와 증거-기반 접근을 위한 정보를 공유하기

활동가들은 다른 나라에서 유사한 문제를 해결한 경험을 설명하고 문제 해결에 도움이 될 수 있는 모범 사례에 대한 정보를 제공하였다.

3) 건강 증진에 대한 개념, 결정 요인, 이론에 대한 지역사회 주민의 이해도를 높이기 위한 정보를 공유하기

건강 증진에 대한 이해를 통해 문제 해결을 위한 목적과 목표를 파악하고 필요한 행동이 무엇인지 결정하는 데 유용한 도움이 되었다.

3. 프로그램 관리기술

1) 프로그램 운영 및 팀 구성을 위한 기술 교육

프로그램 운영을 위한 기술 교육에서는 설문 조사 및 포커스 그룹 준비 및 수행, 결과 분석하기, 문서 관리, 프레젠테이션 기술, 보고 및 회계기술에 대한 교육이 진행되었다. 팀 구성을 위한 교육에서는 팀 구성을 위한 기술, 협업 기술, 갈등 해결 및 스트레스 관리 기술에 대한 교육이 진행되었다.

2) 프로그램 계획, 실행, 평가기법에 대한 교육

지역의 욕구를 사정하고, 문제의 우선순위를 논의하고, 목적과 목표 설정, 실행 및 평가계획을 수립하는 교육이 진행되었다.

3) 정보 사용 및 전파, 의사소통 기술에 대한 교육

미디어 전문가를 초청해 의사소통과 관련된 기술을 습득할 수 있는 교육이 진행되었다. 또한 미디어를 활용하기 위한 방법으로 보도 자료 작성에 대한 가이드라인과 이에 대한 실습 교육, 정보에 접근, 분석, 전파하는 방법에 대한 교육이 진행되었다.

4) 지역사회 조직의 문제를 확인하고 해결, 관리하는 과정에서 증거–기반 기술을 활용하는 능력과 전문성을 향상시키기

증거–기반 접근법을 소개하고 특정 지역사회 상황에서 접근법을 적용하고 수정하는 방법을 교육하는 세미나를 개최하고, 다른 지역사회의 사례를 시연하고 실습할 수 있는 워크숍을 실시하였다.

4. 지지적 환경 만들기

1) 지역사회 주민들에게 로비(lobbying) 기술 교육

워크숍을 통해 국회의원이나 정부 등 의사 결정권자에 대한 로비활동의 중요성에 대해 알리고, 로비 기술 전문가를 초청하여 정책 입안자 및 의사 결정권자와의 의사소통 방법, 구두 및 서면 프레젠테이션 기술 등 로비 활동에 대한 전반적인 교육이 실시되었다.

2) 정치적 지지 및 재정적 자원을 획득하기 위한 옹호 활동

라플라 카운티의 주지사와 지방자치단체장, 지역의 정치인과 활동가 실무 집단과의 회의를 주최하여 지역의 정치인들로부터 사업에 대한 지지를 얻을 수 있도록 하였다. 또한 주지사가 사업의 행사에 참여하여 개회사를 하도록 기회를 제공함으로써 정치적 지지를 얻을 수 있었다.

3) 자금 동원을 위해 재단 및 전문가 자원에 대한 접근성을 향상시키기

지역사회의 다양한 재단과 자원 동원을 위한 조직들에 대한 정보를 공유하였고, 지역사회 자원 동원을 위한 기술 향상 교육을 실시하였다. 이를 통해 건강증진기금에서 약물 남용 및 에이즈 예방 프로그램을 위한 보조금을 지원받을 수 있었다. 노인의 삶의 질 사업은 재단으로부터 좋은 피드백을 받았으나 대상 연령층이 재단의 우선순위가 아니어서 지원받지 못하였다.

4) 정치적 변화를 유지할 수 있는 능력을 향상시키고 광범위한 사회적 지지를 획득하기

사업을 지속하기 위한 자원을 계속 유지하고, 카운티의 사업을 더 광범위한 의제(agenda)로 발전시키기 위해 노력하였다. 예를 들어, 야간 시간대 주류 판매를 제한하는 법안을 제출하고 이 법안을 통과시키기 위해 지방자치단체장들을 설득하는 작업이 진행되었다.

출처: Kasmel, A., & Tanggaard, P. (2011). Conceptualizing Organizational Domains of Community Empowerment through Empowerment Evaluation in Estonian Communities. *Societies, 1*, 3-29.

참고문헌

강대선(2016). 지역조직화 프로그램의 조직적 임파워링 특성과 개인적 임파워먼트 간 프로그램유형의 상호작용 효과에 관한 연구: 지역사회복지관의 주민교육과 주민복지 프로그램 비교. **사회과학 담론과 정책**, 9(2), 117-142.

김종일(2006). **지역사회복지론**. 서울: 청목출판사.

이윤화(1999). 역량강화적 접근의 효과성에 관한 연구: 지역사회복지관 자립지원 프로그램을 중심으로. 연세대학교 대학원 박사학위논문.

함철호(2019). **한국지역사회복지론: 이론과 사례**. 서울: 학지사.

Boehm, A., & Staples, L. (2004). "Empowerment: The point of view of consumers". *Families in Society, 85*(2), 261-280.

Breton, M. (1993). "Relating competence-promotion and empowerment". *Journal of Progressive Human Services, 5*(1), 27-44.

Constantino-David, K. (1995). Community Organizing in the Philippines: The experience of development NGOs. In G. Craig & M. Mayo (Eds.), *A Reader in Participation and Development* (pp. 154-167). London: Zed Books.

Cox, E. O., & Parsons, R. (1993). *Empowerment-oriented social work practice with the elderly*. Pacific Grove, Calif.: Books/Cole.

Dodd, P., & Gutiérrez, L. (1990). "Preparing students for the future: A power perspective on community practice". *Administration in Social Work, 14*(2), 63-78.

Fawcett, S. B., Paine-Andrews, A., Francisco, V. T., Schultz, J. A., Richter, K. P., Lewis, R. K., Williams, E. L., Harris, K. J., Berkley, J. Y., Fisher, J. L., & Lopez, C. M. (1995). "Using empowerment theory in collaborative partnerships for community health and development". *American Journal of Community Psychology, 23*(5), 677-697.

Freire, P. (1970). *Pedagogy of the oppressed*. New York: Continuum.

Goodman, R. M., Speers, M. A., McLeroy, K., Fawcett, S., Kegler, M., Parker, E., Rathgeb Smith, S., Sterling, T. D., & Wallertein, N. (1998). "Identifying and defining the dimensions of community capacity to provide the basis for measurement". *Health Education and Behavior, 25*(3), 258-278.

Gruber, J., & Trickett, E. J. (1987). "Can we empower others? The paradox of empowerment in the governing of an alternative public school". *American Journal of Community Psychology, 15*(3), 353-372.

Gutiérrez, L. M. (1990). "Working with Women of color: An empowerment perspective". *Social Work, 35*(2), 5-8.

Gutiérrez, L. M. (1994). "Beyond Coping: An Empowerment Perspective on Stressful Life Events". *Journal of Sociology and Social Welfare, 21*(3), 201-220.

Gutiérrez, L. M., & Ortega, R. (1991). "Developing methods to empower Latinos: The importance of groups". *Social Work with Groups, 14*(2), 23-43.

Kasmel, A., & Tanggaard, P. (2011). "Conceptualizing Organizational Domains of Community Empowerment through Empowerment Evaluation in Estonian Communities". *Societies, 1*, 3-29.

Laverack, G. (2001). "An identification and interpretation of the organizational aspects of community empowerment." *Community Development Journal. 36*(2), 134-145.

Lee, J. A. B. (2001). *The Empowerment Approach to Social Work Practice: Building the Beloved Community.* New York: Columbia University Press.

Miley, K., O'Melia, M., & DuBois, B. (2004). *Generalist social work practice: an empowering approach.* Boston: Pearson A and B.

Rappaport, J. (1987). "Terms of empowerment/examples of prevention: Toward a theory for community psychology". *American Journal of Community Psychology, 15*(2), 121-144.

Rappaport, J., Reischl, T. M., & Zimmerman, M. A. (1992). Mutual help mechanisms in the empowerment of former mental patients. In D. Saleebey (Ed.), *The strengths perspective in social work practice* (pp. 84-97). New York: Longman.

Richan, W. (1991). *Robbying for social change.* New York: Haworth.

Rifkin, S. B. (1990). *Community participation in maternal and child health/family planning programmes.*. World Health Organization, Geneva, Switzerland.

Schon, D. A. (1983). *The reflective practitioner.* New York: Basic Books.

Simon, B. L. (1994). *The Empowerment tradition in American social work: A history.* New York: Columbia University Press.

Solomon, B. B. (1976). *Black empowerment: Social work in oppressed communities.*

New York: Columbia University Press.

Swift, C., & Levin, G. (1987). "Empowerment: An emerging mental health technology". *Journal of Primary Prevention, 8*(1/2), 71-94.

제11장

사례관리 기법

사례관리[1)]는 복합적 욕구를 가진 클라이언트에게 지역사회의 다양한 서비스와 자원을 통합하여 효율적으로 연계함으로써, 보호의 지속성(continuity of care)을 실현시키는 실천 방법으로 알려져 있다. 우리나라에서는 사회복지의 방향이 지역사회복지 중심으로 전환되면서, 지역사회복지서비스 전달을 위한 효과적인 실천 모델로서 지속적으로 강조되어 오고 있다.

이 장에서는 사례관리의 개념, 역사적 배경, 그리고 실천 과정과 실천 기술에 대한 일반적 내용을 설명한다.

1. 사례관리의 개요

1) 사례관리의 관점

사례관리는 다양한 영역(노인, 장애인, 정신보건, 아동 및 청소년, 저소득층, 새터민,

1) 사례관리에 대하여 외국에서는 case management 용어가 가장 일반적으로 사용되지만, 몇몇 나라에서 또는 특정 프로그램에서 다른 용어—예를 들면, care management—를 사용하기도 한다. 예를 들어, 영국에서는 case management보다는 care management라는 용어가 선호되는데, 서비스를 제공받는 사람, 즉 클라이언트를 'case'로 지칭하는 것에 대한 비판 때문이다(Gursansky et al., 2003: 5). case management와 care management 용어 사이에서 이러한 미묘한 차이가 있지만, 거의 동일한 개념이라 할 수 있다.

노숙인, 자활 등)에서 수행되는 다양한 활동을 포괄하는 매우 폭넓은 용어로 지칭되어, 그 합의된 정의가 부재하다. 그럼에도 일반적으로 합의되는 정의는 클라이언트가 필요로 하는 어떠한 서비스라도 효과적이고 효율적인 방법으로 조정하여 제공하는 과정 혹은 방법으로 사례관리를 이해한다는 것이다(Intagliata, 1982). 이때 '클라이언트가 필요로 하는' 속에서 유추할 수 있는 중요한 원칙은 통합적 관점이다. 지역사회에 살아가는 클라이언트에게는 의료, 교육, 고용, 주거, 소득 등 복합적 욕구가 존재하며, 이러한 욕구는 시시각각으로 변화한다. 이때마다 욕구에 부합될 수 있도록 가장 적절한 서비스를 시기적절하게 제공하려 노력해야 하는데, 이를 위해서는 클라이언트의 복합적 욕구와 이 욕구를 충족시킬 수 있는 다양한 서비스에 대하여 통합적 관점이 필요하다.

사례관리는 사회복지의 기본적인 가치와도 밀접하게 관련되어 있다(Holt, 2000). 사회복지학문의 전통은 '상황 속의 인간'을 기초로 하여 클라이언트와 환경 모두에 초점을 두면서, 클라이언트와 가족에게 직접적이면서 동시에 간접적으로 개입한다(Moore, 1990). 사례관리 또한 클라이언트의 신체적·정신적 상태뿐만 아니라 클라이언트가 살아가는 환경에 초점을 둔다. 사례관리자는 클라이언트의 삶과 외부적 환경 사이의 밀접한 관계를 잘 인지하면서, 어떤 특정 환경 속에서 클라이언트가 어떻게 변화하면 지역사회에서 삶을 건강하게 유지할 수 있을 것인가 그리고 동시에 클라이언트의 삶이 건강하게 유지되기 위해서 주변 환경을 어떻게 변화시킬 것인지를 끊임없이 고려한다.

이러한 공통된 관점 외에도, 사회복지의 기본 원칙인 인간의 존엄성 존중, 개별화, 클라이언트의 강점과 클라이언트의 자기 결정의 존중 등이 사례관리의 원칙과 과정에도 그대로 적용된다. 다음은 이러한 가치가 어떻게 사례관리 실천에 나타나는지를 보여 준다.

김 씨는 건설 일용직 노동자로 새벽부터 일터에 나갔다가 저녁 늦게 돌아온다. 그에게는 우울증에 시달리면서 알콜 남용을 하는 아내와 10살 된 딸이 있다. 아빠가 없는 동안에 엄마는 딸에게 술 심부름을 시키고 딸이 싫다고 하면 윽박지른다. 아빠는 집으로 돌아온 후, 엄마가 술에 취해 있으면 술을 마셨다고 엄마와 다툼을 하고, 술 심부름을 하였다고 아이를 혼낸다. 아동 방임 등 전반적인 가족 상황을 걱정하는 사회복지사가 엄마에게는 정신병원에 입원하여 치료받기를 권고하고, 아빠는 일을 하기 때문에 엄마의 치료 동안 아이를 쉼터로 분리시키기를 권고하였다. 아빠는 자신의 가정일이라고 개입되기를 완강히 거부하였다.

이러한 경우, 사례관리자는 아빠의 자기결정권을 보장해야 하는가? 엄마와 딸이 인간으로서 건강하게 살아갈 수 있는 존엄성은 어떻게 보장되어야 하는가? 아빠가 자신의 가정일에 대하여 좀 더 진지하게 고민하고 좀 더 긍정적으로 변화할 수 있는 가능성은 보이는가? 등 다양한 질문에 직면한다. 사례관리를 수행하면서 맞닥뜨리는 이러한 질문들 하나하나는 사회복지가 내세우는 가치와 밀접하게 연관이 있다.

2) 사례관리의 개념

사례관리란 클라이언트의 다양한 욕구를 충족시키기 위하여 지역사회에 널리 퍼져 있는 서비스 및 자원체계를 개발하면서 동시에 이를 통하여 클라이언트의 삶을 변화시키는 방법이자 실천 모델이다. 그러므로 클라이언트 체계뿐만 아니라 클라이언트의 삶을 둘러싼 지역사회 환경체계에도 개입해야 한다. 이러한 특성을 기반으로 사례관리의 개념과 기능을 살펴보면, 다음 [그림 11-1]과 같다.

사례관리는 임상적 기능의 직접적 개입과 행정적 기능의 간접적 개입을 종합적으로 수행한다. 먼저, 사례관리의 임상적 기능은 개별 클라이언트의 신체적 · 정신적 · 심리적 · 사회적 측면에 관심을 갖고, 개별화된 상담 및 치료를 통하여 직접적으로 개입하는 것을 의미한다. 상담 및 치료를 통하여 개별 클라이언트에게 개입하기 위해서는 사례관리자와 클라이언트와의 우호적이고 신뢰관계를 구축하는 것이 무엇보다도 중요하다.

다음으로 사례관리의 행정적 기능이란 개별 클라이언트가 접촉하고 있는 사회적 체계, 예를 들면 가족, 학교, 직장, 지역사회 등의 체계에 관심을 갖고, 이들 체

사례 (Case)	관리 (Management)	= 사례관리
• 임상적 기능에 초점	• 행정적 기능에 초점	
• 클라이언트의 신체적 · 정신적 · 심리적 · 사회적 측면	• 사회적 체계 측면	
• 개별화된 상담 및 치료기능	• 공식적 · 비공식적 원조망 개발, 유지, 자원 연결 기능	
• 관계(치료 동맹)에 기반하여 클라이언트 개입	• 서비스 연계 및 서비스 조정 통하여 클라이언트 개입	
• 직접적 개입 형태	• 간접적 개입 형태	

[그림 11-1] **사례관리 개념과 기능**

출처: 민소영(2007). '제10장 사례관리와 성과측정'. 김영종 외(2007). 사회복지 성과 측정 기법, p. 217.

계가 클라이언트의 삶에 미치는 영향을 살피면서 클라이언트의 삶에 긍정적 변화를 가져올 수 있도록 이들 체계와 클라이언트 사이의 비공식적이고 공식적인 원조망을 개발하고 유지하는 기능을 수행하는 것이다. 또한, 사회적 체계에 존재하는 다양한 자원과 서비스로 의뢰나 연계 그리고 조정 활동을 펼친다.

이처럼 사례관리는 개별 클라이언트에 대하여 직접적 개입 및 간접적 연계와 조정 기능을 통하여 클라이언트의 욕구 충족을 강화시킨다. 이때는 개별 클라이언트와의 신뢰관계 구축, 지역사회 자원과 서비스와의 네트워크 구축이 중요하다.

2. 사례관리의 발달 과정

영국와 미국에서 1800년대 후반에 빈민을 구호하기 위해 세워졌던 많은 민간단체들—COS(Charity Organization Societies)—사이에서 자선의 중복을 막고자 하는 욕구가 증가되는 과정과 관련되어 있다. 효율적인 자선 배분을 위하여 사례 조정(case coordination)이 중요한 실천 활동이 되었는데, 사례관리의 초기 뿌리는 여기에 있었다. 기관 사이의 서비스를 조정하는 동시에 클라이언트와 가족 상황을 효율적으로 관리함으로써 자원의 오・남용을 막고자 사례관리가 요구된 것이다. 말하자면 효과적으로 서비스를 조정하면서 자원을 관리함으로써 서비스의 효율성과 책임성을 강조하려던 실천이 사례관리의 발단이 된 것이다.

1) 외국의 사례관리 발달 배경[2)]

사례관리가 더욱 폭넓게 확대된 배경에는 탈시설화, 서비스 분절성 해소, 서비스 전달의 지방분권화와 비용효율성 추구 등이 있으며, 이러한 배경은 서로 밀접하게 얽혀져 있다. 1970년대부터 영국과 미국에서는 사례관리가 지역사회서비스를 전달하는 접근방법으로서 보다 광범위하게 선호되었다.

(1) 탈시설화

1960년대부터 시작된 탈시설화는 사례관리 발달의 가장 핵심적 요인이라 할 수 있다. 탈시설화 이전에는 많은 클라이언트들이 시설에서 생활하면서 한 장소에서 필요한 모든 서비스를 패키지처럼 받을 수 있었다. 반면 비인간적인 시설 환경이 사회적으로 비난받으면서 탈시설화가 추진되고 많은 사람들이 지역사회로 탈원되었다. 그런데 이들의 욕구에 대응할 수 있는 서비스 체계를 지역사회가 충분히 갖추지 못하면서 적절한 보호서비스가 제공되기 어려웠다. 당시 지역사회서비스 기관들은 서로 조정되지 않고 분절된 채 각자 서비스를 개별적으로 제공하고 있었기 때문이었다. 따라서 탈시설화 이후 지역사회로 나오게 된 클라이언트는 신체적・정신적 장애 및 서비스 정보에 대한 부족과 지역사회서비스의 파편성 및 분절성이 더해지면서 서비스에 대한 접근성과 이용 가능성에 많은 어려움을 겪었다. 지역사회 내에 널리 분산되어 있는 서비스를 조정하고 통합시키려는 전략이 모색되었는데, 이 때 사례관리가 중요한 실천 방법으로 제시되었다. 사례관리 자체에 클라이언트의 욕구를 사정하고, 욕구가 충족될 수 있도록 광범위한 지

2) 김성천 외(2020). 『사례관리론: 개념, 기술, 실천역량 이해』, pp. 44-48에서 발췌.

역사회의 휴먼서비스 조직들을 조정하고 연계 및 연결하는 기능이 포함되어 있기 때문이다(Intagliata, 1982).

이러한 노력들의 예로써, 1970년대 말과 1980년대 초 미국의 각 주들은 사례관리에 관한 규정을 두기 시작하였다. 또한, 1977년에 국립정신보건원(National Institute of Mental Health: NIMH)에서 지역사회 지지 프로그램(Community Support Program: CSP)이 체계화되었다. CSP는 정신보건뿐만 아니라 비정신보건 영역을 포함한 지역사회 기반 서비스 조직의 네트워크를 구축하여 지역사회 보호체계(community support system: CSS)를 형성함으로써, 복합적 서비스 욕구를 가진 정신장애인에게 포괄적으로 서비스를 제공하고 나아가 보호의 지속성을 달성하려는 프로그램이었다(Grusky et al., 1985). 이 외에도 1980년대 초에는 만성질환으로 장기보호를 필요로하는 노인에 대한 지역사회 보호 프로그램을 발전시켰다(정순둘, 2005). 이 프로그램들의 중요한 요소의 하나가 사례관리였다.

(2) 서비스의 분절성과 복합적 욕구에 대한 대응

미국과 영국에서는 사회복지의 황금기를 거치면서 사회복지에 대한 공적 투자가 증가하면서 1960년대 이후부터 사회복지서비스가 급격히 팽창하였다. 이용할 수 있는 서비스의 양이 증가하였다는 긍정성은 있었으나, 프로그램이나 서비스의 세부 분류별로 공적 자금이 지원되면서(categorical funding) 서비스의 복잡성, 분절성, 중복성 등의 문제가 초래되었으며, 서비스 사이의 조정도 어려웠다(정순둘, 2005). 서비스 체계의 단편성과 분절성 속에서 복잡한 욕구를 가진 사람들의 경우, 각각의 욕구별로 필요한 서비스를 독립적으로 찾아나서야 하는 번거로움이 생겨났다. 이 속에서 클라이언트가 자신이 원하는 만큼의 충분한 서비스를 시기적절하게 제공받기가 어려웠다. 예를 들어, 의료, 교육, 사회적 서비스가 복합적으로 필요한 지적장애인의 경우, 이 서비스에서 저 서비스로 단절되지 않고 매끄럽게 연계될 수 있는 체계가 마련되어 있지 않았다. 지역사회에 서비스가 있음에도 불구하고 서비스 사이의 네트워크가 개발되지 않아서 적절한 서비스가 주어지지 못하였던 것이다. 따라서 클라이언트가 다양한 서비스에 실질적으로 접근할 수 있도록, 서비스를 제공하는 파편화된 기관을 연계하고 조정해야 하는 필요성이 제기되었으며, 이것이 사례관리의 강조로 연결되었다.

실제로 1970년대부터 미국에서는 분절된 서비스 체계 속에서 클라이언트의 보호의 지속성(continunity of care)을 달성하고자 서비스 통합에 많은 관심을 두었다. 중앙정부의 의료, 교육, 복지부에서 각 부처의 다양한 프로그램을 주정부 및 지방정부 차원에서 조정하려는 노력들이 생겨났으며, 이 결과로 「서비스 연합법(Allied Service Act)」이 제정되기도 하였다. 또한, Services Integration Tagets of Opportunity(SITO) 시범 프로젝트를 수행하여 서비스 통합을 모색하였다. 이 프로젝트에서는 시스템 실무자(system agent)라고 불리는 소위 사례관리자가 있었는데, 주요한 역할이 지역사회 자원을 조정하면서 필요한 서비스 체계로 클라이언트를 연계시키는 것이었다(Intagliata, 1982).

최근에는 사회가 다변화되면서 복합적 욕구를 지닌 서비스 인구들이 증가하고 있다. 노숙인, 장기보호 필요 노인과 장애인, 다문화 가구, 가족돌봄청(소)년 등 사회복지대상자의 욕구가 복잡해지고 있다. 예를 들어, 정신질환과 알코올 문제를 가진 노숙인의 경우, 정신의료, 알코올 치료, 주거, 고용 및 경제적 자립 등 다양한 욕구를 복합적으로 지니고 있는데, 의료, 고용, 소득, 주거 등 독립적 서비스 체계들이 서로 연결되어 있을 때에야 클라이언트의 삶을 통합적으로 개입할 수 있다. 만약 서비스 체계들이 분산되어 서로 연계되지 않는다면, 클라이언트의 욕구에 최대한 부응할 수 없으며, 클라이언트 삶의 긍정적 변화 또한 바랄 수 없게 된다. 그러므로 서비스를 연결하고 조정하는 적극적 사례관리 실천이 욕구가 복잡할수록 더욱더 필요하게 되는 것이다.

(3) 서비스 전달의 지방분권화와 비용효율성

지방분권화는 사례관리의 확대를 가속화시켰다. 영국이나 미국의 경우, 1980년대 신보수주의 영향으로 사회복지에 대한 정부의 역할과 재정이 축소되고 지역사회보호에 대한 지방정부의 권한이 강조되면서 지방분권화가 시작되었다. 축소된 재정하에서 한정된 비용으로 최대한의 효과를 낼 수 있도록 지방정부에서는 서비스 전달의 효율성을 모색하였다. 그동안 사회복지서비스가 서로 분절되어 확대되면서 생겨났던 중복의 문제를 막고, 서비스 사이의 통합과 조정 및 연계가 필요하다는 인식이 증가되었다. 또한, 한정된 비용으로 최대한의 효과를 내기 위하여 가장 적절한 맞춤서비스를 연계하여 클라이언트의 삶을 변화시키는 것이 필요했다. 따라서 클라이언트가 가장 필요로 하는 욕구가 무엇인지를 과학적으로 사정하여 이 욕구를 가장 잘 충족시킬 수 있는 서비스로 연계시키는 체계적 활동이 요구되었다. 이러한 요구들이 바로 사례관리의 필요성과 성장으로 연결되었다(권진숙, 박지영, 2015).

2) 한국의 사례관리 발달 배경[3)]

한국의 경우 사례관리는 1980년대 미국에서 공부하거나 기관에서 근무하고 있던 사회복지사들을 통하여 그 개념이 알려지기 시작하였다. 사례관리가 본격적으로 사회복지계에 광범위하기 확산되기 시작한 시기는 1990년대 중반으로 알려지고 있다(권진숙, 박지영, 2015).

(1) 지역 중심으로 복지의 방향 전환

과거 시설보호 중심에서 1980년대 이후 지역사회보호 중심으로 사회복지 패러다임이 변화하면서 지역사회복지관의 사례관리가 재가복지사업의 일환으로 본격화되었다(서울시복지재단, 2009). 1980년대 후반 저소득층 노인 및 장애인을 대상으로 한 가정봉사원파견사업의 긍정적 결과를 바탕으로 1992년에 정부가 재가복지봉사센터를 사회복지관 부설로 설치하여 예산을 지원하면서부터 재가복지사업이 정착되었다. 재가복지봉사센터의 주요한 기능(강철희, 정무성, 2008)은 사례관리와 밀접한 관련이 있다. 먼저 조사와 진단 기능으로써, 재가복지서비스 대상자 및 가정의 욕구를 조사하고 문제를 진단하여 서비스의 종류를 선정한다. 둘

3) 민소영(2015). '한국의 사례관리 전개 과정과 쟁점 고찰'에서 일부 발췌.

째, 서비스 제공 기능으로써, 측정된 욕구와 문제의 진단 내용에 따라 직접 및 간접적으로 서비스를 제공한다. 셋째, 지역사회 자원 동원 및 활용 기능으로써, 대상자 및 가구의 욕구와 문제 해결을 위하여 지역 내 다양한 인적 및 물적 자원을 동원하고 활용한다. 이러한 기능 때문에 재가복지사업의 활성화 및 전문화를 위해서 사례관리 적용이 강조되었다(황성철, 1995; 김미혜, 1998). 정신보건 영역에서도 사례관리의 중요성이 인식되면서 1995년에 제정된 「정신보건법」에서는 사례관리가 필수 사업의 하나로 지정되었다.

이처럼 지역사회 중심으로 사회복지의 방향이 바뀌면서 지역사회에서 살아가고 있는 다양한 클라이언트들이 자신이 필요한 그때그때의 서비스들에 대한 욕구를 해결할 수 있도록 사례관리자가 지역사회 자원을 클라이언트들의 욕구에 연결시키고 관리하고 모니터링하는 체계가 필요할 수밖에 없었고, 그런 과정에서 사례관리가 중요하게 대두되었다.

(2) 사례관리 평가 도입

사회복지기관에 대한 사례관리 평가가 도입되면서 사례관리가 더욱더 공고화될 수 있었다. 2003년부터 서울을 시작으로 사회복지관 평가에 사례관리가 포함되었다. 이에 사례관리가 사회복지관에서 중요한 하나의 실천 방법으로 등장하게 되었다. 사례관리의 평가 도입으로, 지역사회복지관이 자율적으로 수행해 오던 다양한 사례관리의 실천 전략을 수용하되 최소한의 기준점이 평가를 통해 제시되었다. 더구나 사례관리 평가의 도입은 전국 차원에서 사례관리를 지역사회복지관의 주요 기능으로 자리매김 시킬 수 있었다.

(3) 서비스 전달에 대한 공공의 책임성 강화 요구

2000년대 들어와 저출산 고령화로 인한 인구 구조 변화, 의존 인구 증가로 인한 돌봄 공백 문제 등 새로운 사회적 위험(신사회적 위험)이 늘어나면서 빈곤이나 질병, 장애, 노령 등의 전통적 욕구 외에도 다양한 삶의 욕구가 늘어났다. 동시에 이에 대응하는 사회서비스들이 급격히 증가함에도 욕구와 자원 간의 대응성이 낮다는 지적이 이어졌다. 중앙정부부터 지방정부까지 복지사업이 활발히 제공되고 있음에도 사각지대가 발생하고 복지체감도가 향상되지 못하다는 점이 끊임없이 지적되었다. 사회복지에 대해 정부가 투자한 만큼 국민들의 복지체감도가 그리 높지 않다는 비판적 인식 속에서, 서비스 전달의 책임성과 효율성을 향상시키겠다는 정부의 강력한 의지가 공공사례관리의 확대로 발현되었다. 좀 더 세심하게 지역 주민의 욕구를 살피고 필요한 서비스를 신속하게 연결하려는 기법이 필요하게 되었고, 이것이 사례관리 발전으로 연결된 것이다.

(4) 사회복지사업법을 통한 제도화

2012년 「사회복지사업법」의 시행규칙 개정에 따라 사례관리가 사회복지관의 3대 기능 가운데 하나로 명시되었다. 사회복지관의 기능이 그동안 요구되었던 5대 사업(가족복지사업, 지역사회보호사업, 지역사회조직사업, 교육 · 문화사업, 자활사업)에서 서비스 제공 기능, 지역사회 조직화 기능, 그리고 사례관리로 개편되었다. '기능' 중심의 사업으로 개편하여 지역사회복지관의 정체성을 확립하고자 하는 노력의 일환이었다(정무성 외, 2010). 사회복지관의 기능 재편과 맞물린 평가 체계의 정교화는 그동안 활발히 진행되어 왔던 민간 영역의 사례관리를 보다 체계화시키고 발전시키는 여건이 되었다.

2021년에는 사회복지관의 사례관리를 '국가 · 지방자치단체 및 민간 부문의 사회복지서비스를 연계 · 제공하는 것'으로 「사회복지법」이 개정되어, 민관 협력의 역할이 강화되었다.

3. 사례관리의 실천 과정

사례관리의 실천 과정은 클라이언트 특성 및 기관의 특성에 따라 다양하게 이루어질 수 있다. 예를 들어, 정신장애인을 대상으로 하는 지역사회정신보건센터의 경우, 센터를 이용하는 모든 클라이언트를 대상으로 종결 없는 사례관리를 제공한다. 그러나 다양한 복지프로그램을 제공하는 사회복지관의 경우, 복지관의 프로그램을 이용하는 모든 클라이언트보다는 보다 복합적인 욕구를 가진 클라이언트를 선별하여 사례관리를 수행하게 된다. 이렇듯 대상과 기관의 특성에 따라 사례관리가 다양하게 수행되지만, 일반적으로 사례관리를 실천하는 공통적 과정은 사정(assessment), 계획(planning), 연계(linking), 점검(monitoring), 평가 및 종결(evaluation and discharge)의 절차를 거친다. 이 과정은 단선적이기보다는 순환적으로 진행된다([그림 11-2] 참고).

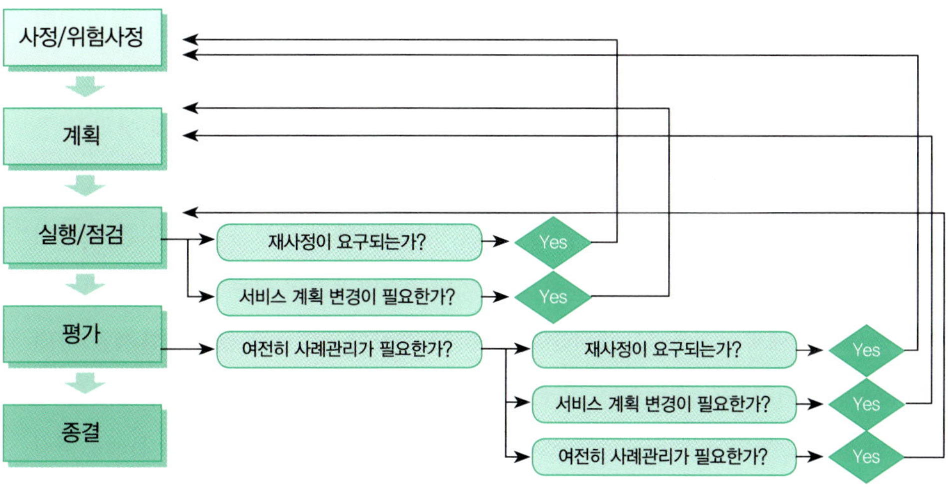

[그림 11-2] 사례관리 실천 과정

1) 사정

(1) 개요

사정은 클라이언트에게서 나타나는 가장 두드러진 욕구와 강점 및 현재 나타나고 있는 어려움을 포괄적으로 파악하는 과정이다. 클라이언트로부터 정보를 획득하기 위해서는 사례관리자가 생태체계(ecological system)적 관점을 견지하는 것이 필요하다. 이를 위해서는 클라이언트의 삶에 직간접적으로 영향을 미칠 수 있는 다양한 외부 환경체계에 대한 사정이 필요하다. 예를 들어, 아동의 경우는 가정

(보호자, 가족)－학교(또래, 교사)－지역사회(타 서비스 기관들)에 대하여 폭넓은 사정이 필요하다.

또한, 사정은 사례관리의 전체적 과정에서 가장 중요한 과정이자, 지속적으로 이루어지는 과정이다. 사정을 통하여 파악된 클라이언트의 상황이나 욕구가 이후 계획에 반영될 뿐만 아니라, 계획 이후 진행될 연계나 모니터링 등의 전체적 과정과도 연결되어 있기 때문이다. 또한, 클라이언트의 욕구와 상황은 끊임없이 변화할 수 있기 때문에, 지속적으로 사정해야 한다.

사정 과정에서는 사례관리 성공의 토대인 클라이언트와의 신뢰 관계 형성이 중요하다. 신뢰적 관계는 사례관리 과정을 지속시키는 결정적 요인이다. 클라이언트가 사례관리자와 신뢰적 관계가 없다면, 클라이언트는 사례관리자가 제안하는 서비스를 끊임없이 의심하며 거부할 것이고, 결국 클라이언트의 현재 상황을 긍정적으로 변화시킬 수 없게 된다.

사정을 통하여 얻게 되는 효과로는 클라이언트로부터 정보를 얻는 기본적 차원을 넘어서 클라이언트를 치유(예를 들어, 비행 청소년 부모의 경우 자녀가 학교에서 보이는 문제를 애써 부인하려고 했지만 사정 과정을 통하여 직면할 수 있는 기회 제공)하면서도, 클라이언트가 접근할 수 있는 공식적 · 비공식적 자원의 정보 및 권리를 일깨워 줌으로써 임파워링(empowering)(비행 청소년의 부모의 경우 그러한 문제를 해결하기 위해 학교의 의사결정 구조에 적극적으로 참여할 수 있게 됨)의 경험을 제공할 수 있다.

(2) 구체적 과정

사정 단계에서 가장 중요한 사정 내용은 클라이언트의 주요한 욕구이다. 공식적 · 비공식적 지지 체계도 사정한다. 클라이언트 특성에 따라 사정 도구를 사용하여 양적 측정을 할 수 있다. 예를 들어, 노인의 경우 일상 활동이나 사회 활동 기능을 사정하거나(ADL, IADL 척도 사용), 심리사회적 기능이나 정신 증상을 사정한다[정신장애를 가진 경우 BPRS(정신 증상), GAF(심리적 · 사회적 · 직업적 기능 사정) 척도를 이용]. 강점에는 개인의 동기, 정서적 경향, 인간관계 기술, 스트레스 대처 기능이 포함될 수 있다. 이 외에 비공식적이거나 공식적인 사회적 네트워크, 사회적 활동, 현재 이용하는 서비스나 자원 및 금전적 자원들이 강점이 될 수 있다.

사정 과정에서 고려해야 될 실천 전략은, 첫째, 사례관리 대상자로 적합한 클라이언트인지를 판단한다.[4] 사례관리 대상자로 구분하기 위해서는 클라이언트가 만성적이고 장기적이며 복합적인 욕구가 있는가? 일시적 위험이 아닌 장기적 도움이 필요한가? 우리 기관에 적합한 자격 조건(지리적 · 경제적 조건 등)이 되는가? 등을 따져보아야 한다. 이 외에도 사례관리에 참여하고 싶은 의지가 있는가? 사례관리를 통해 어떤 변화나 발전을 바랄 수 있는가? 등을 고려해 볼 수 있다. 사례관리 과정에 참여하고 싶은 의지가 없거나, 드러나는 상황이 사례관리 개입의 범위를 넘어서는 경우 사례관리 대상자로 포함시키기에 어려움이 있다. 이러한 점들을 고려하여 사례관리 대상자인지, 단순한 의뢰 혹은 정보 제공 대상자인지, 또는 서비스 거부로 인하여 종결되어야 하는지 등을 판단해 본다. 둘째, 여러 다양한 공식적 · 비공식적 자원으로부터 클라이언트 상황에 대한 정보를 모아야 하며, 셋째, 가정이나 지역사회에 나가서 직접 접촉을 통하여 사정해야 한다. 넷째, 사정 과정을 통하여 클라이언트와 신뢰 관계를 쌓는 것이 필요한데, 이를 위하여 클라이언트가 궁금해하는 질문들(서비스에 대한 것, 사례관리 과정에 대한 것 등)에 응답하면서 그리고 클라이언트의 관심과 불안에 대해 공감하면서 관계를 형성해 간다. 다섯째, 정보를 얻기 위하여 질문을 주고받는 과정에서 클라이언트에게 서비스 제공에 대한 과도한 기대나 희망을 심어 주어서는 안 된다. 여섯째, 한 장소에서 사정을 완성할 필요는 없으며, 클라이언트가 피곤해하면 다시 스케줄을 잡아 사정을 이어 가면 된다. 대체로 한 달 이내에 사정을 마무리 짓는 것이 좋다.

4) 사정에 들어가기 전에 인테이크(intake) 과정을 한 단계 먼저 거쳐도 된다. 인테이크 과정에서 잠재적 사례관리 대상자로서 적합 여부를 결정한 뒤, 사정 단계에서 포괄적이고 심층적으로 사정할 수 있는 것이다.

2) 계획

(1) 개요

사정 단계에서 파악된 클라이언트의 상황과 욕구, 강점을 종합적으로 고려하여 클라이언트의 삶을 긍정적으로 변화시키기 위한 목표를 설정하고, 이 목표를 달성하기 위한 서비스 지원 계획을 세운다.

클라이언트로부터 지속적 협력을 이끌어 내기 위해서는 사례관리의 목표 및 서비스 계획에서 클라이언트의 자기 결정권을 존중하는 것이 중요하다. 결국 변화의 대상은 클라이언트이며, 계획된 서비스를 수용하여 이용하게 될 대상도 클라이언트이기 때문에 클라이언트와 충분히 협력하여 변화 목표와 서비스 지원 계획을 세우는 것이 필요하다.

(2) 구체적 과정

계획 단계에서는, 첫째, 클라이언트의 변화 목표, 둘째, 이를 위해 지원되어야 할 서비스 계획이라는 2가지 차원이 고려되어야 한다. 예를 들어, 방임으로 인하여 신체적 발달이 지연되는 영유아 가정의 경우, 변화 목표는 영유아의 건강한 신체 발달, 주 양육자의 양육 태도 향상 등일 수 있다. 이때 서비스 지원 계획은 정기적 신체 검사 및 처방, 주 양육자에 대한 양육기술교육 등으로 구성될 수 있다.

클라이언트의 변화 목표에 대한 우선순위를 결정할 때의 원칙은, 첫째, 클라이언트가 가장 중요하다고 인식하는 것, 둘째, 삶에 당장의 위험을 끼칠 가능성이 있는 것, 셋째, 작고 달성하기 쉬운 것이다. 이때 첫째에 해당되는 클라이언트 본인의 의사가 가장 중요한 조건이 된다(Ballew & Mink, 1996; 권진숙, 전석균 공역, 1999: 160).

서비스 지원 계획은 공식적 서비스와 비공식적 지지 체계를 동시에 고려하여 조정한다. 또한, 서비스 계획을 세울 때의 원칙은 클라이언트가 사례관리 개입 없이도 지역사회에서 자립할 수 있도록 이들의 역량을 강화시키는 데, 즉 임파워링하는 데 초점을 두어야 한다. 이것과 관련된 보다 구체적인 서비스 지원 계획 방법은, 첫째, 직접적 서비스를 제공하여 클라이언트를 돕는다. 예를 들어, 클라이언트가 개인적인 위기를 극복할 수 있도록 직접적인 상담을 제공해 주는 것이다. 둘째, 지역사회 자원으로 클라이언트를 연결시킨다. 법적 문제가 있을 경우 무료 법률지원서비스로 연계시키거나, 가정폭력 등에 노출되어 있을 때 가정폭력상담소로 연계하는 등의 개입을 의미한다. 셋째, 클라이언트의 욕구 충족을 위해 클라이언트의 안에 내재되어 있는 능력을 개발시키는 자원을 활용한다. 예를 들어, 낙제 점수를 받은 학생에게 튜터를 소개시켜 주거나, 10대 부모에게 아이의 목욕시키는 법을 가르쳐 주는 것이다. 넷째, 클라이언트가 다른 자원을 발견할 수 있는 법을 터득하도록 돕는다. 예를 들어, 인터뷰 기술을 훈련시켜 이후 스스로 구직할 수 있도록 돕는 것이다. 가급적이면 구체적 프로그램명과 서비스 지원 횟수 등을 제시하는 등 실천적이고 측정 가능한 계획이어야 한다. 이 외에도 서비스의 개별화, 서비스의 포괄성, 서비스의 간결성, 클라이언트의 문화적 특수성 인정, 서비스의 지속성 등의 원칙이 고려되어야 한다.

3) 실행

(1) 개요

실행 단계는 사례관리 계획을 중심으로 비공식적이고 공식적 서비스 및 자원을 직접적으로 제공하거나 간접적으로 의뢰하고 조정하는 단계이다. 클라이언트에 대한 직접적 실천뿐만 아니라 간접적 실천을 통하여 수행된다.

직접적 실천이란 사례관리자가 직접적으로 클라이언트를 상담하거나 교육하고 지도하며, 격려하고 지지하는 행위이다. 간접적 실천이란 자원을 연계하거나 클라이언트가 필요로 하는 자원을 실질적으로 받을 수 있도록 하기 위해 최대한 노력하는 행위이다. 단순히 클라이언트를 서비스로 의뢰하는 그 이상의 활동으로써, 클라이언트가 지역 자원을 활용하는 데 장애물이 있는지를 파악하고 그 장애물을 제거하는 옹호 활동까지를 포함한다.

(2) 구체적 실천

클라이언트의 욕구는 매우 복합적이며 시시각각 변화하면서 탄력적으로 움직일 수 있으므로 그때그때 적절한 서비스나 자원을 연계하는 것이 필요하다. 연계의 범위는 비공식적 자원(가족, 친척, 이웃, 친구, 자원봉사자, 종교단체, 주민조직 등)뿐만 아니라 공식적 서비스 및 자원(구청, 동주민센터, 복지관, 외부 복지기관 등)까지를 포괄한다. 비공식적 자원은 자연스러운 환경 속에서 클라이언트에게 정보 제공이나 물질적 도움뿐만 아니라 정서적 도움까지를 제공할 수 있다. 비공식적 지지체계를 발굴·유지·강화시킨다면, 공식적 서비스를 보충하고 대체할 수도 있게 된다. 그러므로 사례관리자는 클라이언트의 가족 및 주변의 비공식적 자원들을 파악하여 협력체계를 만들고, 필요할 때 도움을 구해야 할 것이다.

공식적 서비스 및 자원으로 연계하기 위해서는 사례관리자가 지역사회 서비스 체계에 대한 풍부한 지식이 있어야 한다. 정책, 프로그램, 그리고 제공 절차에 대한 정확하고도 최신의 정보를 알고 있어야 한다. 이를 위해서는 서비스 기관과 조직에 대한 리스트를 확보하되, 클라이언트 욕구에 즉각적으로 대응할 수 있도록 리스트를 적절하게 분류해 놓을 것, 가장 최근의 정보로 리스트를 유지시킬 것 등의 원칙이 요구된다.

공식적 서비스 및 자원으로 연계할 때는 클라이언트가 실질적으로 이용하게 되었는지 그리고 원래 계획했던 대로 이용할 수 있는 조건이 되는지를 꼼꼼히 따져보아야 한다. 필요하다면 서비스 및 자원 기관까지 클라이언트를 동반해야 할 것이며, 클라이언트가 서비스를 이용했던 경험을 검토하여 필요한 서비스로의 접근이 어려운 경우 다양한 옹호 활동을 실천해야 할 것이다. 서비스 공급이 거부되고 있다면 그 기관에 대하여 법적 조치를 행사할 수 있으며, 이용상의 문제를 해소하기 위하여 외부의 옴부즈맨에게 호소하거나, 미디어 또는 소비자 단체 등을 통해 압력을 행사할 수 있다.

4) 모니터링

(1) 개요

클라이언트의 변화 목표와 서비스 지원이 어떻게 진행되고 있는지를 점검하는 단계이다. 사례관리 과정이 어떻게 수행되고 있으며 어떠한 결과를 가져오는지에 대하여 끊임없이 피드백하는 과정이다. 서비스 계획의 진전 상태를 지켜보면서 크게 두 가지 측면의 상황을 점검한다. 하나는 클라이언트 측면으로써, 클라이언트에게서 어떠한 변화가 나타나는지를 살핀다. 다른 하나는 서비스 과정 측면으로써, 서비스 지원 계획이 어느 정도 그리고 적절하게 실행되고 있는지를 살핀다. 이러한 모니터링을 통하여 클라이언트에 대하여 재사정하거나 서비스 계획의 개입 전략에 대하여 재디자인하기도 한다.

(2) 구체적 과정

모니터링의 두 가지 측면에 대한 검토 중 먼저 서비스 과정에서 사례관리자는, 첫째, 서비스 양은 충분한가? 둘째, 서비스 내용은 적절한가? 셋째, 서비스 질은 양호한가? 넷째, 서비스 제공 방법은 적절한가? 다섯째, 서비스를 제공하는 기관과 협력은 적절한가? 여섯째, 새롭게 더 요구되는 서비스가 있는가? 등을 살핀다.

한편, 클라이언트 측면을 모니터링하면서 고려해야 할 점검 사항은, 첫째, 클라이언트의 상황에서 변화나 발전이 일어났는가 그리고 그 변화와 발전이 지속적으로 유지되고 있는가? 둘째, 바라던 결과가 달성되었는가? 아니면 바라던 결과를 향해 나아가고 있는가? 셋째, 새로운 욕구가 나타나는가? 넷째, 클라이언트가 서비스에 만족하는가? 등이다. 이러한 점검 과정 속에서 사례관리자는 새로운 상황이나 욕구, 그리고 강점이 발견되어 재사정되어야 하는지, 서비스 계획이 수정되어야 하는지, 의뢰가 여전히 적합한지, 평가나 종결 단계로 진행되어야 하는지를 꼼꼼히 따져본다.

이 외에도 가족, 친구, 이웃, 친척, 동아리, 종교 집단, 그리고 서비스 계획에 참여하였던 주위 사람들을 대상으로 전화, 방문, 노트, 부정기적 접촉을 하는 등의 비공식적이고 질적인 모니터링이 필요하다. 또한, 척도나 일일 사례관리서비스 기록지 등을 사용하여 공식적이고 양적인 모니터링도 가능하다. 끝으로, 클라이언트를 의뢰한 기관들과의 정기적인 정보 교환 등의 모니터링 전략도 요구된다.

5) 평가 및 종결

(1) 개요

사례관리를 통하여 달성된 목표를 평가하는 단계이다. 모니터링과 마찬가지로 평가 과정에서도 크게 두 가지 측면을 고려한다. 하나는 클라이언트 측면으로써, 클라이언트에게서 의미 있는 변화가 나타났는지, 즉 바라던 목표대로 변화하였는지를 평가하는 것이다. 다른 하나는 서비스 과정에 대한 평가로써, 서비스 지원 계획대로 서비스 제공이 제대로 이루어졌는지를 평가하는 것이다. 평가를 통하여, 지속적인 사례관리가 필요한가 아니면 종결해야 하는가를 결정한다. 종결은 사례관리 실천의 마지막 단계로써, 사례관리자가 클라이언트에 대한 개입을 종료하면서 사후관리 계획을 세우는 단계이다.

(2) 구체적 과정

평가의 구체적 측면은 모니터링 과정처럼 크게 두 가지로 나눌 수 있다.

첫째, 노력, 즉 서비스 과정에 대한 평가이다. 모니터링을 통해서 사례관리 시작 단계에서 평가 단계까지 이루어진 노력의 총 과정에 대한 자료를 수집하여 평가한다. 사례관리 과정 동안에 제공되었던 서비스들을 중심으로 서비스 양의 충분성, 서비스 내용의 적절성, 서비스 질의 양호성, 서비스 제공 방법의 적절성, 서비스를 제공하는 기관 사이의 협력성 등을 종합적으로 측정하여 평가한다.

둘째, 결과(outcome), 즉 클라이언트 측면에서 목표 달성이나 변화 정도를 평가한다. 클라이언트의 변화를 평가하기 위해서 클라이언트의 변화 징조를 살피는 것이 필요하다. 모니터링을 통해서 얻어진 자료를 중심으로 클라이언트의 욕구 충족 능력이 강화되었는가? 독립심이 강화되었는가? 효과적으로 원조망을 활용하게 되었는가를 따져본다(Ballew & Mink, 1996; 권진숙, 전석균 공역, 1999: 293). 이외에도 클라이언트의 만족도 및 비공식적 지지망 형성 정도를 평가한다. 그 밖의 특수 클라이언트 집단에 따라 정신적 혹은 신체적 기능, 일상생활 기능의 향상 정도를 척도 등을 사용하여 양적 측정을 할 수 있다.

종결을 결정할 수 있는 주요한 상황으로는, 첫째, 스스로 자립할 수 있게 될 때이다. 예를 들어, 오랫동안 노숙 생활을 하던 사람이 사례관리 개입으로 자활후견기관에서 공공근로를 하게 되면서 기본적인 생계유지가 가능하게 될 경우 종결할 수 있다. 둘째, 외부 자원(예를 들어, 비공식적 지지체계 등)으로 연결되어 사례관리 서비스를 대체할 수 있게 될 때이다. 예를 들어, 독거노인이 노인복지관으로부터 목욕, 말벗, 가사, 도시락, 밑반찬 등 다양한 재가복지서비스를 받으면서 사례관리가 개입되었다. 그러다가 소식을 끊고 살던 딸과 연락이 되어서 딸이 정기적으로 전화도 하고 방문도 하고 반찬도 넣어드리고 목욕도 함께 가게 되어 공식적 서비스로 충족되던 복합적 욕구의 대부분이 해결된다면, 사례관리가 종결될 수 있다. 셋째, 시설에 장기 입소를 하게 되어 사례관리가 더 이상 불가능할 때이다. 넷째, 클라이언트가 사례관리를 지속적으로 거부할 때이다. 다섯째, 상황의 개선이 이루어지기 어렵다고 판단되는 경우이다. 넷째와 다섯째의 경우, 구체적인 기준이 있기보다는 클라이언트의 상황이나 기관의 여력을 고려하여 사례관리를 종결할 수도 또는 유지할 수도 있다. 기관 차원에서 충분한 논의를 거쳐 종결 유무를 결정하는 것이 바람직하다.

끝으로, 종결하는 시점에 사후관리 계획을 세운다. 클라이언트가 가지고 있었던 어려움은 언제든지 상황이나 환경이 바뀌면 다시 나타날 수 있다. 이러한 상황을 예방하기 위해서 클라이언트의 어려움을 모니터링하거나 도움을 구할 수 있는 체계를 갖추어 놓는 것이 좋다. 예를 들어, 고립은둔 노인이 사례관리를 통하여 인근 노인복지관 프로그램에 참여할 정도로 심리적 건강이 개선되었다. 그런데 사례관리자는 오래전 죽은 딸이 생각나는 상황이 되면 우울감이 갑자기 올라와 한동안 복지관 프로그램 참여를 꺼려 하는 상황이 재발될까 걱정되었다. 그렇다면 사례관리 기간 동안 복지관의 다른 어르신(A)과 연결시켜, 복지관 프로그램에 같이 나가시도록 하거나 복지관 프로그램이 없는 날에는 노인(A)과 함께 산책도 하는 등의 관계를 만들어 놓은 뒤, 사례관리 종결 이후에도 이 관계가 지속될 수 있도록 그 어르신(A)에게 당부해 놓을 수 있다.

4. 지역사회실천과 사례관리[5)]

클라이언트가 지역사회에서 독립된 구성원으로서 잘 살아가기 위해서는 무엇보다도 지역사회가 지지적 돌봄체계가 되는 것이 중요하다. 이를 위해서는 지역기반 돌봄체계가 필요하다. 지역에 기반한 돌봄체계를 구축하기 위해서는 다음과 같은 원칙을 늘 고려해야 한다.

- 개인과 가족은 가족 구성원, 다른 가족 구성원, 그리고 지역사회를 돕는 자원이다.
- 개입이란 지역에 기반하면서 지역사회공동체 만들기 과정에 기여하는 활동이다.
- 개인과 가족에게 서비스와 지원체계가 공정하고 반응적이며 책임감 있도록 옹호한다.
- 공식적이고 비공식적 자원을 동원하여 개인과 가족의 성장을 지원한다.
- 가족과 지역사회 이슈에 지속적으로 유연하게 반응하며 실천한다(Kloos et al., 2012: 377에서 부분 발췌 및 수정).

구체적인 방법으로 먼저 소모임에 주목한다. 공동의 문제에 노출된 개인들의 집합, 즉 자조모임을 만들어, 클라이언트 상호 간 유대감, 공통 문제에 대한 공유, 상호 지지와 돌봄을 제공할 수 있도록 하는 것이다. 소모임이 스스로 자립할 수 있도록 다양한 지원을 함께 제공해야 한다. 자생적 주민공동체 조직으로 성장할

5) 민소영(2017). '사례관리로 공동체 만들기'에서 일부 발췌.

수 있도록 필요한 물리적 · 경제적 · 인적 자원을 지원해야 한다. 예를 들어, 주민이 모일 수 있는 거점 공간을 제공한다. 다만 지원의 원칙은 주민들의 자립성을 해치지 않는 수준이어야 한다.

둘째, 적극적 주민으로의 성장 가능성을 믿고 개인과 가족이 지역에 기여하도록 유도하는 것이다. 클라이언트는 '도움받는 존재에서 나누는 존재로' 성장할 수 있다. 자신의 능력을 알게 되고 이웃의 자원도 될 수 있음을 깨닫게 되기도 한다.

> '사례관리를 받는 한부모 어머님 한 분이 저희 복지기관에서 하는 사업 중 일인일품 나누기 사업에 참여하시게 되면서 나눔을 직접 해 보셨어요. 그러고 나서 '아, 내가 할 수 있는 게 있구나'라는 것을 느끼시면서 '나도 무언가 남에게 줄 수 있다'는 마음을 가지게 되는 변화가 있었어요'(최지선, 민소영, 2016).

셋째, '지역이 곧 자원'이라는 관점으로 지역 자원을 조직화하는 것이다. 먼저, 지역 내부의 자원으로서, 클라이언트와 일상적 접촉이 가능할 수 있는 물리적 범위 내에서 접근 가능하고 활용 가능한 자원을 찾아서 클라이언트에게 연결하는 것이다. 이러한 자원은 지속 가능한 지지자원이 될 수 있다. 무엇보다도 지역 '안'에 있는 지역 지식, 지역 기술, 지역 사람이 지역 문제 해결을 위한 자원이 될 수 있다는 관점으로 지역을 세세하게 살피는 실천이 필요하다. 따라서 지역사회의 여러 인적 및 물적 자원들과 수시로 관계 맺기를 해야 한다(최지선, 민소영, 2016). 이 외에 지역주민조직화를 통하여 지역 주민이 사례 발굴, 연락망, 자원망, 정보망으로 기능할 수 있도록 유도하는 것이 좋다. 예를 들어, 주민조직이 사례관리가 필요한 클라이언트를 발굴하여 지원할 수 있다.

> '저소득층 지역에서 어르신들이랑 식사를 만들고 주변의 힘든 이웃에게 나누어 주는 모임을 조직했어요. 그런데 그 지역에 매일 술 마시고 저체중이시고 이웃과 별로 교류가 없는 분이 계셨어요. 사례관리자가 가도 만나주시지 않더니 지역 어르신들이 찾아가서 밥 주고 이야기하고 그러니까 이제는 식사 만드는 곳에 직접 나와서 이야기도 하시고 밥도 드시고 살도 많이 찌셨어요'(최지선, 민소영, 2016).

넷째, 지역 주민과 클라이언트 사이에서 수평적 협력 관계가 이루어지도록 노력해야 한다. 지역 주민 중에는 클라이언트에 대하여 부정적 인식이나 편견, 오해 등을 가진 경우들이 있다. 그래서 자원으로 활동하는 지역 주민이 무조건 좋은 자원이 될 수 없음을 인정해야 한다(최지선, 민소영, 2016). 때로는 자원이라고 믿었던 주민이 클라이언트를 갈취하는 사람으로 변모하는 경우가 있거나 후원금품 제공을 널리 알려지길 원하면서 생색내려는 경우도 있다. 자칫 도움을 받는 클라이언트와 도움을 주는 지역 주민 사이의 수직적 관계가 클라이언트에게 상처와 서비스 거부감을 초래할 수 있다. 따라서 지역 주민이 건강한 원조 관계가 되도록 조직화해야 한다.

지역 주민 중 '클라이언트에게 괜찮은 주민'을 찾는 데 신중을 기해야 한다. 지역의 일에 적극적으로 참여하는 기존의 토착적 주민 리더—예를 들어, 통반장, 부녀회장 등—를 기계적으로 조직화하기보다 진정한 수평적 원조 관계가 될 수 있는 지역 리더나 지역 주민조직을 발굴하는 것이 필요하다.

또한, 이 과정에서 지역 주민이 갖는 취약계층에 대한 편견을 버릴 수 있도록 지역 주민과 클라이언트 사이의 자연스러운 만남을 만들면 좋다. 지역 주민에게 클라이언트의 어려움이나 문화, 특성 들을 충분히 설명하는 등 클라이언트와 지역사회 사이에서 신뢰할 수 있는 관계를 강화하는 교육이나 옹호 활동을 펼쳐야 한다.

끝으로 장소를 변화시켜 보는 것도 좋다. 안전하고 쾌적한 분위기가 있는 물리적 공간으로 탈바꿈되면, 그 속에서 주민들 사이의 빈번한 새로운 사회적 관계가 만들어지고, 이것이 지역 내 공동체성을 키워 주면서 클라이언트의 안정된 가족생활을 유지시킬 수 있다.

○○동의 어느 놀이터가 어른들의 음주나 유흥(화투 등), 싸움 장소로 변해 있었다. 아이들이 놀 공간이 없어서 위험하고 후미진 장소에서 놀게 되고, 비행에 쉽게 빠질 수 있었다. 그래서 사례관리자는 지역사회보장협의체, 주민자치위원회, 그 외 지역 조직들과 협력하여 놀이터를 바꾸는 활동을 시작했다. 자신이 만나는 클라이언트 가구 중 아동이 있는 가구를

위해서 사회복지기관 내에 아동 놀이 프로그램을 만드는 것 대신에 놀이터를 활용했다. 서서히 놀이터의 분위기가 바뀌면서 클라이언트 가구 외에도 인근 지역의 아동들이 함께 어울리며 놀기 시작하였다(최지선, 민소영, 2016).

참고문헌

강철희, 정무성(2008). **지역사회복지실천론.** 경기: 나남출판.

김미혜(1998). '재가노인복지사업의 사례관리 실천모형'. **한림대학교 사회복지대학원 워크숍 자료집**, 2-13.

권진숙, 박지영(2015). **사례관리의 이론과 실제(3판).** 서울: 학지사.

김성천, 김승용, 김연수, 김현수, 김혜성, 민소영, 박선영, 백은령, 양소남, 유명이, 유서구, 이기연, 정희경, 조현순, 최말옥, 최지선, 함철호(2020). **사례관리론: 개념, 기술, 실천역량 이해.** 서울: 학지사.

민소영(2007). '제10장 사례관리와 성과 측정'. 김영종, 민소영, 김영미, 김찬우, 임정기, 홍현미라 편저. **사회복지 성과측정 기법.** 서울: 학지사.

민소영(2008). 강점관점 반영 사례관리 훈련프로그램의 개발 및 효과성 연구. **한국사회복지행정학**, 10(1), 39-65.

민소영(2015). 한국의 사례관리 전개 과정과 쟁점 고찰. **한국사회복지행정학**, 17(1), 213-239.

민소영(2017). 사례관리로 지역공동체 만들기. **한국사례관리학회**, 8, 45-67.

서울시복지재단(2009). **사회복지관 프로그램 매뉴얼: 지역사회보호사업-사례관리실천 매뉴얼.** 서울특별시, 서울시복지재단.

정무성, 김옥규, 유영덕, 신용규, 고이경(2010). **사회복지관 기능정립연구 공청회.** 한국사회복지관협회.

정순둘(2005). **사례관리실천의 이해: 한국적 경험.** 서울: 학지사.

최지선, 민소영(2016). **사례관리실천분석연구: 현장 사례관리자가 인식하는 지역사회 성과를 중심으로.** 한국보건복지인력개발원.

황성철(1995). 사례관리실천을 위한 모형개발과 한국적 적용에 관한 연구. **한국사회복지학**, 27, 275-304.

Ballew, J. R., & Mink, G. (1999). 사례관리(*Case Management in Social Work: Developing the Professional Skills Needed for Work With Multiproblem Clients*). (권진숙, 전석균 공역). 서울: 하나의학사. (원저는 1996년에 출판).

Goering, P., Wasylenski, D., Farkas, M., Lancee, W. J., & Ballantyne, R. (1988). "What difference dose case management make?". *Hospital and Community Psychiatry, 39*, 272-276.

Grusky, O., Tierney, K., Holstein, J., Anspach, R., Davis, D., Unruh, D., Webster, S., Vadewater, S., & Allen, H. (1985). "Models of local mental health delivery system". *American Behavioral Scientist, 28*(5), 685-703.

Gursansky, D., Harvey, J., & Kennedy, R. (2003). *Case Management: Policy, Practice and Professional Business*. New York: Columbia University Press.

Holt, B. J. (2000). *The Practice of Generalist Case Management*. Needham Heights: Allyn & Bacon.

Intagliata, J. (1982). "Improving the quality of community care for the chronically mentally disabled: The role of case management". *Schizophrenia Bulletin, 8*(4), 655-674.

Kloos, B., Hill, J., Thomas, E., Wandersman, A., Elias, M. J., & Dalton, J. H. (2012). *Community psychology: Linking Individuals and Communities*. Australia: Wadsworth Cengage Learning.

Moore, S. T. (1990). "A social work practice model of case management: The case management grid". *Social Work, 35*(5), 444.

Mueser, K. T., Bond, G. R., Drake, R. E., & Resnick, S. G. (1998). "Models of community care for severe mental illness: A review of research on case management". *Psychiatric Bulletin, 24*(1), 37-74.

제12장

지역사회 구축 기법[1)]

1. 지역사회 구축의 개요

1) 배경

더욱 심화되는 고령화, 빈부격차, 실업률, 저출생, 돌봄 공백 등의 인구 구조 변화와 신사회적 위험은 중앙정부의 강력한 경제성장과 소득 정책만으로 대응하기는 어렵다. 이러한 위험들이 지역 상황에 따라 다양하게 영향을 미치면서, 지역별 특성에 따른 유연한 개입이 필요하다. 이에 지역 단위 개입 전략이 주목되었으며, 마을 만들기 또는 지역사회 구축이라 불리는 실천적 접근이 나타나고 있다.

지역사회 구축(community building)이라는 실천적 접근은 사회사업실천에서 전혀 새로운 것은 아니다. 특별히 주목을 받기 시작한 것은 윌리엄 윌슨(William Julius Wilson)의 1987년도 연구라 볼 수 있다(Naparstek & Dooly, 1997).

윌슨은 시카고의 소지역(neighborhood) 내에 존재하는 빈곤의 내부 역동을 다루었다. 그는 세대를 거쳐 전승되는 지속적 빈곤은 특별히 일정한 지리적 영역(geographical area)에 집중되어 있음을 강조하였다. 특정 소지역에서 나타나는 지속적 빈곤이 그 지역사회의 특성과 관련이 있는데, 예를 들어 소지역

1) 홍현미라 외(2010). '제13장 지역사회 구축', 『지역사회복지론』, 홍현미라 외(2012). 『복지마을 만들기 사업 추진을 위한 기초연구』, 민소영(2013). "문화예술을 활용한 마을 만들기의 경험: 광주시 시화문화마을 사례를 중심으로"를 주요하게 참고하였음.

(neighborhood) 내의 사회적 관계망이 취약할수록 빈곤은 더 오래 지속된다는 것이다. 즉, 열악한 사회적 인프라, 취약한 종교기구나 은행, 기업, 지역사회 기관, 그리고 부족한 가족 네트워크 등과 같은 특성들이 지속적 빈곤과 밀접하게 연관되어 있다는 것이다. 윌슨의 이와 같은 주장은 지역 주민들이 빈곤에서 벗어나려면 강한 지역사회(strong community)가 중요하다는 개념을 지지하였다.

윌슨의 주장에 의해 촉발한 이러한 개념은 1980년대와 1990년대에 재등장한 포괄적 지역사회변화운동(Comprehensive Community Initiatives CCIs)과 결합하면서 지역사회 구축 접근방법에 더욱 관심을 갖게 하였다. 포괄적 지역사회변화운동은 지역사회의 경제적 · 사회적 · 물질적 필요를 채워 주고 지역사회 내의 기회를 만드는 데 더 포괄적이고 협력적인 노력이 필요함을 강조한다. 이 시기에 CCIs가 중요하게 등장하게 된 배경에는 민영화 등으로 국가에 의한 사회안전망이 약화되면서 상대적으로 지역사회의 역할이 더 중요하게 되어서이다. 또한, 민간의 영리 · 비영리 부문을 통한 서비스 제공이 확대됨에 따라 지역사회 기반의 사회서비스 조직들이 새로운 대응을 필요로 했다. 그리고 공공 기관과 자선적 모금 기관의 운동이, 급여 전달과 문제 해결을 목적으로 하면서 맺어 왔던 전통적인 파트너십을 뛰어넘어 학제간 협력과 조직 간의 다부문 관계성이 강조된 점도 영향을 미쳤다(Cohen & Phillips, 2001).

2) 지역사회 구축과 유사한 개념

지역사회 구축이라는 용어는 매우 다양한 분야에서 사용되고 있다. 먼저 지역사회개발(Community Development)이 가장 흔히 사용되는 용어이다. 하나의 정의로 개념화가 어렵다. 지역사회개발에 대한 다양한 견해를 종합하여 최상호(2004: 39)는 "일정한 지역 단위에서 정부나 다른 외부(기관)의 지원이 있든 없든 간에, 그 지역 주민들의 공동 또는 협동적 노력으로 그 지역사회의 인적 · 물적 자원을 확충 · 개발 · 활용함으로써 주민 개개인, 또는 전체 집단이 고르게 보다 높은 수준에서 인간답게 행복한 삶을 누리고, 그 지역사회가 그들의 경제적 · 사회적 · 문화적 활동의 공동체적 기본 단위가 될 수 있도록 만들어 가는 과정"이라고 정의하였다. 이 정의에서는 "일정한 지리적 영역에서 공동체 의식과 그 영역에서의 소속감을 갖고 사회적 상호작용으로 영향을 주고받는 인간 집단"으로서 경계를 갖는 지역사회를 강조하고, 이에 기반하여 지역사회를 발전시키는 노력으로서 지역사회 개발을 정리하였다.

헤스(Hess, 1999)는 "지역사회 구축이라는 용어에 대하여 지역사회 내부에 이미 존재하고 있는 자원을 활용하여 지역사회 내의 새로운 관계망을 형성하고 이를 통해 자신들이 문제시하고 있는 사안들을 해결함으로써 지역사회를 변화시키는 것"으로 정의하였다. 지역사회에 이미 존재하고 있는 자산과 기회에 초점을 맞추고 그것을 통해 형성해 가는 관계의 발달을 통해 지역사회에 대한 새로운 비전과 방향을 제시하고자 하였다.

지역단위 개입 전략을 강조하는 지역사회변화운동(CCIs)도 지역사회 구축의 하나라 볼 수 있다. 지역사회변화운동(CCIs)은 1990년대부터 영미권에서 본격화되기 시작하였으며, 지역사회의 다양한 쟁점에 대해 포괄적이고 장기적인 전략을 강조한다. 주요한 특징으로서, 첫째, 지역을 변화시키는 데 기존의 지역 기관들(CDCs, 지역 기반 서비스 제공자, 지방정부) 간의 협력을 강조하며, 이러한 협력이 시너지 효과를 창출한다. 둘째, 지역 기관들의 역량을 강화하며, 지역 기관들이 지역 내 자원에만 초점을 맞추지 않고 지역 외부의 자원과 연계해 나갈 수 있는 신뢰성을 키워서 외부 자원을 확보하여 지역의 변화를 도모한다. 셋째, 지역 내 사회적 자본의 형성에만 노력하는 것이 아니라 CCI의 계획과 운영에 지역 주민이 적극적으로 참여할 수 있게 하며, 이 과정에서 지역사회에서 새로운 자원을 개발하고 새로운 리더들을 키워 낸다. 넷째, 다양한 지역 외부 지원을 적극적으로 활용한다.

또 다른 용어로서 자주 사용되는 마을 만들기는 일본의 지역사회개발이라 할 수 있다. 마을 만들기라는 용어가 일본의 '마치즈쿠리(まちづくり)'를 우리말로 그대로 번역한 표현이다. 유사한 용어가 장소 만들기, 지역 만들기, 도시 만들기, 동네 가꾸기, 마을 가꾸기, 도시 가꾸기 등 다양하게 사용된다(홍현미라 외, 2012: 28; 아름다운 마을 만들기 위원회, 2005: 9). 정석(1999)은 두 가지 측면(공간 만들기와 사

람 만들기)을 강조하면서 마을 만들기를 물리적 공간환경 개선 활동이나 제도적 틀로 규정하는 것은 마을 만들기의 한 측면만을 강조한 것이라고 지적한다. 보다 포괄적인 측면에서 마을 만들기는 마을 삶터를 주민들이 스스로 나서서 가꾸는 일이며, 마을공동체(주민조직)를 이루는 것이고, 그리고 책임감 있고 건강한 마을 사람을 기르는 일이라고 정리하였다. 마을 만들기는 기존의 지역사회개발의 접근이 관료/전문가 중심적이고 시설 중심이었던 것을 탈피하여 주민참여와 지방자치를 강조하며 생활환경의 변화를 중심으로 진행된다고 할 수 있다.

미국에서 강조되었던 임파워먼트 특구 프로그램(Empowerment Zone Program)도 있다. 전통적인 지역발전 전략이었던 경제특구가 외부에서 기업을 유치하여 그 지역에 일자리를 창출하고 이때 발생하는 경제적 자원으로 사회 문제를 해결하려하는 방식이었는데, 이 방식이 성공적이지 못했음을 비판하면서 등장한 접근이다(이현성, 2011). 지역 내부의 협력과 참여를 바탕으로 한 포괄적이고 통합적 발전을 추구하는 임파워먼트 특구를 강조하였다. 임파워먼트 특구는, 첫째, 경제적 기회를 확대하는 것(expanding economic opportunity), 둘째, 지속 가능한 지역사회개발을 촉진하는 것(promoting sustainable community development), 셋째, 지역 기반의 협력을 발전시키는 것(fostering community-based partnerships), 넷째, 변화를 위한 전략적 비전을 계획하는 것(crafting a strategic vision for change)이라는 4가지 원칙을 강조한다.

3) 지역사회 구축의 특성

이렇듯 지역사회 구축과 유사한 개념을 갖는 접근방법들이 가지는 주된 특성은, 첫째, 강점 기반의 접근방법(strengths-based approach)이라는 것이다. 전통적인 욕구 기반의 접근(need-based approach) 방법과 대조된다. 지역사회 구축 접근은 지역 주민 스스로가 자랑할 만한 지역사회 자산들(assets)을 찾아내고 육성하는 것을 강조한다(Minkler, 2005; NASW, 2008에서 재인용). 지역사회 구축은 궁극적으로 지역사회의 역량을 강화해 나가는 것으로서, 지역사회의 긍정적인 변화를 위해 무엇이 필요한지 주민 스스로 우선순위를 정하고, 변화를 일으키며 그것을 유지하는 능력을 키우는 것이다.

둘째, 지역사회 구축은 본질적으로 지역사회를 다차원적 체계로 이해한다. 지역사회 구축은 종종 지역사회 임파워먼트(community empowerment), 지역사회 역량(community capacity), 지역사회 재생(community revitalization) 등과 상호 교환하여 사용된다. 이 용어들은 모두 지역 주민들의 집단적 행위를 촉진하거나 지역사회의 핵심 구성원들 간에 협력적 관계성을 만들어 갈 때, 그리고 지역사회 역량을 구축해 나갈 때 지역사회의 사회적 기반(infrastructure)을 중요한 방법으로 활용한다는 공통성이 있다(Milligan, 2008; NASW, 2008에서 재인용).

셋째, 지역사회 구축은 특정 지역에 거주하는 주민들의 복지 향상, 즉 지리적 제한성을 가지고 접근하는 방법이다. 이러한 의미에서 장소 기반 전략(place-based strategy)이라고 칭하기도 한다. 미국의 경우에는 주로 소지역(neighborhood) 수준에서 접근하는 반면, 캐나다 같은 경우는 도시 내 소지역, 소도시, 대도시 중심부 등 다양한 수준의 지역사회를 대상으로 이루어진다(Torjman & Levitan-Reid, 2003). 일본 역시 마을이라는 장소를 강조한다.

이렇듯 지역사회 구축은 어려운 상태에 있는 소지역을 변화시키는 실천 과정으로서 지역사회 수준에서 제도적 역량을 강화하며, 사회자본과 개인적 관계망을 향상시키고 리더십을 개발하는 데 목적을 둔다.

2. 지역사회 구축 과정

1) 의미와 의의

우리나라의 대표적인 지역사회 구축 과정은 '마을 만들기'라는 용어로 널리 알려져 있다. 광주광역시 북구청에서 전국 최초로 「광주광역시 북구 아름다운 마을 만들기 조례」가 제정되면서 전국적으로 확산되었다.

다무라 아키라(2005)는 마을 만들기를 "일정한 지역에 사는 사람들이 자신들의 생활을 유지하며 편리하고 보다 인간답게 생활해 나가기 위해 공동의 장을 만들어 가는 방식"이라고 정의하였다(홍현미라 외, 2012: 28 재인용). 그리고 마을 만들기의 활동 성격은 물리적 형태인 공간 만들기와 비물리적 형태인 사람 만들기로 분류할 수 있다. 이 둘은 서로 밀접하게 연관되어 있다(신중진, 송승현, 2010a; 홍현미라 외, 2012: 28). 즉, 마을 만들기란 물리적 공간환경의 개선 활동이나 제도적 틀로만 규정되는 것이 아니라 마을 삶터를 주민들 스스로 가꾸고 마을공동체를 이루며, 책임감 있고 건강한 마을 사람을 양성하는 측면이 포함된다(정석, 1999; 홍현미라 외, 2012: 28 재인용). 이렇듯 일정한 지역 내에서 '공간'과 '사람'이라는 두 가지 요소를 변화시키고자 하는 마을 만들기가 실제로 지역사회에서 펼쳐질 때, 공간 만들기는 물리적 환경의 변화를 그리고 사람 만들기는 그 공간 속에서 일상적 삶을 영위하는 사람들의 사회적 관계의 변화를 추구하게 된다. 그리고 물리적 환경의 변화는 사회적 관계의 변화와 밀접한 관계를 갖게 된다.

2) 실천 과정

마을 만들기 사업은 사회복지학문 분야보다는 지리학, 건축학, 공공디자인문화 분야에서 주로 다루어졌다. 마을 만들기 사업의 과정은 참여 주체, 제도적 지원 환경, 사업 내용의 구성 요소를 통하여 이해될 수 있다.

먼저 참여 주체적 측면과 관련해서 신중진과 송승현(2010b)은 마을 만들기의 추진 주체를 주민, 행정, 전문가, 그리고 시민단체 등 4가지 요소로 구분하였다. 이 중 주민 측면에서는 개별 주민이 아닌 주민협의체 등의 주민조직이 포함된다. 행정 측면에서는 마을 만들기의 직접적 지원 조직인 기초 지자체 외에도 중앙 및 광역 지자체 등의 역할이 포함된다. 전문가의 지속적인 자문도 마을 만들기의 실패와 오류를 최소화하고 성공으로 이끄는 데 중요한 요소가 된다. 시민단체는 마을 만들기가 건강하게 진행될 수 있도록 주민조직을 지원하거나 연대하여 활동하며, 마을 만들기 사업의 진행 과정을 모니터링하면서 옹호 역할도 한다. 김효성

(2020: 83)은 마을 만들기 사업은 지방지차단체와 지역 주민, 전문가 등이 거버넌스를 형성하고 네트워크화하여 지속적 소통과 협의를 거치면서 사업의 세부적 업무나 상황을 수정하고 조정하며 집행하는 것의 중요성을 언급하였다. 이경옥과 민경익(2022)은 마을 만들기 사업의 성공 요인으로서 거버넌스 구축이 반드시 필요하며, 거버넌스 구축 시 핵심 요소는 주민참여라고 하였다.

둘째, 신중진과 신효진(2010b)은 마을 만들기의 핵심적 가치가 주민참여지만, 공공의 행정적 · 법률적 · 재정적 지원 등 전방위적인 제도적 지원이 반드시 필요하다고 지적하였다. 실제로 행정적 지원이 마을 만들기 사업의 지속적 유지에 적잖은 기여를 하였다(김도년, 2012: 218; Markusen & Gadwa, 2010). 예를 들어, 순환보직을 이유로 한 행정 공무원의 교체, 행정의 지원 조직 및 사후관리 제도의 미비 등 행정적 지원 상황에 따라 마을 만들기 사업을 지속적으로 유지하고 관리하는 데 치명적 한계가 올 수 있다. 법률적으로도 마을 만들기 사업에 대한 지원은 중요하다. 실제로 여러 광역시 · 도 정부 및 지자체 단위에서 지역이라는 공간에 개입하기 위한 각종 마을 만들기 지원 정책이 진행되고 있다. 「경관법」에 의한 경관협정, 「도시 및 주거환경 정비법」에 의한 주거환경관리사업, 각 지자체의 마을 만들기 조례 등 법률적 지원에 의하여 마을 만들기가 영향을 받는다(장옥연, 2012: 97). 이 외에도 마을 만들기에 대한 재원은 마을 만들기 사업의 토양을 건설하는 데 중요한 요소이다(박재길, 2012: 94).

셋째, 마을 만들기 사업은 다양한 프로그램으로 추진된다.

> 국내 도시의 총 31개 지역에서 이루어진 마을 만들기의 사업 내용을 종합적으로 분석한 박현옥(2008)은 주로 골목길을 따라 화분을 배치하거나 넝쿨을 올리는 것, 담장에 벽화를 그리거나 시화벽면을 구성하고 주차장 및 정원을 꾸미는 것, 공공주택의 지하 공간을 문화공간이나 독서실로 활용하거나 유아방을 꾸미고 놀이터를 구성하는 모습 등 주민의 거주 공간에 대한 물리적 변화가 기본 소재가 된 점을 발견하였다.

각종 마을 만들기 사업의 세부 내용을 토대로 마을 만들기 사업의 특성을 구분한 송혜승 등(2008)은 환경성, 편리성, 안전성, 문화성, 경제성, 관계성, 제도성 등 7가지의 특성을 제시하였다. 환경성은 주거 지역의 환경을 개선하고 자연과의 접근성을 높이며 지역의 경관을 향상시키는 사업 내용과 관련된다. 편리성은 상업 및 공공시설, 교통 이용에 대한 편리성뿐만 아니라 지역 내 정보 이용에 대한 편리성까지 고려한다. 안정성은 교통이나 방범과 같은 생활 안정성, 자연재해로부터 안정성, 취약한 집단에 대한 고려가 포함된다. 문화성은 지역 문화 활동이 활발하게 이루어질 수 있는 장소를 제공하여 실제로 다양한 활동이 수행될 수 있도록 하고, 지역의 역사 유적지를 보전하며 지역 마케팅을 통하여 지역을 홍보하는 사업 내용이 고려된다. 경제성은 지역과 주민의 경제 활동을 활성화하고 사업 시 필요한 정부의 재정 지원 및 주민 스스로의 기금을 모으는 활동이 고려된다. 관계성은 지역 주민 사이의 관계뿐만 아니라 마을 만들기를 함께 이끌어 가는 전문가와 행정과의 관계를 이끌어 내는 내용이 포함된다. 끝으로 제도성은 마을 만들기가 지속적으로 유지되고 발전될 수 있도록 제도를 정비하고 행정 절차를 간략화하는 내용이 포함된다.

3) 성과

마을 만들기 사업은 크게 공간과 사람의 두 가지 측면으로 성과를 구분할 수 있었다. 그리고 이 두 측면은 서로 밀접한 관련이 있다. 예를 들어, 도시 공간의 디자인 변화를 추구한 마을 만들기 사업의 대표적 사례를 분석한 연구(박현옥, 2008)에서, 마을의 골목길이나 집 담장, 그리고 정원 가꾸기 등의 심미적 변화가 그 공간을 공유하는 주민 사이의 사회적 교류를 증대시킴으로써, 공동체 회복의 가능성이 나타날 수 있다고 언급하였다. 또 다른 사례에서는 방치되어 있던 후미진 골목길의 한 켠에 정원을 가꾸면서 사람들이 모여들고 서로 교류하게 되어 동네에 대한 애착과 자긍심을 관찰할 수 있었다(안현찬, 2012: 173). 지역사회 문화 창조를 통하여 나타나는 사회적 편익을 기술한 보고서(Stern & Seifert, 2002)에 따르면, 사회적 관계망 구축 외에도 지역사회의 공공선과 규범을 보호하기 위한 사회적 통제 기능인 집합적 효능감이 향상되었다고 보고되었다. 이렇듯 공간적 변화는 공간에 대한 공적 의식의 성장, 사회적 교류의 증대, 지역사회의 일탈적 행위 통제, 공동체 회복 등 지역사회복지에서 중요하게 주장하는 실천적 가치를 생산할 수 있었다.

실행 전 모습

실행 후 모습

출처: 문화동주민자치위원회 외(2012). 시회문화마을홍보 PPT.

'화단쉼터 사업'은 참여를 원하는 가구의 담벼락에 화단을 조성해서 지속적으로 마을을 아름답게 꾸미도록 주민의 참여를 이끌어 내는 사업이었다. 담벼락 주변이나 전신주 주변에 상습적으로 쓰레기가 투기되어 더러워진 거리에 꽃밭을 조성함으로써, 깨끗하고 아름다운 골목길을 만들고자 하였다. 화단이 조성된 이후, 주민들은 처음에는 상추나 고추 등 채소를 심다가 나중에는 꽃나무를 심기 시작하였다. 화단을 식용에 필요한 텃밭으로 생각하였다가 점점 마을 전체를 좀 더 아름답게 보여 줄 수 있는 공간으로 인식하는 주민의 변화를 읽을 수 있다.

물리적 환경 개선이 곧바로 주민 사이의 사회적 관계 향상으로 이어지는 것은 아니다. 성급한 성과주의 때문에 보여 주기식으로 설치된 시설이나 건물을 주민들이 실제로 잘 활용하지 않으면서 흉물로 변하고 이것이 오히려 지역 공간에 부정적 효과를 가져오는 경우도 있다. 그러므로 공간의 변형을 통하여 다양한 사회적 편익을 창출하기 위해서는 주민이 일상생활에서 쉽게 접근할 수 있는 거리에 있는 공간을 쾌적한 환경으로 조성하는 노력이 일차적으로 선행되어야 한다(Markusen & Gadwa, 2010).

3. 성공적 지역사회 구축을 위한 요소

마테시 등(Mattessich et al., 2004)[2]은 지역사회 구축을 성공적으로 이끈 28개의 중요한 요인들을 추출하여 소개하였다. 지역사회를 일정한 지리적 범위 내에서 사회적·심리적 유대를 가지고 살고 있는 사람들이라고 정의한 뒤, 지역사회 구축의 성공과 관련된 요인들을 지역사회의 특성 요인, 지역사회 구축 과정과 관련된 요인들, 그리고 실천하는 조직가들의 요인으로 나누어 제시하였다.

지역사회의 특성은 지역사회와 그 주민들이 지역사회 구축의 성공에 기여하게 하는 사회적·심리적·지리적 속성과 관련되어 있으며, 모두 8개의 요인이 성공적인 지역사회 구축에 영향을 미친다고 한다. 지역사회 구축 과정의 특성과 관련된 요인은 15개인데, 이는 발표회, 의사소통, 기술지원 등 지역사회를 만들어 가는 과정과 관련된 요인들이다. 마지막으로, 조직가들의 특성은 지역사회 구축의 노력을 조직하고 이끌어가는 사람들의 자질과 관련된 것으로, 조직가의 헌신, 신뢰, 이해, 경험 등과 관련된다. 〈표 12-1〉은 각 범주별로 제시된 요인들을 정리한 것이다.

〈표 12-1〉 **지역사회 구축의 성공 요인들**

범주	요인들
지역사회의 특성	1. 이슈에 대한 지역사회의 각성 2. 지역사회 내부로부터의 동기 유발 3. 지리적 영역의 규모 4. 유연성과 적응력 5. 이미 존재하는 사회적 응집력의 수준 6. 토론하고 합의하며 협동하는 능력 7. 사람들이 공통적으로 인정하는 지도력의 존재 8. 지역사회 구축에 대한 이전의 성공 경험

2) 마테시 등(Mattessich et al., 2004)은 지역사회개발, 지역사회 임파워먼트 관련 문헌을 포함하여 지역사회 구축의 평가와 관련된 525개의 문헌 자료 중 48개의 사례 관련 문헌을 분석하여 지역사회 구축을 성공적으로 이끈 28개의 중요한 요인들을 추출하여 소개하였다.

지역사회 구축 과정의 특성	1. 광범위한 참여를 촉진할 수 있는 가능성 2. 이미 존재하는 의사소통 체계의 원활함 3. 공동의 목적 추구에 있어 경쟁이 적음 4. 지역사회 구축에 대한 관여자들의 이해(self-understanding) 정도 5. 지역사회 구축 결과로 생기는 혜택의 범위 6. 결과와 과정에 대한 균형적 초점 7. 지역사회 외부 조직들과의 연계 정도 8. 지역사회 이슈에 대한 체계적인 정보 수집과 분석 능력 9. 단순한 활동에서 복잡한 활동으로 진행되는 계획 10. 지역사회 구축 기술을 얻기 위한 훈련 경험 11. 현존하는 토착적 조직들의 초기 지지 12. 기술적 지원(technical support)의 활용 가능성 13. 지역사회 내 다양한 지도력 풀 14. 의사결정 과정에 대한 지역사회의 통제력 15. 자원의 적절한 혼합
조직가의 특성	1. 지역사회에 대한 이해 2. 헌신의 진정성 3. 지역사회와의 신뢰적 관계성 4. 조직화 경험의 수준 5. 유연성, 적응능력

주: Mattessich et al. (2004)의 내용 정리.

1) 지역사회 특성의 측면

(1) 이슈에 대한 지역사회의 각성

지역사회 구축은 지역사회 주민들이 지역 내 변화를 시도하는 것이 필요하다는 것을 인식할 때 일어날 수 있다. 따라서 달성하려는 지역사회 구축의 목표가 지역 주민의 주목을 끌 수 있어야 하므로 지역 주민의 즉각적인 관심에 기초해야 한다. 지역사회 구성원들로 하여금 그 이슈들이 어떻게 자신들에게 영향을 미치고 있는지를 이해하고 깨닫도록 노력해야 한다.

(2) 지역사회 내부로부터의 동기 유발

지역사회 구축은 그 동기가 지역사회 외부로부터가 아니라 지역 내부에서 자체적으로 생겨났을 때 성공할 수 있다. 종종 지역사회 외부의 기금에 의한 프로젝트에 의해 지역사회 구축이 제안되는 경우도 있지만, 그러한 경우일지라도 사전에 이 지역사회 구축 프로젝트에 대한 지역사회 내부의 동기가 존재하는지, 지역사회 구성원들의 동기를 지속적으로 유발할 만한 유익을 가져올 수 있는지를 점검해야 한다.

(3) 지리적 영역의 규모

지역사회 구축은 주민참여에 의해서 계획, 실행, 결과가 확인될 수 있는 정도의 규모라야 용이하게 실행될 수 있다. 지역사회 구축에 참여하는 사람들이나 이해를 같이하는 구성원들이 스스로를 같은 지역사회 일원이라고 느낄 수 있어야 한다.

(4) 유연성과 적응력

지역사회 구축은 지역사회 구성원들이 변화에 개방적일 때, 그리고 지역사회 규범들이 새로운 변화를 가져오는 지역사회 구축을 지나치게 엄격하게 제한시키지 않을 때 성공할 수 있다. 필요하다면 과업, 목적, 목표들을 유연하게 전환할 수 있어야 하며, 지역사회 구축의 이슈나 과정을 어떤 하나의 이슈나 방식으로 집착하지 않아야 한다.

(5) 이미 존재하는 사회적 응집력의 수준

지역 내 응집력이 강할수록 지역사회 구축은 성공적일 수 있다. 지역사회 구성원들의 이동이 빈번하다면 안정적으로 지역사회 구축을 진행하는 데 어려움이 있을 수 있다. 지역사회 내에 존재하는 종교 기관이나 기업, 복지 기관 등이 충분한 사회통합적 기능을 수행하고 있는지, 지역사회 내 고립된 특정 집단들이 존재하고 있을 때 이러한 집단들 간 상호 관계성을 강화할 수 있는 방법은 있는지, 특정한 어떤 공통적 가치들이 지역 주민들 사이의 응집력 구축에 편향성을 주고 있지는 않는지 등을 살펴야 한다.

(6) 토론하고 합의하며 협동하는 능력

자신들의 문제와 욕구에 대해 개방적으로 토론할 수 있는 능력과 협동심이 있을 때 지역사회 구축은 더 쉽게 일어날 수 있다. 지역사회 내에 토론하고 합의하며 협동하였던 역사적 경험이 있는지를 파악하면서 아이디어를 얻을 수 있다. 지역사회 내 활동들 중 어떠한 활동들이 지역사회 구성원들에게 개방적 대화를 실천하게 만들며 신뢰를 발전시키고, 집단적 의사결정 기술을 향상시킬 수 있는지를 파악해 둘 필요가 있다.

(7) 사람들이 공통적으로 인정하는 지도력

적어도 지역사회 구성원들이 따르고 귀 기울일 수 있으며, 사람들에게 동기를 부여하고 지역사회 구축에서 지도력을 발휘할 수 있는 사람들이 있을 때 지역사회 구축은 성공적으로 진행될 수 있다. 지역사회 내 존경받는 종교지도자나 시민사회의 명망가 등 이러한 지도력이 존재하는지를 파악하는 것이 필요하다. 큰 명성을 가진 지도력은 아닐지라도 학교운영위원회에 참여하는 학부모들이나 시민단체의 회원들 등 잠재적 지도력이 어느 정도 존재하는지를 파악하는 것도 중요하다. 이러한 잠재적 지도력의 층이 두터울수록 지역사회 구축은 성공적으로 실천될 수 있다.

(8) 지역사회 구축에 대한 과거의 성공 경험

지역에서 지역사회 구축을 위해 함께 노력한 역사가 있는지, 성공적인 경험이 있었는지를 파악할 필요가 있다. 성공적인 경험을 가진 지역사회일수록 지역사회 구축이 더 잘 수행될 수 있기 때문이다. 만일 성공적이지 못한 경험을 가지고 있다면, 실패의 경험으로부터 배울 것은 무엇인지를 밝히는 것이 필요하다. 지역사회가 아무런 경험도 가지고 있지 않다면, 첫걸음으로 시작할 수 있는 가장 좋은 방법이 무엇인지를 찾아내는 것도 중요하다.

2) 성공적인 지역사회 구축 과정의 특성

(1) 광범위한 참여 가능성

지역사회 구축 사업에 참여하는 사람들의 대표성에 관련된 이슈이다. 참여자들이 초점이 되는 지역사회 과제에 대하여 대표성을 가질 때, 새로운 참여자에 대해 개방적이고 적극적으로 참여할 수 있는 구조를 갖추었을 때, 아직 참여하지 않은 사람들의 참여를 활성화시킬 수 있을 때 지역사회 구축은 성공할 수 있다.

(2) 좋은 의사소통 체계

지역사회 구축 과정에서 의사소통이 시의적절하고 원활하게 이루어지며, 의사소통이 단지 부차적인 결과가 아니라 지역사회 구축의 전반적 과정의 한 부분으로 다루어질 때, 지역사회 구축 노력이 가능한 한 많은 사람들에게 영향을 가질 수 있도록 다양한 의사소통의 기법과 전략을 가지고 있을 때 성공할 수 있다.

(3) 동일한 목적을 위한 최소한의 경쟁

동일한 사람들을 대상으로 유사한 목적을 가진 지역사회 구축 프로젝트가 여러 군데에서 동시에 진행된다면 경쟁을 초래하여 갈등의 원천이 될 수 있다. 이러한 경쟁이나 갈등 때문에 지역사회 구축의 노력과 자원이 분산되지 않도록 해야 한다. 진행하려는 지역사회 구축 프로젝트에 참여하는 조직들이 다른 조직들이나 지도자를 경쟁적 대상으로 인식하지 않을 때 성공적일 수 있다.

(4) 자기이해(self-understanding)를 발달시켜 나감

참여자들이 자신이 대표하는 집단의 정체성을 깨닫고 발전시켜 나갈 때 지역사회 구축이 성공될 수 있다. 참여자들 자신이 무엇을 혹은 누구를 대표하는지, 우선순위가 무엇인지, 목표 달성을 위해 어떤 방편들이 필요한지에 대해 적절한

동의를 이룰 수 있는 절차와 과정을 가지고 있을 때 지역사회 구축은 성공적일 수 있다.

(5) 많은 주민들에게 혜택이 주어질 때

지역사회의 목적, 과업, 그리고 활동들이 분명하고 지역사회의 많은 사람들에게 가시적인 혜택이 주어질 수 있을 때 성공할 가능성이 높다. 이를 위해서는 목적과 활동이 지역사회 다수 구성원들의 욕구를 반영한 것이어야 한다.

(6) 결과와 과정에 동시에 초점을 둠

궁극적인 결과뿐 아니라 그 과정에서 지역사회 관계성을 개발하려고 노력하면서 결과와 과정 사이의 균형을 유지할 수 있을 때 지역사회 구축은 성공하기 쉽다. 이를 위해 결과적 목표 성취와 직접적인 관련성이 적더라도 지역사회 구축의 과정적 목표를 위해 재정을 따로 투입할 수 있도록 배정해 두는 것이 좋다.

(7) 지역사회 외부 조직들과의 연계

지역사회 구성원들이 지역사회 외부의 조직들과 유대를 가지고 있을 때 지역사회 구축이 성공적으로 일어난다. 지역 정부나 다른 지역사회의 조직 및 사람들과 공식적 혹은 비공식적인 연계를 가지고 있거나, 또는 이를 개발할 수 있을 때 더 성공적일 수 있다.

(8) 지역사회 이슈에 대한 체계적인 정보 수집과 분석

초점이 되는 지역사회의 문제와 욕구를 측정하고 분석하는 과정을 포함해야 한다. 지역사회 이슈에 대한 추가적인 정보가 문제를 토론하고 해결하고 합의해나가는 데 도움이 되도록 해야 한다.

(9) 단순한 활동에서 복잡한 활동으로

지역사회 구성원들을 단순한 활동에서부터 점차 복잡한 활동으로 옮겨 가도록 만들 수 있을 때 지역사회 구축은 더 성공적일 수 있다. 이를 위해 지역사회 구성원들의 능력에 합당한 적절한 활동들을 계획하고, 복잡한 활동을 수행하기 위해 필요한 기술을 습득하도록 하는 지역사회 구축 과정이 좋다.

(10) 지역사회 구축 기술 훈련

참여자들의 지역사회 구축 기술을 향상시킬 수 있는 교육과 훈련이 필요하다. 참여자들에게 어떠한 훈련이 필요한지, 그것을 습득할 방법이 무엇인지, 훈련을 통하여 어떠한 유익을 얻을 수 있는지를 계획해야 한다. 이러한 훈련은 지역사회 구축의 전 과정 동안 계속될수록 좋다. 과업 수행, 학습, 토론, 경험이 풍부한 참여자의 멘토링 등을 통한 훈련이 지역사회 구축 실천 그 자체가 될 수 있다.

(11) 현존하는 토착적 조직들의 초기 지지

지역 내에서 오랫동안 확고한 평판을 가진 지역사회 조직들이 지역사회 구축의 사업 초기에 지지를 보내줄 수 있을 때 지역사회 구축은 더 성공적일 수 있다. 이를 위해 지역사회 내 어떤 조직이나 집단들(종교 모임, 학부모나 교사 집단, 기업 연합체 등)이 강한 유대를 가지고 있는지, 이러한 집단들이 지역사회 구축 노력에 함께 할 수 있도록 만드는 방법이 무엇인지를 모색하는 것이 필요하다.

(12) 기술 지원(technical support) 이용

지역사회 주민들이 지역사회 구축 시 필요한 능력(competence)을 습득하도록 전문가 컨설팅, 지역 지식 전수(hands-on-training) 등의 기술 지원이 이루어질 때 지역사회 구축은 더 성공적일 수 있다.

(13) 필요할 때 지도자가 계속적으로 등장

시간이 지남에 따라 새로운 지도자들을 끊임없이 만들어 낼 수 있을 때 지역사회 구축은 더 성공적일 수 있다. 지역사회 구축이 특정 인물에 과도하게 의존하지 않아야 하며, 리더십의 원천이 다양해야 한다. 지역사회 구축은 지역의 여러 측면을 향상시키는 포괄적 과정이므로 단계에 따라 또는 분야에 따라 다양한 리더십이 필요하다. 다양한 리더십이 필요한 시기에 적절한 역할을 할 수 있을 때 지역사회 구축은 성공적으로 이루어질 수 있다.

(14) 의사결정 과정에 대한 지역사회 통제

지역 주민들이 의사결정 과정에 민주적으로 참여하면서 통제력을 가지고 있을 때 지역사회 구축은 성공적일 수 있다. 특히 자금을 어떻게 사용할 것인가에 대해 지역 주민들이 통제력을 가지고 있는 것이 중요하다. 자금 제공자의 욕구와 지역사회 구성원들의 욕구가 일치하는지, 재정 사용 시 지역 주민들이 어느 정도 권한을 가지고 있는지, 지출의 유연성을 가질 수 있는지 등을 잘 살펴야 한다.

(15) 자원의 적절한 배합

지역사회 구축 과정이 너무 많은 외부 자원에 의해 압도되지 않아야 한다. 그럼에도 때로는 외부 자원을 키워 나가야 할 때도 있으므로, 이 시점을 잘 파악해야 한다. 지역사회 구축은 내부 자원과 외부 자원 사이에 적절한 균형과 배합이 유지될 때 성공할 수 있다.

3) 조직가의 특성

조직가가 어떠한 경험과 자질을 가지고 있는가도 지역사회 구축에 영향을 미친다. 조직가가 지역사회를 잘 이해하며, 헌신적이고, 신뢰적인 관계를 형성하고, 지역사회 구축에 관한 풍부한 사전 지식과 경험을 가지고 있으며, 유연하게 지역에 잘 적응할 수 있을 때 지역사회 구축은 성공적일 수 있다.

(1) 지역사회에 대한 이해

조직가가 지역사회의 문화, 사회구조, 인구, 정치 구조, 지역사회 이슈에 대해 철저히 이해해야 한다. 이를 위해 지역사회 의사 결정의 메커니즘, 지역 내 집단들의 인구학적 구성, 그 집단들이 관계 맺는 방식, 지역사회가 당면하고 있는 욕구나 좌절, 그리고 문제들을 잘 이해하고 있어야 한다.

(2) 헌신의 진정성

조직가가 진정성을 가지며 헌신적일 때 지역사회 구축은 성공적일 수 있다. 조직가의 진정성과 헌신성은 지역사회 구성원들에 의해 평가된다. 지역사회 안에서 많은 시간을 보내며 장기간에 걸친 계획을 가지고 있고, 어려운 시기에도 함께 머물며, 지역 내 특정 집단을 두둔하지 않는 공정성을 가지고 있어야 한다.

(3) 신뢰적 관계

조직가가 지역 주민들과 신뢰적인 관계를 발달시켜 나갈 때 지역사회 구축은 성공적으로 진행될 수 있다. 지역 주민들과 관계를 개발하는 데 익숙해야 하며, 여기에 절대적으로 시간을 투자해야 한다. 또한 조직가는 지역과 동일한 목적과 사명을 가져야 하며, 지역 주민들로 하여금 그 조직가는 끝까지 헌신할 사람이라는 믿음을 주어야 한다.

(4) 조직화 경험의 수준

조직가가 지역사회 구축 과정에서 나타날 수 있는 다양한 지역 조건이나 상황과 관련하여 풍부한 경험을 가지고 있을 때 지역사회 구축이 성공적일 수 있다. 따라서 조직가는 부족한 경험을 채우기 위하여 훈련이나 기술적 지원을 최대한 활용해야 한다.

(5) 유연함과 적응 능력

조직가는 끊임없이 변화하는 상황과 환경에 유연하게 적응할 수 있어야 한다. 변화하는 상황과 사람들, 정치적 · 사회적 환경에 적응하는 능력이 필요하다. 조직가들을 대표하는 조직 역시 접근방법에서 유연성을 발휘할 수 있어야 한다.

참고문헌

건설교통부, 대한주택공사(2006). **살고 싶은 도시 만들기 국내외 사례연구**. 건설교통부, 대한주택공사.

김도년(2012). 장사가 잘되는 마을 만들기. 김기호 외 편. **우리, 마을 만들기**(pp. 211-233). 경기: 나무도시.

김효성(2020). 주민주도형 지역개발사업의 성과에 관한 연구. 경상대학교 대학원 박사학위논문.

문화동 주민자치위원회, 시화문화마을 추진위원회, (사)시화마을 금봉문화진흥회(2011). **시화가 있는 문화마을**. 시화문화마을연구소.

민소영(2013). 문화예술을 활용한 마을 만들기의 경험: 광주시 시화문화마을 사례를 중심으로. **비판사회정책**, 40, 32-73.

박재길(2012). 도시 만들기 속의 마을 만들기로. 김기호 외 편. **우리, 마을 만들기**(pp. 69-95). 경기: 나무도시.

박현옥(2008). '국내 마을 만들기 사업에서 나타난 주민참여형 공공디자인 표현특성 연구-대구 삼덕동, 광주 북구, 마산시를 중심으로-'. **한국디자인문화학회지**, 14(4), 206-216.

송혜승, 이명훈, 이명규(2008). '주민 참여 마을 만들기의 선호사업에 관한 연구-광주광역시 북구 문화동을 중심으로-'. **국토계획**, 43(3), 37-53.

신중진, 신효진(2010a). '마을 만들기 사업에서 주민의 역할변화에 따른 지원방안 연구-서울 독산 3동 마을 만들기 사례를 중심으로-'. **대한건축학회논문집**, 26(10), 233-244.

신중진, 송승현(2010b). '지속 가능한 마을 만들기를 위한 추진주체의 관계구도 특성 연구-살고 싶은 도시 만들기 시범사업을 대상으로-'. **대한건축학회논문집**, 26(1), 295-306.

아름다운 마을 만들기 위원회(2005). **주민과 함께하는 아름다운 마을 만들기 총람**. 광주광역시 북구.

안현찬(2012). 거점의 발견. 김기호 외 편. **우리, 마을 만들기**(pp. 163-185). 경기: 나무도시.

이경옥, 민병익(2022). 마을 만들기 사업의 성과요인. **한국자치행정학보**, 36(3), 157-174.

이현성(2011). 지역개발과 Empowerment Zone Program에 관한 연구. **현대사회와 행정**, 21(2), 77-98.

장옥연(2012). 마을 만들기 속에서의 계획, 과정적 가치가 필요하다. 김기호 외 편. **우리, 마을 만들기**(pp. 97-115). 경기: 나무도시.

정석(1999). 마을단위 도시계획 실현 기본 방향 (I)-주민참여형 마을 만들기 사례연구. 서울연구원.

최상호(2004). 지방시대 지역사회개발론. 서울: 박영사.

홍현미라, 김가율, 민소영, 이은정, 심선경, 이민영, 윤민화(2010). 지역사회복지론. 서울: 학지사.

홍현미라, 이현주, 유동철, 민소영, 김형용, 강병덕(2012). 복지마을 만들기 사업 추진을 위한 기초연구. 보건복지부, 전주대학교 산학협력단.

Cohen, C. S., & Phillip, M. H. (2001). Building community: Principles for social work practice in housing settings. *Social Work, 42*(5), 471.

Hess, D. R. (1999). "Community organizing, building, and developing: Their Relationship to Comprehensive Community Initiatives". Working paper series for COMM-ORG: The On-Line Conference on Community Organizing and Development.

Markusen, A., & Gadwa, A. (2010). *Creative Placemaking*. Markusen Economic Research Services and Metris Arts Consulting.

Mattessich, P., & Monsey, B. R. (2004). *Community Buildings: What Makes It Work*. Amherst H. MN: Wilder Foundation, Wilder Publishing Center.

National Association of Social Workers. (2008). Community Development, https://www.socialworkers.org/LinkClick.aspx?fileticket=MsqoiY7cG48%3D&portalid=0

Naparstek, A. J., & Dooly, D. (1997). Countering urban disinvestment through community building initiatives. *Social Work, 42*(5), 506-514.

Stern, J., & Seifert, S. (2002). Culture Builds Community Evaluation Summary Report. School of Social Work, University of Pennsylvania.

Torjman, S., & Levitan-Reid, E. (2003). *Comprehensive Community Initiatives. The Caledon of Social Policy*. Ottawa: Renouf Publishing Company Limited.

찾아보기

인명

내용

저자 소개

홍현미라(Hong, Hyun Mee Ra)

이화여자대학교 대학원 사회복지학 박사

영국 University of Birmingham 방문교수

현 전주대학교 사회복지학과 교수

〈주요 저서 및 논문〉

지역사회복지론(공저, 2010)

사회복지실천기술론(공저, 2024)

'한국형 동네 응집력 척도(K-NCI)' 개발에 관한 연구(2016)

아동의 동네 안전(Neighborhood Safety) 경험에 관한 포토보이스 연구(2023) 外 다수

민소영(Min, So Young)

미국 펜실베이니아대학교(University of Pennsylvania) 사회복지학 박사

미국 펜실베이니아대학교 의과대학 정신건강정책 및 서비스 연구센터(Center for Mental Health Policy and Services Research, School of Medicine) 박사후연구원

현 경기대학교 사회복지전공 교수

〈주요 저서 및 논문〉

지역사회복지론(공저, 2010)

사례관리론: 개념, 기술, 실천역량 이해(공저, 2020)

지역환경이 주거취약계층 매입임대주택 입주자의 우울에 어떠한 영향을 미치는가?(2019)

지역사회 통합돌봄을 고려한 통합사례관리기반 공공전달체계 개선 방안(2021) 外 다수

강병덕(Kang, Byung Deok)

미국 조지아주립대학교(University of Georgia) 사회복지학 박사

현 한동대학교 상담심리사회복지학부 교수

〈주요 저서 및 논문〉

경상북도 아동여가놀이 실태조사(공저, 2019)

경상북도 아동권리상황분석 연구보고서(공저, 2023) 外 다수

김혜연(Kim, Hye Youn)

이화여자대학교 대학원 사회복지학 박사

현 경희사이버대학교 사회복지학부 교수

〈주요 저서 및 논문〉

지역밀착형 사회적 일자리 발전방안 연구(공저, 2015)

사회적 자본이 주관적 삶의 질에 미치는 영향에 관한 연구(2020)

노년기 행복불평등에 대한 연구(2020)

지역사회복지론
Community Welfare

2025년 9월 5일 1판 1쇄 인쇄
2025년 9월 12일 1판 1쇄 발행

지은이 • 홍현미라 · 민소영 · 강병덕 · 김혜연
펴낸이 • 김진환
펴낸곳 • ㈜학지사
04031 서울특별시 마포구 양화로 15길 20 마인드월드빌딩
대표전화 • 02-330-5114 팩스 • 02-324-2345
등록번호 • 제313-2006-000265호

홈페이지 • http://www.hakjisa.co.kr
인스타그램 • https://www.instagram.com/hakjisabook

ISBN 978-89-997-3391-8 93330

정가 20,000원

저자와의 협약으로 인지는 생략합니다.
파본은 구입처에서 교환해 드립니다.